U0643340

普通高等教育"十二五"规划教材

土木工程专业

# 结 构 力 学

主　编　张永胜
编　写　李雁英　郭秀华
　　　　王　蕊　聂云靖
主　审　周仁根

中国电力出版社
CHINA ELECTRIC POWER PRESS

## 内 容 提 要

本书为普通高等教育"十二五"规划教材。全书共分十二章，主要内容包括平面杆系结构的几何构造分析、静定结构的受力分析、结构位移计算、力法、位移法、力矩分配法、影响线、矩阵位移法、结构的动力计算、结构的极限荷载、结构的稳定计算。每章后都附有习题。

在本书的编写过程中坚持少而精的原则，做到概念清晰、内容简明、重点突出、深入浅出、通俗易懂，既注重基础知识理论的严谨性、逻辑性，又注重实用性。同时删除了一些陈旧的内容，如图解法、弹性中心法等；增加了一些实用的内容，如采用了弯矩图直接绘制剪力图方法等。并对结构进行了分类，将其与实际工程结构对应起来。与其他教材不同的是，本书重点突出了基本概念，而不是解题方法和技巧，它符合当前工程结构计算普遍使用计算软件的这种新形式。

本书可作为高等学校土木工程、桥梁工程、水利水电工程等专业的结构力学教材，也可作为相关专业人员的参考用书。

## 图书在版编目（CIP）数据

结构力学/张永胜主编. —北京：中国电力出版社，2013.1
（2020.4重印）

普通高等教育"十二五"规划教材
ISBN 978 - 7 - 5123 - 3927 - 9

Ⅰ.①结⋯　Ⅱ.①张⋯　Ⅲ.①结构力学－高等学校－教材
Ⅳ.①O342

中国版本图书馆 CIP 数据核字（2012）第 309082 号

中国电力出版社出版、发行
（北京市东城区北京站西街 19 号　100005　http://www.cepp.sgcc.com.cn）
三河市百盛印装有限公司印刷
各地新华书店经售

\*

2013 年 1 月第一版　2020 年 4 月北京第八次印刷
787 毫米×1092 毫米　16 开本　15.75 印张　379 千字
定价 47.00 元

# 前 言

结构力学是土木工程、桥梁工程、水利工程的专业基础课。在各专业中占有重要地位。设置结构力学课程的目的是使学生掌握杆系结构的强度、刚度、稳定性的计算原理和方法，以及结构的几何组成规律。

本教材吸取以往教材的长处，并总结了多年的教学经验，不仅保持了结构力学基本理论的系统性和完整性，而且贯彻"少而精"、理论联系实际、由浅入深的原则，注重培养学生独立思考、分析问题和解决问题的能力。

在本书的编写过程中，力求做到概念清晰、内容简明、重点突出、深入浅出、通俗易懂，既注重基础知识理论的严谨性、逻辑性，又注重实用性。同时删除了一些陈旧的内容，如图解法、弹性中心等；增加了一些实用的内容，如剪力图的绘制，采用了新的方法——由弯矩图直接绘制剪力图，传统的做法是采用隔离体的方法绘制剪力图，这种方法不仅费时，而且容易出错，并对结构进行了分类、将其与实际工程结构对应起来。

与以往教材不同的是，本书重点突出了基本概念。以往教材大都注重解题方法和技巧，但随着计算机的普及和计算软件的出现，计算方法已不再是结构力学的基本问题。

本书可作为高等学校土木工程、桥梁工程、水利水电工程专业的结构力学教材，也可作为相关专业人员的参考用书。

本书由太原理工大学张永胜主编，第一、四、五章由张永胜编写，第二、三章由山西大学李雁英编写，第六、七章由太原理工大学王蕊编写，第八、九章由太原理工大学聂云靖编写，第十、十一、十二章由太原理工大学郭秀华编写。太原理工大学的周仁根教授对本书进行了认真细致的审阅，并提出了许多宝贵的意见，在此表示衷心地感谢！

限于编者水平，书中难免有不足之处，望读者多加指正。

编 者

2012 年 12 月

# 主 要 符 号

| | | | |
|---|---|---|---|
| $A$ | 面积、振幅 | $K$ | 结构刚度矩阵 |
| $C$ | 弯矩传递系数 | $m$ | 质量 |
| $d$ | 结间距离 | $M$ | 质量矩阵 |
| $E$ | 弹性模量 | $M$ | 力矩、力偶矩、弯矩 |
| $E_P$ | 势能 | $M^F$ | 固端弯矩 |
| $f$ | 矢高、工程频率 | $M_u$ | 极限荷载 |
| $F_P$ | 集中荷载 | $q$ | 均布荷载集度 |
| $F_P$ | 荷载向量 | $r$ | 半径、反力影响系数 |
| $F_H$ | 水平力 | $t$ | 时间 |
| $F_x$、$F_P$ | 水平（$x$）、垂直（$y$）方向的分力 | $T$ | 周期 |
| | | $u$ | 水平位移 |
| $F_N$ | 轴力 | $v$ | 竖向位移 |
| $F_{Nx}$、$F_{Ny}$ | 轴力在水平（$x$）、垂直（$y$）方向的分力 | $W$ | 功、计算自由度 |
| | | $X$ | 广义未知力 |
| $F_Q$ | 剪力 | $y$ | 位移 |
| $F_Q^L$、$F_Q^R$ | 截面左、右的剪力 | $\dot{y}$ | 速度 |
| $F_Q^F$ | 固端剪力 | $\ddot{y}$ | 加速度 |
| $F_{Pe}$ | 欧拉临界荷载 | $\alpha$ | 线膨胀系数、初相角 |
| $F_{Pcr}$ | 临界荷载 | $\beta$ | 动力系数 |
| $F_{Pu}$ | 极限荷载 | $\Delta$ | 广义未知位移 |
| $F_e$ | 弹性力 | $\delta$ | 柔度系数、位移影响系数 |
| $F_I$ | 惯性力 | $\varepsilon$ | 线应变 |
| $F_c$ | 阻尼力 | $\mu$ | 力矩分配系数 |
| $F_R$ | 广义反力 | $\theta$ | 截面的转角、干扰力频率 |
| $G$ | 切变模量 | $\xi$ | 阻尼比 |
| $i$ | 线刚度 | $\sigma_s$ | 屈服应力 |
| $I$ | 惯性矩 | $\sigma_u$ | 极限应力 |
| $k$ | 刚度系数、切应力分布不均匀系数 | $\omega$ | 圆频率 |

# 目　录

# 第一章 概　　述

## 第一节　结构力学的研究对象和任务

在建筑物或构筑物中承受荷载起骨架作用的部分，称为工程结构，简称结构。如图1-1（a）所示的简支梁是一种结构，如图1-1（b）所示的悬臂梁也是一种结构。

图1-1

### 一、结构的分类

从几何角度来看，结构可分为杆系结构、板壳结构、实体结构三类。

1. 杆系结构

由一个方向的尺寸（长度）远大于其他两个方向的尺寸（宽、高）的杆件组成的结构，称为杆系结构。如：梁和柱子均属于杆系结构（图1-2）。

2. 板壳结构

一个方向的尺寸（厚度）远小于其他两个方向的尺寸（长、宽）的结构，称为板壳结构。如板和壳体均属于板壳结构，见图1-3（a）、（b）。

图1-2

图1-3

3. 实体结构

三个方向的尺寸约为同量级的结构，称为实体结构。如水坝（图1-4）、挡土墙均属于实体结构。

图1-4

### 二、结构力学的研究对象和任务

结构力学的研究对象和任务是研究杆系结构的强度、刚度、稳定性的计算原理和计算方法以及几何组成规律。

### 三、结构力学与其他课程的关系

理论力学是研究刚体的机械运动规律的一门科学。

材料力学是研究单个构件的强度、刚度、稳定性的计算原理和计算方法的一门科学。

结构力学是研究杆系结构的强度、刚度、稳定性的计算原理和计算方法及几何组成规律的一门科学。

弹性力学是研究可变形固体在外部因素（荷载、温度变化等）作用下的应力、应变和位移的一门科学。

结构力学是一门专业基础课，在建筑工程中占有重要的地位。一方面与前修课程有密切联系；另一方面，又为后续课程的学习奠定了必要的基础。结构力学又是实践性很强的学科，学习时既要注意掌握结构力学的概念、思路和相互联系，又要注意理论联系实际，逐步提高分析能力和计算能力。

## 第二节  结构的计算简图

在结构计算时，结构的实际情况很复杂，要完全考虑结构的受力特性来建立计算理论和方法是不可能的。因此，必需忽略次要因素，抓住主要因素。用简化模型代替实际结构，这种用以计算的模型称为结构的计算简图。

**一、确定结构的计算简图的原则**

（1）尽可能地反映实际结构的受力特性。

（2）计算简图要便于计算。计算简图的选择是力学计算的基础，极为重要。工程中常见的建筑物已有了成熟的计算简图，可以直接应用。但是对于一些新型结构，则需要设计人员自己确定计算简图。

**二、计算简图的简化要点**

1. 结构体系的简化

实际的结构一般都是空间结构，但多数情况下通过忽略次要的空间因素后，可以简化为平面结构。

2. 杆件的简化

实际的杆件有长、宽、高三个方向的尺寸，忽略宽、高的影响后，可以用轴线代替杆件。

3. 结点的简化

由两根或两根以上的杆件相互联结的地方称为结点。

图 1-5

（1）铰结点。所联结的各杆件可以绕结点自由转动的结点称为铰结点，见图 1-5（a）。铰结点不能承受弯矩。

（2）刚结点。所联结的各杆件不能绕结点自由转动的结点称为刚结点，见图 1-5（b）。刚结点能够承受弯矩。

4. 支座的简化

把结构与基础或其他支承物联系起来的装置称为支座。在计算简图中一般简化为以下几种类型：

（1）铰支座，见图 1-6（a）。杆端 $A$ 可以沿水平方向自由移动，但沿竖向方向不能移动，绕 $A$ 点可以自由转动。因此只能产生沿竖向方向的反力。

（2）固定铰支座，见图 1-6（b）。杆端 $A$ 可以绕 $A$ 点自由转动，但沿水平方向和竖向方向都不能移动，因此产生沿水平方向和竖向方向的反力。

（3）固定支座，见固定端图 1-6（c）。杆端 $A$ 既不能绕 $A$ 点转动，也不能沿水平方向和竖向方向移动。因此杆端 $A$ 产生沿水平方向、竖向方向的反力和约束杆端转动的力矩。

（4）定向滑动支座，见图1-6（d）。定向滑动支座只能允许杆端沿某一方向自由移动，而沿其他方向既不能移动，也不能转动。沿自由移动的方向没有反力，但产生垂直于自由移动方向的反力和约束杆端转动的力矩。

图1-6

**5. 荷载的简化**

因为结构简化时杆件用轴线代替，因此荷载的简化首先要把荷载简化为作用于杆轴线上的力。如荷载集度变化较小时，可以简化为均布荷载，见图1-7（a）；如荷载作用的范围与结构的尺寸相比较小，可以简化为集中荷载，见图1-7（b）。

图1-7

**【例1-1】** 选取图1-8（a）所示工业厂房柱端支座，作计算简图。

当土质坚硬、基础底面积较大时，柱子放入杯形基础后，如果用细石混凝土灌注杯口中，则柱子和杯形基础联结的计算简图可取为固定端［图1-8（b）］，因为杯形基础和柱端的线位移和转动较小，柱端可以承受较大的弯矩。如果用沥青麻丝灌注杯口中，则柱子和杯形基础联结的计算简图可取为固定铰

图1-8

支座［图1-8（c）］，因为杯口中沥青麻丝对柱端转动的约束力较小。

**【例1-2】** 选取图1-9（a）工业厂房中吊车梁，作计算简图。

图1-9（a）所示为工业厂房中采用的一种吊车梁，横梁 $AB$ 和竖杆 $CD$ 都是由钢筋混凝土做成，但是竖杆 $CD$ 的截面面积比梁 $AB$ 的截面面积小很多。斜杆 $AD$、$BD$ 是由锰钢做成。吊车梁的两端由厂房柱的牛腿支承。

（1）支座的简化。由于吊车梁的两端与牛腿上的预埋钢板通过焊接相连，且焊缝较短，因此这种连接方式对吊车梁两端的转动没有多大的约束作用，又考虑梁的受力特性和计算简图要便于计算的原则，梁可简化为简支梁，即梁一端为固定铰支座，另梁一端为可动铰支座。

图 1 - 9

（2）结点的简化。因梁 $AB$ 是一根整体的钢筋混凝土梁，截面面积较大，而杆 $CD$、$AD$、$BD$ 截面面积与梁 $AB$ 的截面面积相比较小，主要承受轴力，故 $A$、$D$、$B$ 结点可以简化为铰，$C$ 结点可简化为半铰（梁 $AB$ 在 $C$ 点是连续的，杆 $CD$ 在 $C$ 点是铰）。

用各杆的轴线代替杆件，可得结构的计算简图为图 1 - 9（b），图中 $A$、$B$、$D$ 为铰结点，$C$ 为半铰。这个简图，反映了主要杆件梁 $AB$ 的主要受力性能（弯矩、剪力、轴力）；对 $AD$、$CD$、$DB$ 保留了主要的内力（轴力），忽略了弯矩、剪力的影响。对于支座保留了主要的内力（竖向的支承力），忽略了转动的约束作用。实践证明，这个简图是合理的，既反映了结构的主要的变形和受力特点，又便于计算。

# 第三节  杆系结构的分类

## 一、梁
梁是一种受弯构件（图 1 - 10）。

图 1 - 10

## 二、刚架
由直杆组成，其结点大部分是刚结点的结构称为刚架，如图 1 - 11（a）、（b）所示。

## 三、拱
在竖向荷载作用下产生水平推力的曲线结构称为拱（图 1 - 12）。

## 四、桁架
由轴力杆件在两端用理想铰连接而组成的结构称为桁架（图 1 - 13）。当荷载作用于结点上时，各杆只产生轴力。

## 五、组合结构
由梁式杆件和轴力杆件组成的结构称为组合结构（图 1 - 14）。

杆系结构除以上分类外，按结构的计算特性来分，结构又可分为静定结构和超静定结构。用平衡方程式可以求出全部的支座反力和内力的结构称为静定结构，见图 1 - 15（a）；用平衡方程式不能求出全部的支座反力和内力的结构称为超静定结构，见图 1 - 15（b）。

图 1 - 11

图 1 - 12

图 1 - 13

图 1 - 14

图 1 - 15

# 第四节　荷载的分类

## 一、按荷载作用的时间分

作用于结构上的荷载，按其作用的时间的长短可分为恒载和活载。活载又可分为可动荷载和移动荷载。

1. 恒载

恒载是指永久地作用在结构上，其大小和位置不发生变化的荷载。例如自重。

2. 活载

活载是指暂时作用在结构上的荷载。例如风荷载、雪荷载、人群荷载和吊车荷载。

3. 可动荷载

可动荷载是指在结构上能占有任意位置的荷载。例如风荷载、雪荷载。

4. 移动荷载

移动荷载是指一系列相互平行、间距不变且能在结构上移动的活荷载。例如吊车荷载。

## 二、按荷载的作用性质分

按荷载的作用性质，又可分为静力荷载和动力荷载。

1. 静力荷载

静力荷载是指荷载的大小、方向和位置不随时间变化或变化很缓慢，不使结构产生显著的振动，计算时可忽略惯性力影响的荷载。

2. 动力荷载

动力荷载是指荷载的大小、方向和位置随时间变化，使结构产生显著的振动，计算时不能忽略惯性力影响的荷载。

应该指出：在超静定结构的分析中，除了荷载在结构中引起内力外，温度变化、支座移动、材料收缩等因素也可在结构中引起内力。这种内力有时会很大，在结构设计时不可忽略。

# 第二章  平面杆系结构的几何构造分析

几何构造分析，也称几何组成分析或机动分析。在建筑工程中，结构要承受各种荷载的作用，首先它的几何形状和空间的位置是稳定的。如果结构的几何形状不稳定，那么它就不能承受任意荷载。因此，从几何构造的角度看，结构应该是一个几何不变的体系，这种结构称为几何不变体系。反之，称为几何可变体系。

## 第一节  几何构造分析中的基本概念

### 一、几何不变体系和几何可变体系

几何不变体系是在不考虑材料应变的条件下，体系的形状和各个杆件的相对位置不发生变化的体系。图 2 - 1（a）就是一个几何不变体系。

几何可变体系是在不考虑材料应变的条件下，体系的形状或各个杆件的相对位置发生变化的体系。图 2 - 1（b）就是一个几何可变体系，因为体系是一个平行四边形，平行四边形是一个不稳定的图形。

几何构造分析的一个主要目的是判别体系是否为几何不变体系，从而决定是否能作为结构使用。

### 二、自由度

自由度是确定体系位置所需的独立坐标参数的数目。如图 2 - 2（a）平面上的一个点 $A$ 可以用二个独立坐标来确定其位置，因此，平面上的一个点有两个自由度。如图 2 - 2（b）平面上的一个刚片 $AB$ 可以用三个独立坐标来确定其位置，因此，平面上的一个刚片有三个自由度。

图 2 - 1

图 2 - 2

### 三、约束

约束是减少自由度的装置。约束也称为联系。它是体系中杆件之间或体系与基础之间的装置。如果它能减少一个自由度就称为一个约束，如果它能减少二个自由度就称为二个约束。常见的约束有链杆、铰、刚性联结（也称刚结点）。

一个链杆相当于一个约束，见图 2 - 3（a）所示。

一个铰相当于二个约束，见图 2 - 3（b）所示。

一个刚性联结相当于三个约束，见图 2 - 3（c）所示。

约束又分单约束和复约束，两个刚片的联结称为单约束，三个刚片的联结相当于二个单约束。三个以上的刚片的联结称为复约束。一般说来，$n$ 个刚片的联结相当于 $n-1$ 个单铰约束。图 2 - 4（a）是一个单约束，图 2 - 4（b）是一个复约束。

图 2 - 3　　　　　　　　　　　　图 2 - 4

### 四、多余约束

在体系中增加或减少一个约束不改变体系的自由度，这种约束称为多余约束。

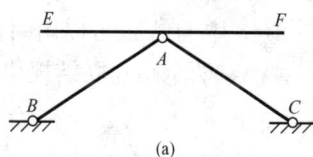

在图 2 - 5（a）中，梁 $EF$ 在平面内有三个自由度，如果把梁 $EF$ 与基础用 $AB$ 和 $AC$ 链杆相连，梁只有一个自由度（绕 $A$ 点转动），所以，链杆 $AB$ 和 $AC$ 都不是多余约束（因为去掉链杆 $AB$ 和 $AC$ 中的任何一个杆件，梁的自由度都会发生变化），而是必要约束。在图 2 - 5（a）中增加一个链杆 $AD$，体系变为图 2 - 5（b），梁仍然有一个自由度（绕 $A$ 点转动），也就是说，链杆 $AD$ 不影响体系的自由度，因此，链杆 $AD$ 是一个多余约束。

值得说明的是多余约束对体系的自由度没有影响，只有非多余约束对体系的自由度有影响。在图 2 - 5（b）中，三根链杆（$AB$、$AC$ 和 $AD$）中的任何一根链杆都可以看成多余约束，因此，多余约束不唯一。也就是说，多余约束具有不唯一的特性。

图 2 - 5

### 五、刚片

在几何构造分析中，可能遇到几何形状不同的各种平面物体，只要物体本身是几何不变的，就可把它看作为刚片。刚片是几何不变的平面物体。它可以是一个杆件，也可以是由杆件组成的几何不变的部分。

图 2 - 6

### 六、瞬铰

如图 2 - 6 所示刚片Ⅰ与刚片Ⅱ用两根不平行链杆 $AB$ 和 $CD$ 连接，现在对体系进行分析。由于链杆的作用，$B$ 点发生垂直 $AB$ 杆的微小位移，$D$ 点发生垂直 $CD$ 杆的微小位移，$AB$ 与 $CD$ 的延长线交于 $O$ 点，$O$ 点称为瞬时转动中心，刚片Ⅰ就可以绕 $O$ 点发生微小的转动。因此两根链杆所起的约束作用相当于两根链杆在交点处（$O$ 点）的一个铰的约束作用，这个铰称为瞬铰。

## 第二节　平面几何不变体系的组成规律

### 一、三角形的基本规律

众所周知，三角形具有几何不变性，三角形铰接体系是最简单的几何不变体系。组成几

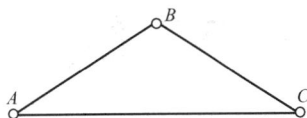

图 2 - 7

何不变铰接体系最基本的规律是三角形规律。图 2 - 7 是三角形铰接体系，也是几何不变体系。

### 二、两个刚片的联结规律

规律 1　两个刚片用一个铰和一根不通过此铰的链杆相联结，组成几何不变体系，并且没有多余约束。

如图 2 - 8 把三角形铰接体系（图 2 - 7）中的 AB 和 AC 杆看成两个刚片，BC 看成一根支杆，这与三角形铰接体系（图 2 - 7）是等效的，当然也是几何不变的。因此，可以得到两个刚片的联结规律。

图 2 - 8 中的 A 铰可以用两根链杆来替换后，得到图 2 - 9。由于一个固定铰可以用两根链杆来替换，两个刚片联结规律就可以用以下方式表达。

图 2 - 8

图 2 - 9

规律 2　两个刚片用三根既不平行又不相交于一点的链杆相联结，组成几何不变体系，并且没有多余约束。

### 三、三个刚片的联结规律

规律 3　三个刚片用不在一条直线上的三个铰两两相联，组成几何不变体系，并且没有多余约束。

如图 2 - 10 是把三角形铰接体系（图 2 - 7）中的 AB、AC 和 BC 杆看成三个刚片，这与三角形（图 2 - 7）是等效的，当然也是几何不变的。因此，可以得到三个刚片的联结规律。

图 2 - 10

图 2 - 11

### 四、二元体

在图 2 - 11 中，由两根不共线的链杆 AB 和 AC 联结成一个新结点 A 的装置称为二元体。由于一个结点的自由度等于 2，用两根不共线的链杆相连，其约束数也等于 2，所以增

加一个二元体对实际的自由度没有影响。因此，在一个体系上增加一个二元体并不改变原有体系的自由度。同理，在一个体系上拆去一个二元体也不改变原有体系的自由度。由此可见，二元体具有这样的性质，在一个体系上增加或减少有限个二元体不改变原有体系的自由度。也就是说，增加或减少有限二元体不改变原来体系的可变性。

### 五、瞬变体系

如图 2-12 所示，刚片 I 与刚片 II 用三根交于一点的链杆相联结，显然，刚片 I 可以绕该铰任意转动，则体系为几何可变体系。如图 2-13 刚片 I 与刚片 II 用三根平行且等长链杆相连接，刚片 I 可以发生微小的水平位移，在刚片 I 发生微小的位移后，三根链杆仍然平行，则刚片 I 继续在水平方向上产生位移，则体系为几何可变体系。当体系的位置或形状发生连续的改变或连续位移时，这种体系称为常变体系。

如图 2-14 所示刚片 I 与刚片 II 用三根平行且不等长链杆相联结，刚片 I 可以发生微小的水平位移，在刚片 I 发生微小的位移后，三根链杆不再平行，则体系为几何不变体系。在发生微小位移后体系由几何可变体系变为几何不变体系，这种体系称为几何瞬变体系。

图 2-12

图 2-13

图 2-14

值得注意的是：可变体系包括常变体系和瞬变体系。常变体系和瞬变体系都不能作为结构使用。瞬变体系是可变体系的一种特殊情况。

**【例 2-1】**　分析图示 2-15 所示体系的几何构造。

图 2-15

**解**　AB 杆看成刚片 I，BC 杆看成刚片 II，基础看成刚片 III，刚片 I 与刚片 III 由铰 A 和一根链杆 1 组成一个大刚片，刚片 II 与大刚片由铰 B 和一根链杆 2 组成一个几何不变体系。所以，该体系为几何不变体系，且没有多余约束。

**【例 2-2】**　分析图示 2-16 所示体系的几何构造。

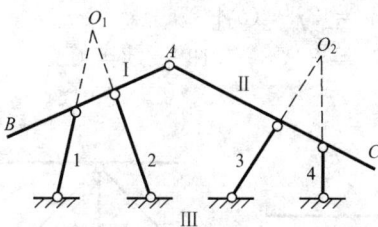
图 2-16

**解**　AB 杆看成刚片 I，AC 杆看成刚片 II，基础看成刚片 III，刚片 I 与刚片 III 由两根链杆 1 和 2 形成的瞬铰 $O_1$ 相连，刚片 II 与刚片 III 由两根链杆 3 和 4 形成的瞬铰 $O_2$ 相连，刚片 I 与刚片 II 由铰 A 相连。三个铰 A、$O_1$、$O_2$ 不在一条直线上，组成几何不变体系，并且没有多余约束。

**【例 2-3】**　分析图示 2-17 所示体系的几何构造。

**解**　把三角形 ABC 看成刚片 I，把三角形 DEF 看成刚片 II，刚片 I 与刚片 II 用三根不交于一点的链杆 AD、BE、CF 相连，组成几何不变体系，并且没有多余约束。

**【例 2-4】**　分析图示 2-18 所示体系的几何构造。

图 2 - 17

图 2 - 18

**解** $AB$ 杆看成刚片Ⅰ，基础看成刚片Ⅱ，刚片Ⅰ与刚片Ⅱ用 $A$ 铰和 $B$ 支杆相连，组成几何不变体系。而1、2杆和3、4杆是刚片Ⅰ上的两个二元体（不影响体系的自由度），5杆是一个多余约束。所以，该体系为有一个多余约束的几何不变体系。

## 第三节 平面体系自由度的计算

由前可知，平面内的一个刚片有三个自由度，一个链杆相当于一个约束，一个铰相当于二个约束，一个刚性联结相当于三个约束。因此在平面体系中，如刚片总数为 $m$，单个刚结点的总数是 $g$，单个铰的总数 $h$，单个链杆的总数是 $s$，平面体系的自由度 $W$ 可表示为

$$W = 3m - (3g + 2h + s) \qquad (2 - 1)$$

下面介绍平面链杆体系（桁架）的自由度的计算，如果平面链杆体系的结点总数为 $j$，链杆总数为 $b$，支杆总数为 $s$。由于平面内一个结点有两个自由度，一个链杆相当于一个约束，一个支杆也相当于一个约束，所以约束总数为 $b+s$。则平面链杆体系的自由度为

$$W = 2j - (b + s) \qquad (2 - 2)$$

通过计算体系的自由度，可以得出下列三种情况：

（1）若体系的自由度 $W > 0$，则表明体系缺少必要的约束，体系是几何可变体系。

（2）若体系的自由度 $W = 0$，则表明体系具有保证几何不变所需要的最少的约束数。

（3）若体系的自由度 $W < 0$，则表明体系具有多余约束。

【**例 2 - 5**】 计算图示 2 - 19 所示体系的自由度。

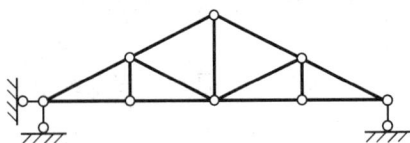

图 2 - 19

**解** 在图 2 - 19 中，有 8 个铰结点、13 根链杆、3 根支杆，即铰结点数 $j=8$，链杆数 $b=13$，支杆数 $s=3$，体系的自由度

$$W = 2j - (b + s)$$
$$= 2 \times 8 - (13 + 3) = 0$$

该体系的自由度为0。

【**例 2 - 6**】 计算图示 2 - 20（a）、（b）所示体系的自由度。

**解** 在图 2 - 20（a）中，有一个刚片和三个支杆，即：刚片数 $m=1$，刚结点数 $g=0$，铰结点数 $h=0$，支杆数 $s=3$，体系的自由度为

（a）

（b）

图 2 - 20

$$W = 3m - (3g + 2h + s)$$

$$= 3 \times 1 - (3 \times 0 + 2 \times 0 + 3) = 0$$

在图 2 - 20（b）中，有一个刚片和三个支杆，即：刚片数 $m=1$，刚结点数 $g=0$，铰结点数 $h=0$，支杆数 $s=3$，体系的自由度为

$$W = 3m - (3g + 2h + s)$$
$$= 3 \times 1 - (3 \times 0 + 2 \times 0 + 3) = 0$$

从计算体系自由度的结果来看，虽然计算的结果相同，但是两个体系实际的自由度是不一样的，图 2 - 20（a）所示的体系是几何不变体系，即体系实际的自由度与公式计算的自由度结果一致；而图 2 - 20（b）所示的体系是几何可变体系，即体系实际的自由度与公式计算的自由度结果不一致。也就是说，具备必要约束的数目的条件，如果安排不当，体系的实际自由度仍然不为零，体系是几何可变体系。要确定体系是否是几何不变体系的，仍然需要按照几何构造的原理来判别。

值得注意的是：自由度小于等于零是几何不变体系的必要条件，也就是说，当 $W>0$ 时，体系为几何可变体系；但 $W\leqslant0$ 时，体系不一定就是几何不变体系。如果 $W\leqslant0$ 时，判别体系的几何可变性仍然需用几何构造分析的方法来确定。

## 第四节　静定结构和超静定结构

用来作为结构的平面杆件体系，必须是几何不变的，而几何不变体系又分为有多余约束的几何不变体系和无多余约束的几何不变体系，前者的约束数目除满足几何不变性的要求外还有多余，后者的约束数目与满足几何不变性的要求的约束数目相等。因此，我们把有多余约束的几何不变体系称为超静定结构（图 2 - 21），无多余约束的几何不变体系称为静定结构（图 2 - 22）。

图 2 - 21

图 2 - 22

从静力的角度来看，用平衡方程式可以求出全部的支座反力和内力的结构称为静定结构，用平衡方程式不能求出全部的支座反力和内力的结构称为超静定结构。

## 习　题

试对题 2 - 1～题 2 - 22 所示体系进行几何构造分析。

图 2 - 23　题 2 - 1图

图 2 - 24　题 2 - 2图

图 2 - 25　题 2 - 3图

图2-26 题2-4图

图2-27 题2-5图

图2-28 题2-6图

图2-29 题2-7图

图2-30 题2-8图

图2-31 题2-9图

图2-32 题2-10图

图2-33 题2-11图

图2-34 题2-12图

图2-35 题2-13图

图2-36 题2-14图

图2-37 题2-15图

图2-38 题2-16图

图 2-39 题 2-17 图

图 2-40 题 2-18 图

图 2-41 题 2-19 图

图 2-42 题 2-20 图

图 2-43 题 2-21 图

图 2-44 题 2-22 图

# 第三章　静定结构的受力分析

## 第一节　静定结构的基本概念

### 一、静定结构

从几何方面来看，静定结构是无多余约束的几何不变体系。从静力方面来看，静定结构是用平衡方程式可以求出全部的支座反力和内力的结构，也就是说，静定结构的独立平衡方程式的数目必等于未知约束力的数目。满足静力平衡条件的静定结构的反力和内力的解是唯一的。这是静定结构的基本特征。

### 二、结构内力的符号规定

一般来说，平面结构的杆件的任一横截面上有三个内力，弯矩、剪力和轴力，见图3-1（a）。

弯矩是截面上的应力对截面形心的合力矩，见图3-1（b）。材料力学规定，在水平杆件中，使杆件下边纤维受拉的弯矩为正弯矩，反之为负。但在结构力学中，不仅有水平杆件，而且也有竖向杆件，因此在绘制弯矩图时，规定弯矩图上不标正负号，弯矩图画在杆件纤维受拉的一侧。

图3-1　　　　　　　　　　　　　　　　　图3-2

剪力是截面上的应力沿杆轴法线方向的合力，剪力以绕隔离体顺时针方向转动的为正剪力，以绕隔离体逆时针方向转动的为负剪力（图3-2）。

轴力是截面上的应力沿杆轴切线方向的合力。轴力以拉力为正，以压力为负（图3-3）。

图3-3

### 三、分段叠加法作弯矩图

用分段叠加法绘结构的弯矩图可以使结构的绘制工作得到简化，它也是结构力学的最基本内容之一，贯穿于结构力学始终。下面介绍叠加法作弯矩图的基本原理和方法。

在图3-4（a）中，杆件 $AB$ 的受力特性［图3-4（b）］等效于图3-4（c），也就是说，杆件 $AB$ 的受力特性［图3-4（b）］等于图3-4（d）叠加图3-4（e），图3-4（f）和图3-4（h）分别是图3-4（d）和图3-4（e）的弯矩图，所以，杆件 $AB$ 的弯矩图 $M = M_1 + M_0$，见图3-4（j）。

$M_1$ 图是控制截面的弯矩图［图3-4（f）］，$M_0$ 是均布荷载作用于简支梁的弯矩图［图3-4（h）］，$M_1$ 叠加上 $M_0$（以 $M_1$ 图的 $mn$ 作为基线，在此基线上叠加 $M_0$ 图）就是所求的

弯矩图 $M$ ［图 3 - 4 (j)］。值得注意的是，弯矩图的叠加是弯矩图纵坐标值的叠加，而不是简单弯矩图图形的拼凑。

图 3 - 4

由此可见，分段叠加法作弯矩图的步骤是：

(1) 首先找出控制截面，将杆件分段。一般来说，集中力作用处、集中力偶作用处、支座处、均布荷载的起点和终点、刚结点处均可以看成控制截面。

(2) 绘制出控制截面的弯矩图。

(3) 以控制截面的弯矩图为基线，叠加相应荷载作用于相应跨度简支梁的弯矩图。

**四、用叠加法作剪力图**

在材料力学中，已经讲过绘制剪力图的方法，这里不再讲述。在结构力学中，采用叠加法绘制剪力图，即由弯矩图绘制剪力图的方法。

在图 3-4（a）中，根据杆件 $AB$ 的受力特性，杆件 $AB$ 的剪力图 $F_Q = F_{Q1} + F_{Q0}$，$F_{Q1}$ 图是控制截面的剪力图，见图 3-4（g）；$F_{Q0}$ 是均布荷载作用于简支梁的剪力图，见图 3-4（i）。$F_{Q1}$ 叠加上 $F_{Q0}$（以 $F_{Q1}$ 图的 $xy$ 为基线，在此基线上叠加 $F_{Q0}$ 图）就是所求的剪力图 $F_Q$，见图 3-4（k）。

叠加法作剪力图与叠加法作弯矩图的方法和步骤基本一样，首先绘制出控制截面的剪力图。控制截面的剪力图可以由控制截面的弯矩图得到。然后，在控制截面的剪力图上叠加相应荷载作用于相应跨度简支梁的剪力图。

需要说明的是：

（1）控制截面的剪力图的符号和数值可以由控制截面的弯矩图得到。

（2）在控制截面的弯矩图［图 3-4（f）］中，由杆件轴线转向弯矩图（转角为锐角），如果是顺时针旋转，剪力为正剪力；如果是逆时针旋转，剪力为负剪力。

（3）控制截面的剪力数值的大小的确定：在控制截面的弯矩图［图 3-4（f）］中，如果杆件两端 $A$ 和 $B$ 是同侧纤维受拉，其剪力值等于 $F_{Q1} = \left| \dfrac{M_B - M_A}{l} \right|$；如果杆件两端 $A$ 和 $B$ 是异侧纤维受拉，其剪力值等于 $F_{Q1} = \left| \dfrac{M_A + M_B}{l} \right|$。

【例 3-1】  绘图 3-5（a）所示结构的弯矩图和剪力图。

图 3-5

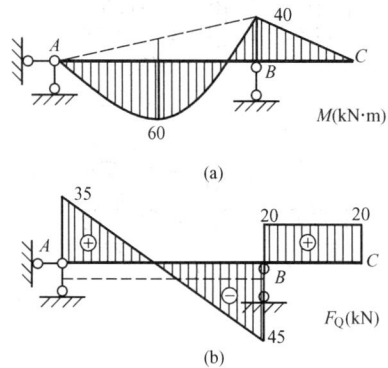

图 3-6

**解**  在图 3-5（a）中，确定结构的控制截面为 $A$、$B$、$C$，由题知 $M_A = 0$，$M_C = 0$。

（1）计算支座反力，见图 3-5（b）。

$$\sum F_X = 0 \qquad F_{XA} = 0$$

$$\sum M_A = 0 \qquad F_{YB} \times 8 - \frac{1}{2} \times 10 \times 8^2 - 20 \times 10 = 0$$

$$F_{YB} = 65 \text{kN}$$

$$\sum F_Y = 0 \qquad F_{YA} + F_{YB} - 10 \times 8 - 20 = 0$$

$$F_{YA} = 35 \text{kN}$$

(2) 计算控制截面的弯矩值，取 $BC$ 为隔离体，见图 $3-5$（c）。

$$\sum M_B = 0 \qquad M_{BC} - 20 \times 2 = 0$$

$$M_{BC} = 40 \text{kN} \cdot \text{m}$$

(3) 绘制结构的弯矩图和剪力图。

先绘出控制截面的弯矩图，再叠加均布荷载作用于简支梁上的弯矩图，得出结构的弯矩图，见图 $3-6$（a）。$F_Q$ 图由 $M$ 图得出。在图 $3-6$（a）中，由杆轴线 $AB$ 转向控制截面的弯矩图是逆时针旋转，得到的控制截面的剪力为负剪力，其数值为 $F_{Q1} = \left| \dfrac{40-0}{8} \right| = 5 \text{kN}$，先绘出控制截面的剪力图，再叠加均布荷载作用于简支梁上的剪力图，得出剪力图 $F_Q$，见图 $3-6$（b）。

# 第二节　多跨静定梁

## 一、多跨静定梁的概念

用铰将若干根单跨静定梁联结成的静定结构，称为多跨静定梁。多跨静定梁由基本部分和附属部分组成。不需要依靠其他部分而能独立承受荷载的部分，称为基本部分。需要依靠其他部分才能承受荷载的部分，称为附属部分。多跨静定梁多用于桥梁结构。图 $3-7$（a）中，$AB$ 是基本部分，$BC$ 是附属部分；图 $3-7$（b）中，$AB$ 和 $CD$ 是基本部分，$BC$ 是附属部分。

图 3-7

## 二、多跨静定梁的内力分析

计算多跨静定梁的反力和内力时，首先分清楚哪些部分是基本部分，哪些部分是附属部分。应先计算附属部分，后计算基本部分。为清晰可见，可用图［图 $3-8$（a）、（b）］来表示基本部分和附属部分的关系，这种表示力的传递路径的图形称为层次图。由此可见，当荷载作用于基本部分上时，只是基本部分受力，而附属部分不受力。当荷载作用于附属部分上时，基本部分和附属部分都受力。

图 3-8

【例 3-2】　绘图 $3-9$（a）所示结构的弯矩图和剪力图。

**解**　从图 $3-9$（b）中可知，$ABC$ 杆是基本部分，$CD$ 杆是附属部分。

(1) 取 $CD$ 为隔离体，见图 $3-9$（c）。

$$\sum F_X = 0 \qquad F_{XC} = 0$$

$$\sum M_C = 0$$

图 3 - 9

$$F_{YD} \times 4 - \frac{1}{2} \times 20 \times 4^2 = 0$$

$$F_{YD} = 40\text{kN}$$

$$\sum F_Y = 0$$

$$F_{YC} + F_{YD} - 20 \times 4 = 0$$

$$F_{YC} = 40\text{kN}$$

取 $AC$ 为隔离体，见图 3 - 9（c）。

$$\sum M_A = 0$$

$$F_{YB} \times 8 - 40 \times 4 - 40 \times 9 = 0$$

$$F_{YB} = 65\text{kN}$$

$$\sum F_Y = 0$$

$$F_{YA} + F_{YB} - 40 - 40 = 0$$

$$F_{YA} = 15\text{kN}$$

$$\sum F_X = 0 \qquad F_{AX} = 0$$

（2）计算控制截面的弯矩值。

由题可知：$M_A = 0$　　　$M_C = 0$　　　$M_D = 0$

由图 3 - 9（c）得：$M_B - 40 \times 1 = 0$　　　$M_B = 40$

（3）绘出 $M$ 图 [图 3 - 10（a）] 和 $F_Q$ 图 [图 3 - 10（b）]。

【例 3 - 3】　绘图 3 - 11（a）、图 3 - 12（a）所示结构的弯矩图和剪力图。

**解**　从图 3 - 11（a）中可知，$AB$ 杆是基本部分，$BC$ 杆是附属部分。

（1）取 $BC$ 杆为隔离体，计算出支座反力。如图 3 - 11（b）所示。

（2）绘出 $M$ 图 [图 3 - 11（c）] 和 $F_Q$ 图 [图 3 - 11（d）]。

图 3 - 10

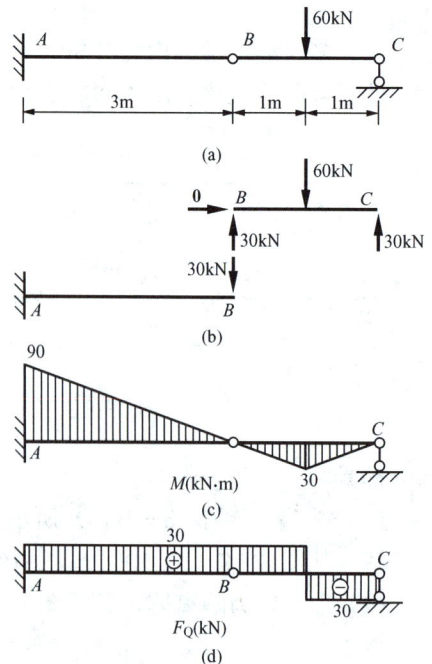

图 3 - 11

同理可绘出图 3 - 12（a）所示结构的 $M$ 图 [图 3 - 12（b）] 和 $F_Q$ 图 [图 3 - 12（c）]。

由此可见，在图 3 - 12（a）中，荷载作用于基本部分 $AB$ 上时，只是基本部分 $AB$ 受力，而附属部分 $BC$ 不受力。在图 3 - 11（a）中，当荷载作用于附属部分上时，基本部分 $AB$ 和附属部分 $BC$ 都受力。

图 3 - 12

# 第三节　刚　　架

## 一、刚架的类型

由直杆组成且大部分结点是通过刚结点联结成的结构，称为刚架，也称框架。刚架主要有悬臂刚架 [图 3 - 13（a）]、简支刚架 [图 3 - 13（b）]、三铰刚架 [图 3 - 13（c）]、组合刚架 [图 3 - 13（d）] 四种类型。

## 二、刚架的内力分析

1. 悬臂刚架

悬臂刚架是刚架中最简单的一种刚架，它与基础用固定端相连。计算悬臂刚架时，不需要求支座反力就能绘制内力图。

【例 3 - 4】　绘图 3 - 14（a）所示结构的内力图。

解　图 3 - 14（a）所示结构为悬臂刚架，不需要求支座反力，可以直接绘制内力图。

（1）计算控制截面 $A$、$B$、$C$ 的弯矩值：

图 3 - 13

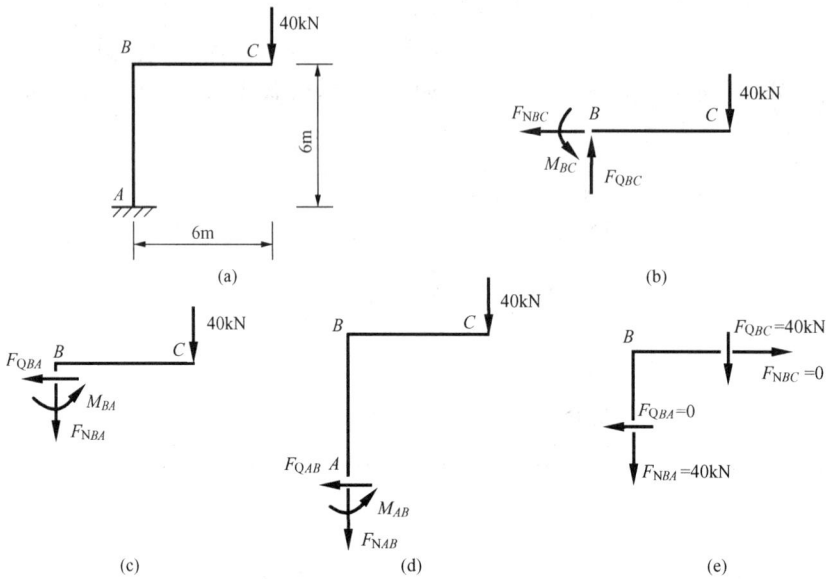

图 3 - 14

取 $BC$ 为隔离体，见图 3 - 14 (b)。

$$\sum M_B = 0 \qquad\qquad M_{BC} - 40 \times 6 = 0$$
$$M_{BC} = 240\text{kN} \cdot \text{m} \qquad M_{CB} = 0$$

取 $BC$ 为隔离体，见图 3 - 14 (c)。

$$\sum M_B = 0 \qquad\qquad M_{BA} - 40 \times 6 = 0$$

取 $ABC$ 为隔离体，见图 3 - 14 (d)。

$$\sum M_A = 0 \qquad\qquad M_{AB} - 40 \times 6 = 0$$
$$M_{AB} = 240\text{kN} \cdot \text{m}$$

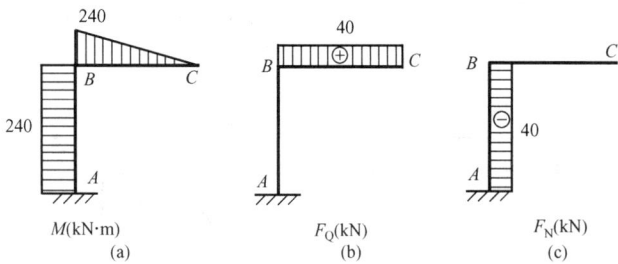

图 3 - 15

（2）绘制结构内力图：弯矩图，如图 3 - 15 (a) 所示；剪力图，如图 3 - 15 (b) 所示；轴力图，如图 3 - 15 (c) 所示。

绘制轴力图的方法有多种，这里介绍由剪力图绘制出轴力图的方法。从剪力图 [图 3 - 15 (b)] 中，取刚结点 $B$ [图 3 - 14 (e)] 为研究对象，

$$\sum F_X = 0 \qquad F_{NBC} - F_{QBA} = 0 \qquad F_{NBC} = F_{QBA} = 0$$
$$\sum F_Y = 0 \qquad F_{NBA} + F_{QBC} = 0 \qquad F_{NBA} = -F_{QBC} = -40\text{kN}$$

## 2. 简支刚架

简支刚架本身是没有多余约束的几何不变体系，刚架与基础用一个铰和一根不通过此铰的链杆相联或用三根既不平行又不相交于一点的链杆相联。因此，计算简支刚架时，应用平衡方程式可以求支座反力，再绘制内力图。

**【例3-5】**　绘图3-16（a）所示结构的内力图。

图 3 - 16

**解**　图 3-16（a）所示结构为简支刚架，先求支座反力。

（1）计算支座反力。

$$\sum F_X = 0 \qquad\qquad F_{XA} = 40\text{kN}$$

$$\sum M_A = 0 \qquad\qquad F_{YD} \times 4 - 40 \times 4 - \frac{1}{2} \times 30 \times 4^2 = 0$$

$$F_{YD} = 100\text{kN}$$

$$\sum F_Y = 0 \qquad\qquad F_{YA} + F_{YD} - 30 \times 4 = 0$$

$$F_{YA} = 20\text{kN}$$

（2）计算控制截面 $A$、$B$、$C$、$D$ 的弯矩值；取 $AB$ 为隔离体，如图 3-16（b）所示。

$$\sum M_B = 0 \qquad\qquad M_{BA} - 40 \times 4 = 0$$

$$M_{BA} = 160\text{kN} \cdot \text{m}$$

取 $CD$ 为隔离体（图 3-16c）

$$\sum M_C = 0 \qquad\qquad M_{CD} = 0$$

由题［图 3-16（a）］可知：$M_{AB}=0$　$M_{DC}=0$

（3）绘制结构的内力图：弯矩图，见图 3-17（a）；剪力图，见图 3-17（b）；轴力图，见图 3-17（c）。

图 3 - 17

**3. 三铰刚架**

三铰刚架本身是由两个构件组成，用不共线的三个铰将两个构件和基础两两相联的结构。计算三铰刚架时，由于支座反力的数目多于平衡方程式的数目，因此，需要用截面法取隔离体来补充方程，才能计算出支座反力然后再绘制内力图。

【例 3 - 6】　绘图 3 - 18（a）所示三铰刚架的内力图。

图 3 - 18

**解**　图 3 - 18（a）所示结构为三铰刚架，先求支座反力。

（1）计算支座反力。

取整体刚架为隔离体，如图 3 - 18（b）所示。

$$\sum M_A = 0 \qquad F_{YB} \times 2l - \frac{1}{2} \times q \times l^2 = 0$$

$$F_{YB} = \frac{1}{4}ql$$

$$\sum M_B = 0 \qquad F_{YA} \times 2l - \frac{1}{2} \times q \times l^2 = 0$$

$$F_{YA} = \frac{1}{4}ql$$

$$\sum F_X = 0 \qquad F_{XA} + F_{XB} - ql = 0 \qquad\qquad (3 - 1)$$

（2）取半边结构 $CEB$ 为隔离体，如图 3 - 18（c）所示。

$$\sum M_C = 0 \qquad F_{XB}l - F_{YB}l = 0$$

$F_{XB} = F_{YB} = \frac{1}{4}ql$，将此式代入式（3 - 1）可得

$$F_{XA} = ql - F_{XB} = \frac{3}{4}ql$$

（3）计算控制截面 $A$、$B$、$C$、$D$、$E$ 的弯矩值；取 $AD$ 为隔离体，如图 3 - 18（d）所示。

$$\sum M_D = 0 \qquad M_{DA} - F_{XA}l + \frac{1}{2}ql^2 = 0$$

$$M_{DA} = \frac{3}{4}ql \times l - \frac{1}{2}ql^2 = \frac{1}{4}ql^2$$

取 $BE$ 为隔离体，如图 3 - 18（e）所示。

$$\sum M_E = 0 \qquad M_{EB} = \frac{1}{4}ql^2$$

由刚结点 $D$、$E$ 平衡可知　$M_{DC} = \frac{1}{4}ql^2$ 　　　$M_{EC} = \frac{1}{4}ql^2$

见图 3 - 18（a），由题可知 $M_{AD} = 0$ 　$M_{BE} = 0$ 　$M_{CD} = 0$

（4）绘制结构的内力图：弯矩图，如图 3 - 19（a）所示；剪力图，如图 3 - 19（b）所示；轴力图，如图 3 - 19（c）所示。

图 3 - 19

4. 组合刚架

在组合刚架中，一般有前三种刚架的一种作为基本部分，另一部分是根据几何不变体系的组成规律联结上去的，作为附属部分。计算方法与多跨静定梁的计算方法相同，先计算附属部分，后计算基本部分。

【例 3 - 7】　绘图 3 - 20（a）所示刚架的弯矩图。

　解　图 3 - 20（a）所示结构为组合刚架，$AB$ 是基本部分，$BCD$ 是附属部分。先计算是附属部分，后计算是基本部分。

（1）计算支座反力。

取 $BCDGF$ 为隔离体，见图 3 - 20（b）。

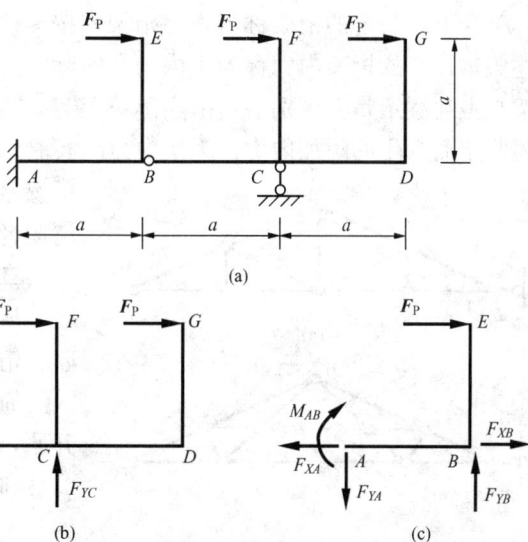

图 3 - 20

$$\sum M_B = 0 \qquad F_{YC} \times a - F_P \times a - F_P \times a = 0$$

$$F_{YC} = 2F_P$$

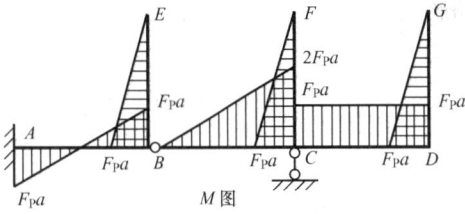

图 3 - 21

（2）绘制结构的弯矩图（图 3 - 21）。

$$\sum F_Y = 0 \qquad F_{YC} - F_{YB} = 0$$

$$F_{YB} = 2F_P$$

$$\sum F_X = 0 \quad F_{XB} = 2F_P$$

取 $ABE$ 为隔离体，见图 3 - 20（c）。

$$\sum M_A = 0 \qquad M_{AB} = F_P a$$

$$\sum F_Y = 0 \qquad F_{YA} = 2F_P$$

$$\sum F_X = 0 \qquad F_{XA} = 3F_P$$

# 第四节   桁   架

**一、概述**

由轴力杆件组成的结构称为桁架（图 3 - 22）。轴力杆件分为上弦杆、下弦杆、竖腹杆、斜腹杆。竖腹杆和斜腹杆统称为腹杆，结点水平间距称为节间，两支座间的距离称为跨度。由于实际桁架的受力情况较为复杂。因此，在建立计算简图时，对桁架作了以下几点假定。

（1）桁架中的结点都是理想的铰结点；

（2）各杆轴线都是直线，且轴线通过铰结点的中心；

（3）荷载和支座反力都作用在结点上。

符合上述假定的桁架称为理想桁架，按上述假定计算的桁架内力称为主内力。实际桁架与上述假定是有区别的，由实际情况与上述假定而产生的附加内力称为次内力。

图 3 - 22

实验结果表明，一般情况下，次内力的影响不大，可忽略不计。若设计必须考虑次内力的影响时，请读者参阅有关书籍。这里只研究主内力的计算。

**二、桁架的类型**

从几何构造角度来看，桁架可分为简单桁架、联合桁架、复杂桁架。

简单桁架是由基础或一个基本的铰接三角形开始，依次增加二元体所组成的桁架，见图 3 - 23（a）；联合桁架是由几个简单桁架按几何不变体系的基本组成规律所联成的桁架，见图 3 - 23（b）；复杂桁架是不属于简单桁架、联合桁架的桁架，见图 3 - 23（c）。

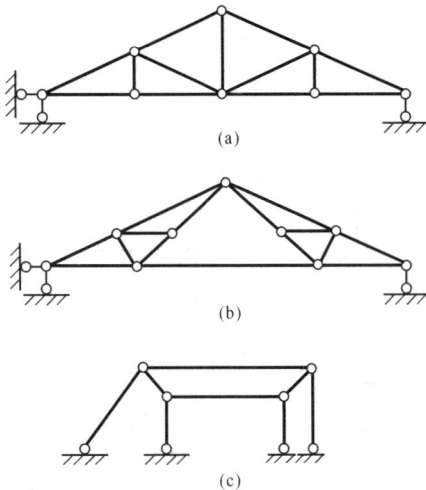

图 3 - 23

**三、桁架的内力计算**

1. 结点法

取桁架的一个结点为隔离体，利用该结点的

静力平衡方程解出各杆的内力,这种方法称为结点法。一个结点一般不能多于二个未知力,否则杆件的内力就解不出来,因为一个结点只有二个独立方程(平面汇交力系),可以用结点法计算简单桁架的内力。

2. 截面法

用一截面截取桁架的某一部分为隔离体,利用该隔离体的静力平衡方程解出各杆的内力,这种方法称为截面法。一般来说,截面截取隔离体不多于三个未知力,因为一个隔离体只有三个独立方程(平面一般力系)。可以用截面法计算简单桁架、联合桁架的内力。但是,复杂桁架一般需用特殊截面才能计算出杆件的内力。

3. 零杆的判定

桁架中内力等于零的杆件称为零杆。

(1) 两杆结点上无荷载作用时,如图 3-24 (a) 所示,则两杆的内力等于零。

(2) 三杆结点上无荷载作用时,如图 3-24 (b) 所示,如果其中有两杆在一直线上,则另一杆必为零杆。

【例 3-8】 用结点法计算图 3-25 (a) 所示桁架中各杆的轴力。

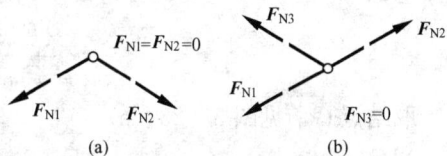

图 3-24

**解** (1) 判定零杆。

由图 3-25 (a) 可以判定 $BF$ 杆和 $DH$ 杆为零杆。$F_{NBF} = F_{NDH} = 0$

图 3-25

(2) 计算支座反力。

$$\sum M_A = 0 \qquad (F_{YB} - 10) \times 8 - 20 \times 6 - 20 \times 4 - 20 \times 2 = 0$$

$$F_{YB} = 40\text{kN}$$

$$\sum M_B = 0 \qquad (F_{YA} - 10) \times 8 - 20 \times 6 - 20 \times 4 - 20 \times 2 = 0$$

$$F_{YA} = 40\text{kN}$$

$$\sum F_X = 0 \qquad F_{XA} = 0$$

（3）依次取结点 A、B、F、G、C、H、D、E，可计算出各杆的轴力。取结点 A，见图 3 - 25 （b）。

$$\sum F_Y = 0 \qquad F_{NAF}\sin\alpha + 40 - 10 = 0$$

$$F_{NAF} = -67.08\text{kN}$$

$$\sum F_X = 0 \qquad F_{NAF}\cos\alpha + F_{NAB} = 0$$

$$F_{NAB} = -F_{NAF}\cos\alpha = 60\text{kN}$$

取结点 B，见图 3 - 25 （c）。

$$\sum F_Y = 0 \qquad F_{NBF} = 0$$

$$\sum F_X = 0 \qquad F_{NBC} = F_{NAB} = 60\text{kN}$$

取结点 F，见图 3 - 25 （d）

$$\sum F_X = 0 \qquad F_{NGF}\cos\alpha - F_{NAF}\cos\alpha + F_{NFC}\cos\alpha = 0$$

$$\sum F_Y = 0 \qquad F_{NGF}\sin\alpha - F_{NAF}\sin\alpha - F_{NFC}\sin\alpha - 20 = 0$$

$$F_{NGF} = -44.72\text{kN}$$

$$F_{NFC} = -22.36\text{kN}$$

取结点 G，见图 3 - 25 （e）

$$\sum F_X = 0 \qquad F_{NGF}\cos\alpha - F_{NGH}\cos\alpha = 0$$

$$\sum F_Y = 0 \qquad F_{NGF}\sin\alpha + F_{NGH}\sin\alpha + F_{NGC} + 20 = 0$$

$$F_{NGF} = F_{NGH} = -44.72\text{kN}$$

$$F_{NGC} = 20\text{kN}$$

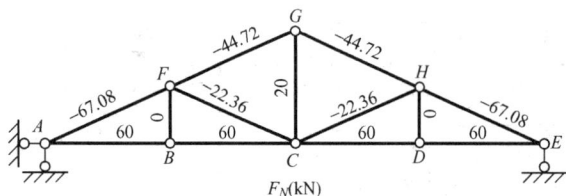

图 3 - 26

由于结构对称，荷载对称，所以桁架结构的轴力也对称。其余的结点不再计算。桁架中各杆的轴力如图 3 - 26 所示。

【例 3 - 9】 计算图 3 - 27 （a）所示桁架中 a、b 杆的轴力。

**解** 一般求解桁架的方法是先求支座反力，然后再用结点法和截面法求解。此桁架的支座链杆有 4 根，仅考虑整体平衡来求支座反力是困难的。因此，对桁架图 3 - 27 （a）进行几何构造分析，可以看出，刚片 FGCHB 与基础组成一个整体的大刚片，刚片 ADE 与整体的大刚片用链杆 EF、DC 和支杆 A 相联组成几何不变体系。也就是说，刚片 FGCHB 是基本部分，刚片 ADE 是附属部分。

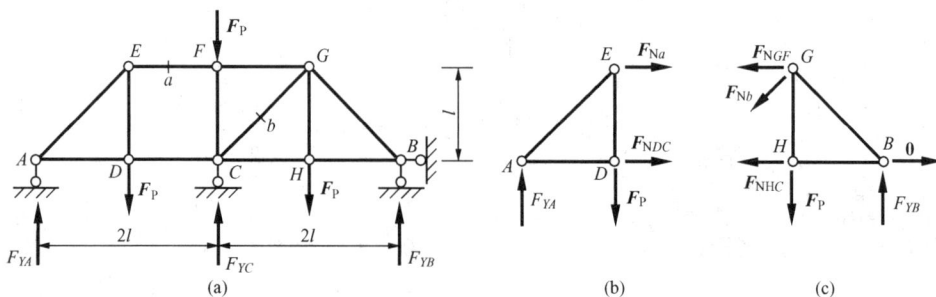

图 3 - 27

（1）取 $ADE$ 为隔离体，见图 3 - 27（b）。

$$\sum F_Y = 0 \qquad\qquad F_{YA} = F_P$$

$$\sum M_A = 0 \qquad\qquad F_{Na} \times l + F_P \times l = 0$$

$$F_{Na} = -F_P$$

（2）取整体结构为隔离体，见图 3 - 27（a）。

$$\sum M_C = 0 \qquad F_{YB} \times 2l - F_P \times l + F_P \times l - F_P \times 2l = 0$$

$$F_{YB} = F_P$$

（3）取 $GBH$ 为隔离体，见图 3 - 27（c）。

$$\sum F_Y = 0 \qquad\qquad F_{Nb}\cos\frac{\pi}{4} + F_P - F_{YB} = 0$$

$$F_{Nb} = 0$$

**【例 3 - 10】** 计算图 3 - 28（a）所示桁架中 $a$、$b$ 杆的轴力。

图 3 - 28

**解** 图 3 - 28（a）所示桁架为复杂桁架。支座反力有四个，每个结点都是三个未知力，显然用结点法计算杆件的轴力是困难的。每个截面截开的杆件都是四个未知力，用截面法计算杆件的轴力是困难的。所以需要用特殊的方法计算。

（1）用Ⅰ—Ⅰ截开桁架结构，取上边为隔离体，见图 3 - 28（b）。

$$\sum F_X = 0 \qquad\qquad F_{Na}\cos\alpha - F_P = 0 \qquad \alpha = \frac{\pi}{4}$$

$$F_{Na} = \sqrt{2}F_P$$

（2）用Ⅱ—Ⅱ截开桁架结构，取隔离体，见图 3 - 28（c）。

$$\sum M_O = 0 \qquad\qquad F_{Nb} \times 1 + F_{Na}\sin\alpha \times 1 = 0$$

$$F_{Nb} = -F_P$$

# 第五节 三 铰 拱

## 一、拱的概念

在竖向荷载作用下产生水平推力的曲线结构称为拱，见图 3 - 29（a）。拱结构与曲梁结构的区别为是否在竖向荷载作用下产生水平推力。图 3 - 29（b）为拱，图 3 - 29（c）为曲梁。拱的计算简图及各部分名称如图 3 - 29（d）所示。由于拱结构中有水平推力作用，拱

图 3-29

结构中截面的弯矩比相应的梁结构中截面的弯矩小，这使拱体主要承受轴向压力，所以用抗压强度较高的材料（如：砖、石、混凝土）建造拱。拱结构在桥涵工程中常被采用。

**二、拱的分类**

从铰的位置和数量来分，拱可分为三铰拱［图 3-30（a）］、两铰拱［图 3-30（b）］、无铰拱［图 3-30（c）］。三铰拱是静定结构，两铰拱、无铰拱是超静定结构。为了消除水平推力对支承结构的影响，常在两个支座之间设置水平拉杆，拉杆中产生的拉力代替了支座水平推力的作用。因此，拱又可分为带拉杆拱［图 3-30（d）］和无拉杆铰拱［图 3-30（a）～图 3-30（c）］。

拱高与跨度之比称为高跨比。高跨比是影响拱的受力性能的一个重要参数，工程中的高跨比一般取 0.1～1。

**三、三铰拱的内力计算**

为了更好地说明三铰拱［图 3-31（a）］的受力性能，用一根与三铰拱的跨度和荷载相同的简支梁［称为代梁图 3-31（b）］的内力和三铰拱的内力进行比较。如图 3-31（a）所示，

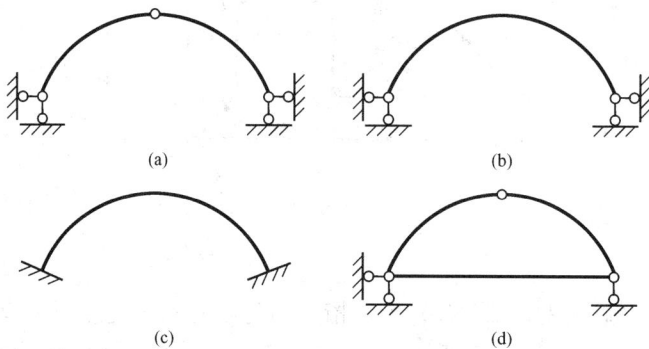

图 3-30

由于三铰拱有四个支座反力 $F_{HA}$、$F_{VA}$、$F_{HB}$、$F_{VB}$，整体平衡方程有三个独立方程，不能求出四个支座反力，因此，用顶铰 $C$ 的弯矩等于零补充一个方程，即可求出支座反力。

1. 支座反力计算

图 3-31（a）所示在竖向荷载作用下的三铰拱，支座 $A$、$B$ 处的竖向反力分别为 $F_{VA}$、$F_{VB}$，水平反力分别为 $F_{HA}$、$F_{HB}$。代梁［图 3-31（b）］的竖向反力分别为 $F_{VA}^0$、$F_{VB}^0$。

由 $\sum M_B = 0$ 可得 $\quad F_{VA} = \dfrac{F_{P1}b_1 + F_{P2}b_2}{l}$

由 $\sum M_A = 0$ 可得 $\quad F_{VB} = \dfrac{F_{P1}a_1 + F_{P2}a_2}{l}$

由 $\sum F_X = 0$ 可得 $\quad F_{HA} = F_{HB} = F_H$

把三铰拱的支座反力与代梁的支座反力相比较，可知

$$F_{VA} = F_{VA}^0 \qquad F_{VB} = F_{VB}^0 \qquad (3-2)$$

取左半边为隔离体［图 3-31（c）］

图 3 - 31

$$\sum M_C = 0 \qquad F_{HA}f + F_{P1}c_1 - F_{VA}\frac{l}{2} = 0$$

$$F_{HA} = F_{HB} = \frac{F_{VA}\frac{l}{2} - F_{P1}c_1}{f} = F_H$$

代梁中 $C$ 点的弯矩值 $M_C^0 = F_{VA}\frac{l}{2} - F_{P1}c_1$

$$F_{HA} = F_{HB} = F_H = \frac{M_C^0}{f} \qquad (3-3)$$

由此可见，三铰拱在竖向荷载作用下，其水平反力的大小与拱轴线的形状无关，而与三个铰的位置有关。水平反力的大小与代梁截面 $C$ 的弯矩 $M_C^0$ 成正比，而与拱高 $f$ 成反比，也就是说，拱越扁平（$f$ 越小），水平推力就越大。当 $f=0$ 时，水平反力为无穷大，这时三个铰在一条直线上，结构也就转变为瞬变体系。

2. 三铰拱的内力的计算

在拱轴线上取与拱轴线正交的截面 $K$，$K$ 截面的坐标为 $(x，y)$，拱轴线上 $K$ 截面处的切线与 $X$ 轴的夹角为 $\varphi$，$K$ 截面的内力为弯矩 $M_K$、剪力 $F_{QK}$ 和轴力 $F_{NK}$。弯矩的符号是以拱的下边纤维受拉为正，反之为负。剪力的符号是剪力以绕隔离体顺时针方向转的，为正剪力；反之为负。轴力的符号是以拉力为正，以压力为负。

（1）计算 $K$ 截面的弯矩。

取隔离体如图 3 - 31（d）所示。由 $\sum M_K = 0$ 得

$$M_K + F_{P1}d_K + F_H y - F_{VA}x = 0$$
$$M_K = (F_{VA}x - F_{P1}d_K) - F_H y$$
$$M_K = M_K^0 - F_H y \qquad (3-4)$$

式中：$M_K^0 = F_{VA}x - F_{P1}d_K$ 是代梁中 $K$ 点的弯矩。

（2）计算 $K$ 截面的剪力。由 $\sum F_{QK} = 0$ 得

$$F_{QK} - F_{VA}\cos\varphi + F_{P1}\cos\varphi + F_H\sin\varphi = 0$$
$$F_{QK} = (F_{VA} - F_{P1})\cos\varphi - F_H\sin\varphi$$
$$F_{QK} = F_{QK}^0\cos\varphi - F_H\sin\varphi \tag{3-5}$$

式中：$F_{QK}^0 = F_{VA} - F_{P1}$ 是代梁中 $K$ 点的剪力。

（3）计算 $K$ 截面的轴力。由 $\sum F_{NK} = 0$ 得

$$F_{NK} + F_{VA}\sin\varphi - F_{P1}\sin\varphi + F_H\cos\varphi = 0$$
$$F_{NK} = -(F_{VA} - F_{P1})\sin\varphi - F_H\cos\varphi$$
$$F_{NK} = -F_{QK}^0\sin\varphi - F_H\cos\varphi \tag{3-6}$$

式中 $F_{QK}^0 = F_{VA} - F_{P1}$ 是代梁中 $K$ 点的剪力。

值得注意的是：

第一，从式 $M_K = M_K^0 - F_H y$ 可以看出，在相同的荷载作用下，拱截面上的弯矩值小于代梁中相应截面的弯矩值。也就是说，拱结构比梁结构的受力性能好。

第二，如果 $K$ 截面在左半拱，拱轴线上 $K$ 截面处的切线与 $X$ 轴的夹角 $\varphi$ 取正号，反之取负号。

第三，叠加法绘制内力图不适用于曲线结构（拱），因此绘制拱内力图时，根据计算精度的要求把拱分成若干段，计算出每一个截面的内力值，然后把每一个截面的内力值用光滑曲线连接就是拱的内力图。计算拱的内力时可直接采用下面内力公式进行计算。

$$M_K = M_K^0 - F_H y$$
$$F_{QK} = F_{QK}^0\cos\varphi - F_H\sin\varphi$$
$$F_{QK} = -F_{QK}^0\sin\varphi - F_H\cos\varphi$$

【例 3 - 11】 三铰拱及其所受荷载如图 3 - 32（a）所示，拱轴线方程为 $y = \dfrac{4f}{l^2}x(l - x)$。试求支座反力，并绘制内力图。

**解** （1）反力计算。见图 3 - 32（b）、（c）。

由式（3 - 2）得

$$F_{VA} = F_{VA}^0 = \frac{80\times4 + 8\times20\times12}{16} = 140\text{kN}$$

$$F_{VB} = F_{VB}^0 = \frac{8\times20\times4 + 80\times12}{16} = 100\text{kN}$$

由式（3 - 3）得

$$F_H = \frac{M_C^0}{f} = \frac{140\times8 - 8\times20\times4}{4} = 120\text{kN}$$

（2）内力计算。

为了绘制内力图，将拱沿跨度方向分成八等份，计算出每一个截面的弯矩值、剪力值和轴力值。现以 $x = 12\text{m}$ 的截面为例说明计算步骤。

1）截面 $D$ 的几何参数。

根据拱轴线方程 当 $x = 12\text{m}$ 时

$$y = \frac{4\times4}{16^2}\times12\times(16 - 12) = 3\text{m}$$

$$\tan\varphi = \frac{\mathrm{d}y}{\mathrm{d}x} = \frac{4f}{l^2}(l - 2x) = \frac{4\times4}{16^2}\times(16 - 2\times12) = -0.5$$

图 3 - 32

图 3 - 33

因而得出 $\varphi = -26°34'$　　$\sin\varphi = -0.447$　　$\cos\varphi = 0.894$

2）截面 $D$ 的内力。

$$M_D = M^0 - F_H y = 100 \times 4 - 120 \times 3 = 40 \text{kN} \cdot \text{m}$$

因集中荷载作用处剪力 $Q^0$ 有突变，所以要算出 $D$ 截面左、右两边的剪力 $F_{QD}^L$、$F_{QD}^R$ 和轴力 $F_{ND}^L$、$F_{ND}^R$。

$$F_{QD}^L = F_{QD}^{L0} \cos\varphi - F_H \sin\varphi = -20 \times 0.894 - 120 \times (-0.447) = 35.8 \text{kN}$$

$$F_{ND}^L = -F_{QD}^{L0} \sin\varphi - F_H \cos\varphi = -(-20) \times (-0.447) - 120 \times 0.894 = -116.2 \text{kN}$$

$$F_{QD}^R = F_{QD}^{R0} \cos\varphi - F_H \sin\varphi = -100 \times 0.894 - 120 \times (-0.447) = -35.8 \text{kN}$$

$$F_{ND}^R = -F_{QD}^{R0} \sin\varphi - F_H \cos\varphi = -(-100) \times (-0.447) - 120 \times 0.894 = -152 \text{kN}$$

具体计算可列表进行（见表 3-1、表 3-2）。根据表 3-1、表 3-2 中的数值，绘出内力图。如图 3-33（a）～图 3-33（c）所示。

**表 3-1**　　　　　　　　　　**三 铰 拱 内 力 计 算 表**

| 截 面 的 几 何 参 数 | | | | | |
|---|---|---|---|---|---|
| $X$ | $Y$ | $\varphi$ | $\sin\varphi$ | $\cos\varphi$ | $\tan\varphi$ |
| 0 | 0 | $-45°$ | 0.707 | 0.707 | 1 |
| 2 | 1.75 | $36°52'$ | 0.600 | 0.800 | 0.75 |
| 4 | 3.00 | $26°34'$ | 0.447 | 0.894 | 0.5 |

| 截 面 的 几 何 参 数 | | | | | |
|---|---|---|---|---|---|
| $X$ | $Y$ | $\varphi$ | $\sin\varphi$ | $\cos\varphi$ | $\tan\varphi$ |
| 6 | 3.75 | $14°2'$ | 0.243 | 0.970 | 0.25 |
| 8 | 4.00 | 0 | 0 | 1 | 0 |
| 10 | 3.75 | $-14°2'$ | $-0.243$ | 0.970 | $-0.25$ |
| 12 | 3.00 | $-26°34'$ | $-0.447$ | 0.894 | $-0.5$ |
| 14 | 1.75 | $-36°52'$ | $-0.600$ | 0.800 | $-0.75$ |
| 16 | 0 | $-45°$ | $-0.707$ | 0.707 | $-1$ |

表 3 - 2　　　　　　　　　　三铰拱内力计算表

| 截面 $X$ | $F_Q^0$ | 弯 矩 计 算 | | | 剪 力 计 算 | | | 轴 力 计 算 | | |
|---|---|---|---|---|---|---|---|---|---|---|
| | | $M^0$ | $-F_H y$ | $M$ | $F_Q^0\cos\varphi$ | $-F_H\sin\varphi$ | $F_Q$ | $-F_Q^0\sin\varphi$ | $-F_H\cos\varphi$ | $F_N$ |
| 0 | 140 | 0 | 0 | 0 | 99 | $-84.8$ | 14.2 | $-99$ | $-84.8$ | $-183.8$ |
| 2 | 100 | 240 | $-210$ | 30 | 80 | $-72$ | 8 | $-60$ | $-96$ | $-156$ |
| 4 | 60 | 400 | $-360$ | 40 | 53.6 | $-53.6$ | 0 | $-26.8$ | $-107.2$ | $-134$ |
| 6 | 20 | 480 | $-450$ | 30 | 19.4 | $-29.2$ | $-9.8$ | $-4.8$ | $-116.4$ | $-121.2$ |
| 8 | $-20$ | 480 | $-480$ | 0 | $-20$ | 0 | $-20$ | 0 | $-120$ | $-120$ |
| 10 | $-20$ | 440 | $-450$ | $-10$ | $-19.4$ | $-29.2$ | 9.8 | $-4.8$ | $-116.4$ | $-121.2$ |
| 12 | $-20$ | 400 | $-360$ | 40 | $-17.8$ | 53.6 | 35.8 | $-9$ | $-107.2$ | $-116.2$ |
| | $-100$ | | | | $-89.4$ | | $-35.8$ | $-44.8$ | | $-152$ |
| 14 | $-100$ | 200 | $-210$ | $-10$ | $-80$ | 72 | $-8$ | $-60$ | $-96$ | $-156$ |
| 16 | $-100$ | 0 | 0 | 0 | $-70.8$ | 84.8 | 14 | $-70.8$ | $-84.8$ | $-155.6$ |

**四、合理拱轴线**

为了充分利用材料，就应设法减小截面上的弯矩，如果拱轴上的每个截面上的弯矩都等于零，那么，拱轴上截面也没有剪力，只有轴力。这样，拱就处于无弯状态。处于无弯状态下的拱轴线称为合理拱轴线。

由式 $M_K = M_K^0 - F_H y$ 可知，在竖向荷载作用下，三铰拱的弯矩 $M_K$ 是由简支梁的弯矩 $M_K^0$ 与 $-F_H y$ 叠加而得到的，而后一项与拱轴线的形状有关。因而合理拱轴线的方程可由下式确定。即

$$M_K = M_K^0 - F_H y = 0$$

$$y = \frac{M_K^0}{F_H} \qquad\qquad (3-7)$$

【例 3 - 12】　设三铰拱承受水平均布竖向荷载作用如图 3 - 34（a）所示，求其合理拱

轴线。

**解** 由式 (3-7) $y = \dfrac{M_K^0}{F_H}$ 得

如图 3-34 (b) 所示，简支梁的弯矩方程为

$$M_K^0 = \frac{ql}{2}x - \frac{qx^2}{2}$$

$$= \frac{1}{2}qx(l-x)$$

简支梁跨中的弯矩 $\qquad M_C^0 = \dfrac{1}{8}ql^2$

拱的水平推力 $\qquad F_H = \dfrac{M_C^0}{f} = \dfrac{ql^2}{8f}$

合理拱轴线方程为 $\qquad y = \dfrac{4f}{l^2}x(l-x)$

图 3-34

## 第六节 组 合 结 构

由梁式杆件（承受弯矩、剪力、轴力的杆件）和只承受轴力的杆件组成的结构称为组合

图 3-35

结构。组合结构常用于土木建筑工程中的屋架、吊车梁以及桥梁的承重结构。例如图 3-35 (a)、(b) 就是组合结构。

计算组合结构的内力时，一般要先求出支座反力和各轴力杆件的内力，然后再计算梁式杆件的内力并绘制出内力图。这里值得注意的是，在计算中，必须分清哪些杆件是梁式杆件，哪些杆件是轴力杆件。一般来说，当截断梁式杆件时，截面上有三个内力（弯矩、剪力、轴力）；当截断轴力的杆件时，截面上只有一个轴力。

**【例 3-13】** 作图 3-36 (a) 所示组合结构的内力图。

**解** (1) 求支座反力和杆件的轴力。

由整体平衡方程可得支座反力，见图 3-36 (b)。

$$F_{HA} = 0 \qquad F_{VA} = 6kN \qquad F_{VB} = 6kN$$

用 I—I 截面，截开铰 $C$，取隔离体，见图 3-36 (c)。

计算 $DE$ 杆件的轴力

$$\sum M_C = 0 \qquad F_{NDE} \times 1.2 - 6 \times 6 - 6 \times 1 \times 3 = 0$$

$$F_{NDE} = 15kN$$

再由 $D$ 和 $E$ 结点可以求得全部轴力杆件的内力，这里省略计算过程，计算结果标在图示 3-36 (b) 中。

(2) 计算梁式杆件的内力。

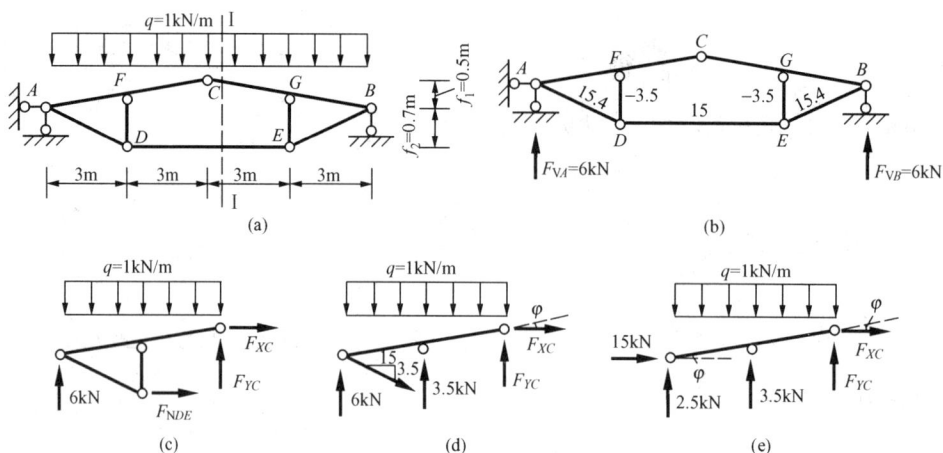

图 3 - 36

由于结构和荷载对称，取半边结构计算。取 $AFC$ 为隔离体，见图 3 - 36（d）。在结点 $A$ 处，将 $A$ 点的支座反力和 $AD$ 杆的轴力合并后，$AFC$ 的受力图为图 3 - 36（e）所示。控制截面为 $A$、$F$、$C$，$\sin\varphi = 0.0835$，$\cos\varphi = 0.996$。

控制截面 $A$ 的内力为

$$M_{AF} = 0$$

$$F_{QAF} = F_{QAF}^0 \cos\varphi - F_H \sin\varphi$$

$$F_{QAF} = 2.5\cos\varphi - 15\sin\varphi = 2.5 \times 0.996 - 15 \times 0.0835 = 1.24\text{kN}$$

$$F_{NAF} = -F_{QAF}^0 \sin\varphi - F_H \cos\varphi$$

$$F_{NAF} = -2.5\sin\varphi - 15\cos\varphi = -2.5 \times 0.0835 - 15 \times 0.996 = 15.15\text{kN}$$

控制截面 $F$ 的内力

$$M_{AF} = 2.5 \times 3 - 1 \times 3 \times 1.5 - 15 \times 0.25 = -0.75\text{kN} \cdot \text{m}$$

$$M_{AF} = M_{FA} = -0.75\text{kN} \cdot \text{m}$$

$$F_{QFA} = (2.5 - 1 \times 3) \times 0.996 - 15 \times 0.0835 = -1.75\text{kN}$$

$$F_{QFC} = (2.5 - 1 \times 3 + 3.5) \times 0.996 - 15 \times 0.0835 = 1.74\text{kN}$$

$$F_{NFA} = -(2.5 - 1 \times 3) \times 0.0835 - 15 \times 0.996 = -14.9\text{kN}$$

$$F_{NFC} = -(2.5 - 1 \times 3 + 3.5) \times 0.0835 - 15 \times 0.996 = -15.19\text{kN}$$

控制截面 $C$ 的内力

$$M_{CF} = 0$$

$$F_{QCF} = (2.5 - 1 \times 6 + 3.5) \times 0.996 - 15 \times 0.0835 = -1.25\text{kN}$$

$$F_{NCF} = -(2.5 - 1 \times 6 + 3.5) \times 0.0835 - 15 \times 0.996 = -14.94\text{kN}$$

（3）绘制内力图，见图 3 - 37（a）、（b）、（c）所示。

值得注意：影响组合结构内力的因素有两个：

①高跨比 $\dfrac{f}{l}$。高跨比越小，轴力越大。

②$f_1$ 与 $f_2$ 的关系。当高度 $f$ 确定后，结构的受力状态随 $f_1$ 与 $f_2$ 的比例不同而变化。下面给出了三种计算结果，见图 3 - 38（a）、（b）、（c）。从中可以看出，当 $f_1 = 0.45 \sim 0.5$

（$f_1+f_2$）时，结构中的梁式杆件受力性能较好。

图 3 - 37

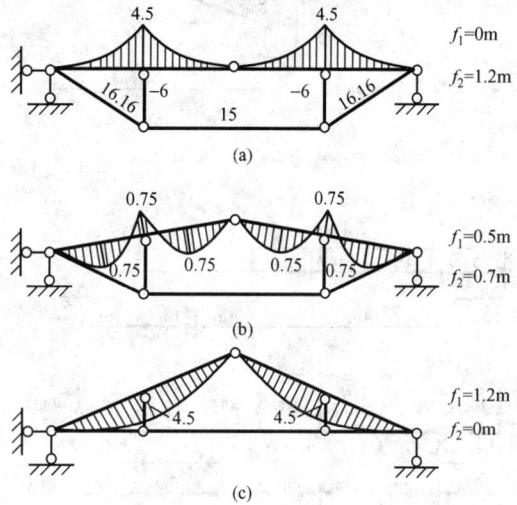

图 3 - 38

## 习　　题

3 - 1　绘图 3 - 39 所示结构的内力图。

图 3 - 39　题 3 - 1 图

3 - 2　绘图 3 - 40 所示结构的内力图。

3 - 3　绘图 3 - 41 所示结构的弯矩图和剪力图。

3 - 4　如图 3 - 42 所示，选择铰 $C$ 和铰 $D$ 的位置 $x$，使中间一跨的跨中弯矩与支座弯矩绝对值相等。

图 3 - 40　题 3 - 2 图

图 3 - 41　题 3 - 3 图

图 3 - 42　题 3 - 4 图

3 - 5　如图 3 - 43 所判断图示刚架弯矩图是否正确，如有错误加以改正。

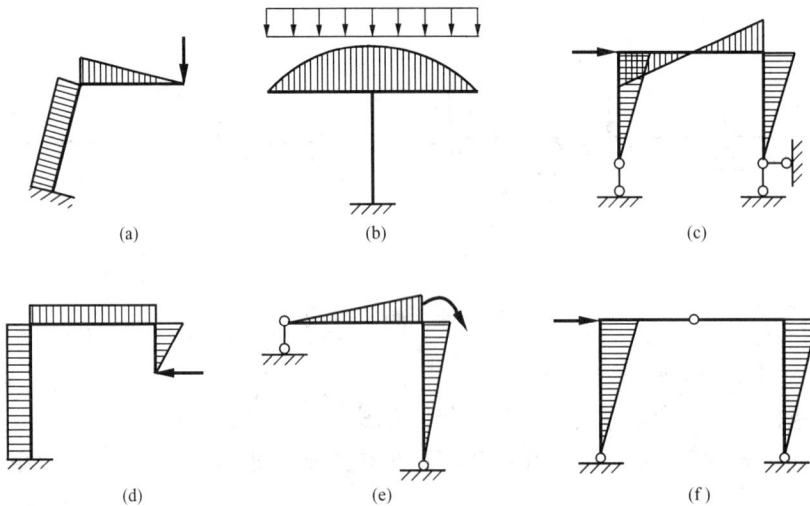

图 3 - 43　题 3 - 5 图

3-6　绘图 3-44 所示刚架的内力图。

图 3-44　题 3-6 图

3-7　绘图 3-45 所示刚架的弯矩图。

图 3-45　题 3-7 图（一）

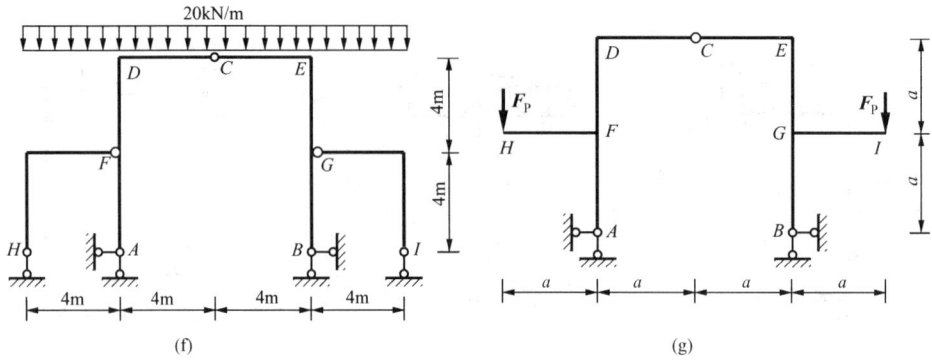

图 3-45　题 3-7 图（二）

3-8　计算图 3-46 所示圆弧三铰拱的支座反力，并计算 $K$ 点截面的内力。

3-9　计算图 3-47 所示抛物线 $y=\dfrac{4f}{l^2}x\,(l-x)$ 三铰拱的支座反力和 $D$、$E$ 截面的内力。

图 3-46　题 3-8 图

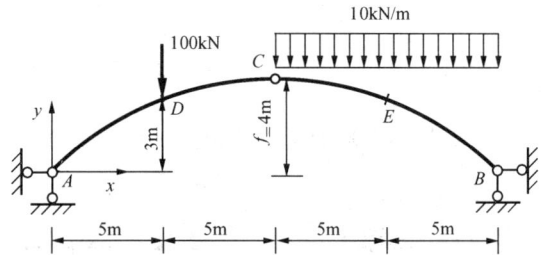

图 3-47　题 3-9 图

3-10　判断图 3-48 所示桁架中的零杆。

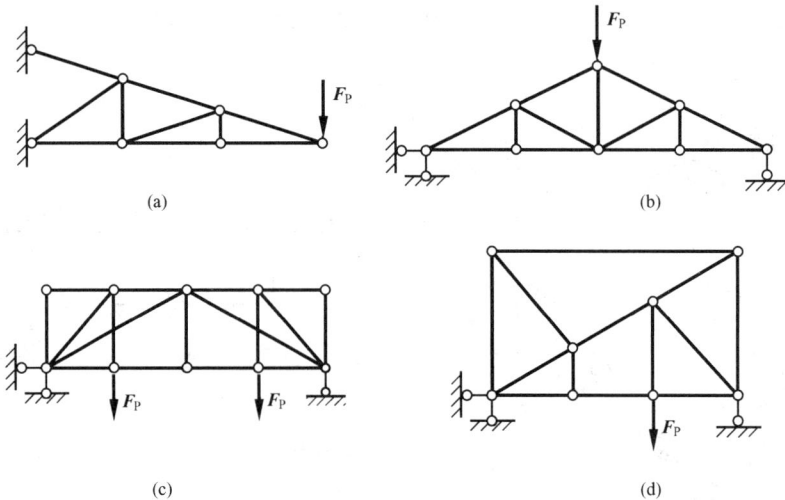

图 3-48　题 3-10 图

3 - 11　求图 3 - 49 所示结构各杆的轴力。

图 3 - 49　题 3 - 11 图

3 - 12　求图 3 - 50 所示结构指定杆件的轴力。

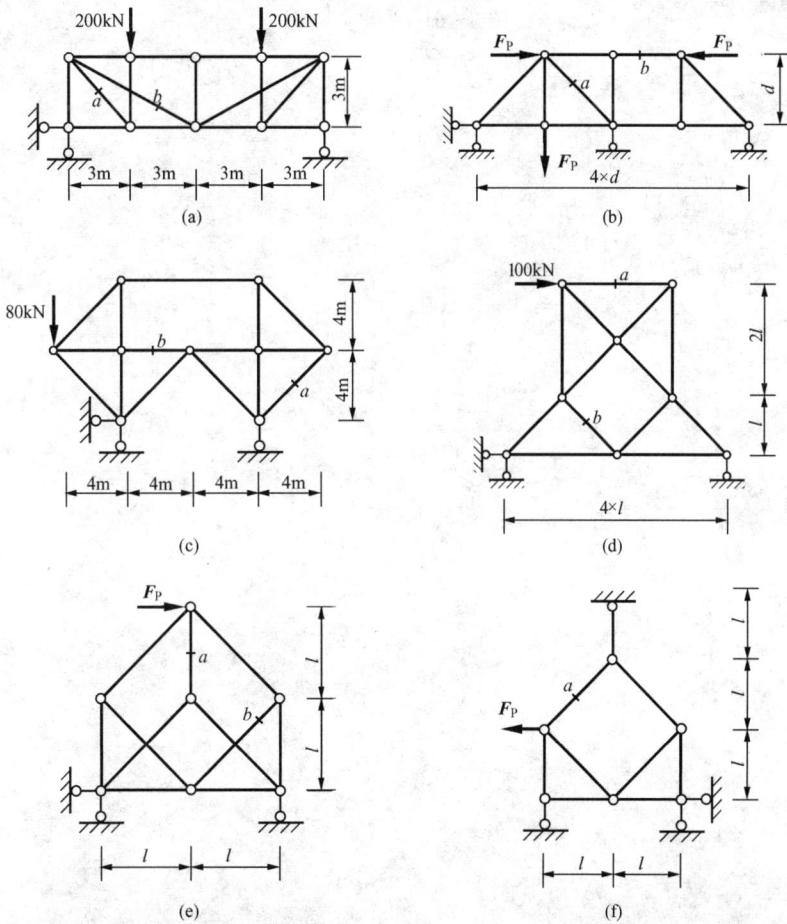

图 3 - 50　题 3 - 12 图

3 - 13　绘图 3 - 51 所示结构的 $M$ 图。

图 3 - 51  题 3 - 13 图

# 第四章　结构位移计算

## 第一节　概　　述

### 一、杆系结构的位移

杆系结构在荷载或其他因素作用下，要产生应力和应变，从而导致杆件尺寸和形状的改变。这种改变称为变形。由于变形，结构上各点的位置将会发生相对移动，杆件的截面会发生转动，这些移动和转动称为结构的位移。结构的位移一般分为线位移和角位移。

例如图 4 - 1 所示的刚架在荷载作用下发生如虚线所示的变形，$A$ 点移动到 $B$ 点，则线段 $AB$ 称为 $A$ 点线位移，用 $\Delta_{AV}$ 表示，同时截面 $A$ 也转动了一个角度 $\varphi_A$，称为截面 $A$ 的角位移。

例如图 4 - 2 所示的刚架在荷载作用下发生如虚线所示的变形，截面 $A$ 产生的角位移 $\varphi_A$ 和截面 $B$ 产生角位移 $\varphi_B$，截面 $A$ 相对于截面 $B$ 的角位移 $\varphi_{AB} = \varphi_A + \varphi_B$，称为 $A$、$B$ 两截面的相对角位移；同时 $C$、$D$ 两点也沿水平方向产生线位移 $\Delta_{CH}$、$\Delta_{DH}$，$C$ 点相对于 $D$ 点线位移 $\Delta_{CB} = \Delta_{CH} + \Delta_{DH}$，称为 $C$、$D$ 两点的相对水平线位移。相对角位移和相对线位移统称为广义位移。

除荷载引起结构的位移外，温度变化、支座移动、材料收缩、制造误差等因素也将会引起位移。

图 4 - 1

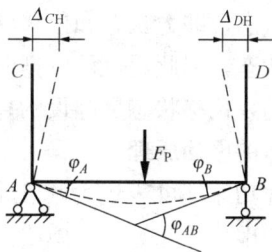

图 4 - 2

结构位移计算的方法有多种，归纳起来可分为两大类：一类是几何物理方法，它是以杆件变形关系为基础的，例如材料力学中计算梁的挠度、转角的重积分法；另一类是以功能原理为基础，其中，以虚功原理为基础推导出的计算位移的单位荷载法应用最广泛。

### 二、计算结构位移的目的

（1）验算结构的刚度。验算结构的位移是否超过允许的位移值。

（2）在结构的制作、施工架设、养护等过程中需要预先知道结构可能发生的变形，以便采取必要的防范和加固措施。

（3）为计算超静定结构的内力和位移打基础。因为超静定结构的内力的计算单凭静力平衡条件不能求出全部的内力。所以在计算超静定结构的内力时，不仅要利用静力平衡条件，而且还要考虑变形协调条件。因此需要进行位移计算。

# 第二节　虚 功 原 理

### 一、实功与虚功

一个不变的力所做的功等于该力的大小与其作用点沿力方向相应位移的乘积。如图4-3所示不变的力 $F_P$ 所做功为

$$W = F_P\Delta$$

功的计算公式 $W = F_P\Delta$ 中，功的公式中包含了力和位移两个因素，当位移 $\Delta$ 是由力 $F_P$ 本身引起的，则力在位移上所做的功称为实功；当位移 $\Delta$ 不是由力 $F_P$ 本身引起的，而是由其他原因引起的，也就是说力与位移彼此独立，则力在位移上所做的功称为虚功。

如图 4-4 所示简支梁在力 $F_P$ 的作用下，待其达到曲线 $ACB$ 所示的弹性平衡位置后，此时，力 $F_P$ 对应的位移 $\Delta_1$；如果由于温度变化使梁继续发生微小的变形而达到曲线 $ADB$ 所示的位置，此时，力 $F_P$ 对应的位移 $\Delta_2$，则力 $F_P$ 在位移 $\Delta_1$ 上所做的功为实功，则力 $F_P$ 在位移 $\Delta_2$ 上所做的功称为虚功。

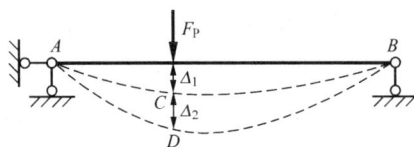

图 4-3　　　　　　　　　　　　　　　　　　图 4-4

在虚功中，力与位移是彼此独立无关的两个因素。因此，可将两者看成属同一体系的两种彼此无关的状态，即力状态和位移状态。值得注意的是，由于力状态和位移状态是彼此独立无关的两种状态，因此，也可以把两种状态看成是真实状态和虚设状态，也就是说，力状态可以是真实的，位移状态是虚设的；也可以是力状态是虚设的，位移状态是真实的。

### 二、变形体的虚功原理

变形体的虚功原理可表述为：变形体处于平衡状态的充分必要条件是，对于任何虚位移，外力所作的虚功总和等于各微段上的内力在其变形上所作的虚功总和。也就是说，外力所作的虚功总和等于变形体内力所作的虚功总和。

外力虚功 $W_W$ 等于变形虚功 $W_N$

即　　　　　　　　　　　　　　　　$W_W = W_N$　　　　　　　　　　　　　　　　（4-1）

值得注意的是：

（1）如果把结构看成刚体时，则内力虚功 $W_N = 0$，于是外力虚功 $W_W = 0$。所以刚体的虚功原理是变形体虚功原理的一种特殊形式。

（2）结构的变形只要是在小变形范围内，对弹性、塑性、线性、非线性等问题，变形体的虚功原理都成立。

### 三、虚位移原理和虚力原理

虚功原理具体应用上有两种形式：虚位移原理和虚力原理。

1. 虚位移原理

在给定的力状态与虚设的位移状态之间应用虚功原理，这种虚功原理的形式称为虚位移

原理。即位移是虚设的，力系是真实的。利用虚位移原理可以求实际力状态的未知力。这在理论力学和材料力学中已讲过。

2. 虚力原理

在给定的位移状态与虚设的力状态之间应用虚功原理，这种虚功原理的形式称为虚力原理。即力系是虚设的，位移是真实的。利用虚力原理可以求实际位移状态的位移。本章主要讲虚力原理。

**【例 4 - 1】** 用虚位移原理计算图 4 - 5（a）所示结构 $B$ 支座的竖向反力。

图 4 - 5

**解** 去掉 $B$ 支座的竖向支杆，用反力 $F_{YB}$ 代替，此时结构已变为机构，让机构发生虚位移如图 4 - 5（b）所示。由虚位移原理可得

$$-F_P\Delta_P + F_{YB}\Delta_B = 0$$

$$F_{YB} = \frac{\Delta_P}{\Delta_B}F_P$$

由几何关系可知 $\quad \dfrac{\Delta_P}{\Delta_B} = \dfrac{a}{a+b} \qquad$ 则 $\quad F_{YB} = \dfrac{a}{a+b}F_P$

这个结果与用静力平衡条件计算结果完全相同。

**【例 4 - 2】** 图 4 - 6（a）所示结构由于 $B$ 支座下沉位移为 $\Delta$。试用虚力原理计算结构 $C$ 点的竖向位移 $\Delta_C$。

图 4 - 6

**解** 虚设一个力系，见图 4 - 6（b），在 $C$ 点加一个集中力 $F_P$。

$$\sum M_A = 0 \quad F_P a - F_{YB}(a+b) = 0$$

$$F_{YB} = \frac{a}{a+b}F_P$$

由虚力原理知 $\qquad\qquad\qquad F_P\Delta_C - F_{YB}\Delta = 0$

$$\Delta_C = \frac{F_{YB}}{F_P}\Delta = \frac{a}{a+b}\Delta$$

## 第三节 荷载作用下结构位移计算的一般公式

结构发生位移时，在一般情况下，结构内部也同时产生应变。一般来说，结构位移的计算问题属于变形体位移的计算问题。刚体位移的计算比变形体位移的计算要简单，变形体位移计算的方法仍然采用虚功原理。

**一、杆系结构的外力虚功和变形虚功**

现在讨论一般杆件变形体的虚功原理，图 4-7（a）、（b）所示结构为一平面刚架，图 4-7（a）表示结构受外荷载作用处于平衡状态，变形曲线如图，现在拟求图 4-7（a）在荷载作用下 $K$ 点的竖向位移。图 4-7（b）表示同一结构在 $K$ 点虚加的单位力 $\overline{F}_1 = 1$ 的虚设力系，这两种状态，一种为结构所受的力系产生真实的位移，另一种为虚设的力系，它们彼此独立，互不相关。也就是说，虚设力和位移无关。因此这两种状态所构成的功就是虚功。

图 4-7

变形体的外力虚功 $\qquad\qquad W_W = \overline{F}_1 \Delta_{KP}$

变形体的内力虚功 $\quad W_N = \sum \int \overline{M_1} \mathrm{d}\theta + \sum \int \overline{F_{Q1}} \mathrm{d}\eta + \sum \int \overline{F_{N1}} \mathrm{d}\lambda$

$$W_W = W_N$$

由变形体虚功原理

$$\overline{F}_1 \Delta_{KP} = \sum \int \overline{M_1} \mathrm{d}\theta + \sum \int \overline{F_{Q1}} \mathrm{d}\eta + \sum \int \overline{F_{N1}} \mathrm{d}\lambda \qquad (4-2)$$

$$\mathrm{d}\theta = \frac{M_P}{EI} \mathrm{d}s$$

由材料力学

$$\mathrm{d}\eta = k \frac{F_{QP}}{GA} \mathrm{d}s$$

$$\mathrm{d}\lambda = \frac{F_{NP}}{EA}\mathrm{d}s$$

$$\overline{F}_1\Delta_{KP} = \sum\int\frac{\overline{M}_1 M_P}{EI}\mathrm{d}s + \sum\int k\frac{\overline{Q}_1 Q_P}{GA}\mathrm{d}s + \sum\int\frac{\overline{N}_1 N_P}{EA}\mathrm{d}s \qquad (4-3)$$

令 $\overline{F}_1 = 1$

则
$$\Delta_{KP} = \sum\int\frac{\overline{M}_1 M_P}{EI}\mathrm{d}s + \sum\int k\frac{\overline{F}_{Q1} F_{QP}}{GA}\mathrm{d}s + \sum\int\frac{\overline{F}_{N1} F_{NP}}{EA}\mathrm{d}s \qquad (4-4)$$

在公式中值得注意的是：

（1）$\overline{M}_1$、$\overline{F}_{Q1}$、$\overline{F}_{N1}$ 分别为虚设力系下，单位荷载产生的内力。$M_P$、$F_{QP}$、$F_{NP}$ 分别为真实力系下，荷载产生的内力。

（2）符号的规定。

$\overline{F}_{N1}$、$F_{NP}$——以拉为正号。

$\overline{F}_{Q1}$、$F_{QP}$——使微段顺时针旋转的剪力为正。

$\overline{M}_1$、$M_P$——只规定乘积 $\overline{M}_1 M_P$ 的正负号，当 $\overline{M}_1$、$M_P$ 使杆件同侧纤维受拉时，乘积 $\overline{M}_1 M_P$ 为正号。反之，$\overline{M}_1 M_P$ 为负号。

**二、各类静定结构在荷载作用下的位移计算公式**

式（4-4）是静定结构在荷载作用下计算弹性位移的一般公式。公式右边的第一项表示弯曲变形对位移的影响，第二项表示剪切变形对位移的影响，第三项表示轴向变形对位移的影响。对于不同的结构来讲，这三项对结构位移的影响程度也不同。因此，按照忽略次要因素保留主要因素便于计算的原则，从式（4-4）中可以得出不同结构位移计算的简化公式。

1. 梁和刚架

在梁和刚架中，剪力和轴力对位移的影响较小，而弯矩对位移的影响较大。因此在梁和刚架的位移计算中可只考虑弯矩这一项，公式相应地简化为

$$\Delta_{KP} = \sum\int\frac{\overline{M}_1 M_P}{EI}\mathrm{d}s \qquad (4-5)$$

2. 桁架

在桁架中，各杆只有轴力，杆件的截面面积 $A$、长度 $L$、轴力 $\overline{F}_{N1}$ 和 $F_{NP}$ 一般均为常数。因此桁架的位移计算中可只考虑轴力这一项，公式相应地简化为

$$\Delta_{KP} = \sum\int\frac{\overline{F}_{N1} F_{NP}}{EA}\mathrm{d}s = \sum\frac{\overline{F}_{N1} F_{NP}}{EA}\int\mathrm{d}s = \sum\frac{\overline{F}_{N1} F_{NP} L}{EA} \qquad (4-6)$$

3. 拱

在拱中，当压力线与拱轴线相近（即两者的距离与杆件的截面的高度为同一数量级）时，应考虑弯曲变形和轴向变形对位移的影响，公式相应地简化为

$$\Delta_{KP} = \sum\int\frac{\overline{M}_1 M_P}{EI}\mathrm{d}s + \sum\int\frac{\overline{F}_{N1} F_{NP}}{EA}\mathrm{d}s \qquad (4-7)$$

当压力线与拱轴线不相近时，只需考虑弯曲变形对位移的影响，公式相应地简化为

$$\Delta_{KP} = \sum\int\frac{\overline{M}_1 M_P}{EI}\mathrm{d}s$$

### 4. 组合结构

在组合结构中，一些杆件是梁式杆件，主要以弯曲变形为主；另一些杆件是轴力杆件，主要以轴向变形为主，因此组合结构的位移计算中应考虑弯矩和轴力对位移的影响，公式相应地简化为

$$\Delta_{KP}=\sum\int\frac{\overline{M}_1 M_P}{EI}\mathrm{d}s+\sum\int\frac{\overline{F}_{N1}F_{NP}}{EA}\mathrm{d}s$$

$$=\sum\int\frac{\overline{M}_1 M_P}{EI}\mathrm{d}s+\sum\frac{\overline{F}_{N1}F_{NP}L}{EA} \tag{4-8}$$

**【例 4-3】** 计算图 4-8（a）所示结构中 $A$ 点的竖向位移 $\Delta_{AV}$。

图 4-8

**解** 建立坐标系如图 4-8（b）、图 4-8（c），分别计算 $\overline{M}_1$、$M_P$ 如下。

$$\overline{M}_1=-x \qquad M_P=-\frac{1}{2}qx^2$$

$$\Delta_{AV}=\sum\int\frac{\overline{M}_1 M_P}{EI}\mathrm{d}x=\int_0^l\frac{qx^2\times x}{2EI}\mathrm{d}x=\frac{ql^4}{8EI}(\downarrow)$$

说明：应在同一坐标系下计算 $M_P$、$\overline{M}_1$，否则计算结果将出现错误。如果计算结果为正值，表明所计算位移的实际方向与单位力的方向相一致；如果计算结果为负值，表明所计算位移的实际方向与单位力的方向相反。

## 第四节　图　乘　法

计算杆件变形引起的位移时，需要用下列积分公式：

$$\Delta_{KP}=\sum\int\frac{\overline{M}_1 M_P}{EI}\mathrm{d}s+\sum\int k\frac{\overline{F}_{Q1}F_{QP}}{GA}\mathrm{d}s+\sum\int\frac{\overline{F}_{N1}F_{NP}}{EA}\mathrm{d}s$$

当积分段内的 $EI$、$GA$、$EA$ 为常数时，就可提到积分号外。这时，位移的计算就归结为两个内力函数乘积的积分。一般来说，积分的计算比较繁琐，有时甚至不可能积出精确的结果。但在特定的条件下（如杆件为直线杆件），积分公式可转变为较容易计算而又简单的公式。下面介绍一种计算极为方便的方法——图乘法。

### 一、图乘法

图乘法的适用条件

（1）$EI$ 为常数；

（2）杆件为直线杆件；

（3）$\overline{M}_1$、$M_P$ 图中至少有一个是直线图形。

下面以图 4-9 来说明图乘法的计算方法。$M_P$ 图是任何形状的弯矩图，$\overline{M}_1$ 图是直线图形。

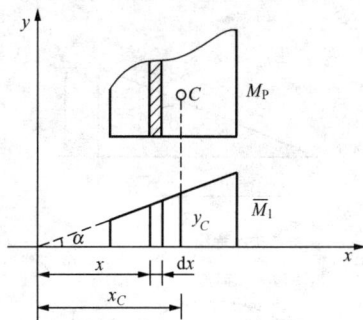

图 4-9

由 $\overline{M}_1$ 图知

$$\overline{M}_1 = y = x\tan\alpha$$

$$\Delta_{KP} = \int \frac{\overline{M}_1 M_P}{EI}\mathrm{d}x$$

$$= \frac{1}{EI}\int \overline{M}_1 M_P\mathrm{d}x$$

$$= \frac{1}{EI}\int x\tan\alpha M_P\mathrm{d}x$$

$$= \frac{1}{EI}\tan\alpha\int xM_P\mathrm{d}x$$

由材料力学知 $\int xM_P\mathrm{d}x$ 是 $M_P$ 对 $y$ 轴的面积矩，则

$$\int xM_P\mathrm{d}x = Ax_C$$

$A$ 是 $M_P$ 图的面积，$x_C$ 是 $M_P$ 图形的形心到 $y$ 轴的距离，

$$\Delta_{KP} = \frac{1}{EI}\tan\alpha\int xM_P\mathrm{d}x$$

$$= \frac{1}{EI}Ax_C\tan\alpha$$

$$y_0 = x_C\tan\alpha$$

$y_0$ 是 $M_P$ 图的形心所对应的 $\overline{M}_1$ 图上的纵坐标的值。

$$\Delta_{KP} = \int \frac{\overline{M}_1 M_P}{EI}\mathrm{d}x = \frac{Ay_0}{EI} \qquad (4-9)$$

由此可见，式（4-9）$\Delta_{KP}$ 就等于 $M_P$ 图的面积 $A$ 乘其形心所对应的 $\overline{M}_1$ 图上的纵坐标 $y_0$。再除以杆件的刚度 $EI$。对于由多根杆件组成的结构，如果不考虑剪切变形和轴向变形的情况下，式（4-9）可写为

$$\Delta_{KP} = \sum \int \frac{\overline{M}_1 M_P}{EI}\mathrm{d}x = \sum \frac{Ay_0}{EI} \qquad (4-10)$$

### 二、常见图形的面积和形心位置

应用图乘法计算结构的位移时，必须知道某一弯矩图形的面积 $A$ 和该弯矩图形心的位置，然后才能在另一个弯矩图形上算出 $y_0$，下面给出了常用图形的面积和形心位置（图 4-10）。

应用图乘法计算结构的位移时，值得注意以下几点：

（1）杆件必须是等截面直线杆件，$EI$ 为常数。

（2）$\overline{M}_1$ 和 $M_P$ 的弯矩图形中至少有一个是直线图形，纵坐标的 $y_0$ 应取自直线图形。

（3）正负号的规定，如果杆件的 $M_P$ 和 $\overline{M}_1$ 图同侧纤维受拉时，取正值；反之，取负值。

图 4 - 10

（4）图乘时，如果一个图形是曲线，另一个图形是由几条直线组成的折线图形，则应分段考虑（图 4 - 11）。

$$\int M_{\mathrm{P}}\overline{M}_1 \mathrm{d}x = A_1 y_1 + A_2 y_2 + A_3 y_3$$

（5）图乘时，如弯矩图形比较复杂，其形心的位置或面积不便确定时，则可将其分解为几个简单的图形，分别计算后再利用叠加原理进行叠加。

首先，考虑梯形图形的分解（图 4 - 12）。在图 4 - 12 中两个图形都是梯形，由于梯形面积的形心比较难求。则可以不求梯形面积的形心，把其中一个梯形分解为一个矩形和一个三角形（也可分为两个三角形），再应用图乘法。

$$\int M_{\mathrm{P}}\overline{M}_1 \mathrm{d}x = A_1 y_1 + A_2 y_2$$

其次，图 4 - 13 所示结构中的一直线杆件 AB 在均布荷载作用下的弯矩图 $M_{\mathrm{P}}$。在一般情况下，这是一个非标准的二次抛物线图形，它是由控制截面的弯矩图（$M_1$ 图）和均布荷载作用下的简支梁的弯矩图（$M_2$ 图）叠加而成的。因此，把图分解为直线图形（$M_1$ 图）和一个标准的二次抛物线的图（$M_2$ 图），再应用图乘法。

图 4 - 11

图 4 - 12

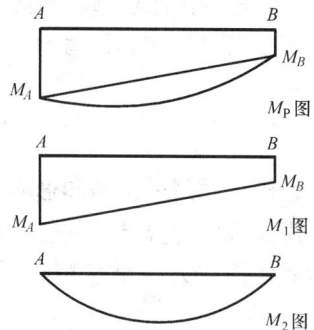

图 4 - 13

【例 4 - 4】　计算图 4 - 14（a）所示结构中 A 点的竖向位移 $\Delta_{\mathrm{AV}}$。

**解**　分别绘出 $M_{\mathrm{P}}$ 图、$\overline{M}_1$ 图，如图 4 - 14（b）、（c）所示。

图 4 - 14

$$\Delta_{AV}=\sum\int\frac{\overline{M}_1 M_P}{EI}\mathrm{d}x=\sum\frac{Ay_0}{EI}=\frac{1}{EI}\left(\frac{1}{3}\times\frac{1}{2}ql^2\times l\times\frac{3}{4}\times l\right)=\frac{ql^4}{8EI}(\downarrow)$$

这个计算结果与例题 4 - 3 中的计算结果完全相同。

【例 4 - 5】 计算图 4 - 15（a）所示简支梁在均布荷载作用下 A 点的转角和梁跨中 C 点的竖向位移 $\Delta_{CV}$。

**解** 分别绘出 $M_P$ 图、$\overline{M}_1$ 图、$\overline{M}_2$ 图，如图 4 - 15（b）、（c）、（d）所示。

图 4 - 15

（1）计算 A 点的转角。

图乘 $M_P$ 图与 $\overline{M}_1$ 图得

$$\Delta_A=\sum\int\frac{M_P\overline{M}_1}{EI}\mathrm{d}x=\sum\frac{Ay_0}{EI}=\frac{-1}{EI}\left(\frac{2}{3}\times\frac{1}{8}ql^2\times l\times\frac{1}{2}\times l\right)=-\frac{ql^3}{24EI}(\curvearrowleft)$$

（2）计算梁跨中 C 点竖向位移 $\Delta_{CV}$。

图乘 $M_P$ 图与 $\overline{M}_2$ 图时，由于 $\overline{M}_2$ 图是折线图形，因此应分段图乘。

$$\Delta_{CV}=\sum\int\frac{M_P\overline{M}_1}{EI}\mathrm{d}x=\sum\frac{Ay_0}{EI}=\frac{1}{EI}\left(\frac{2}{3}\times\frac{1}{8}ql^2\times\frac{1}{2}l\times\frac{5}{8}\times\frac{1}{4}l\times2\right)=\frac{5ql^4}{384EI}(\downarrow)$$

【例 4 - 6】 计算图 4 - 16（a）所示刚架结点 C 点的水平位移 $\Delta_{CH}$，设各杆 EI 相同。

**解** 分别绘出 $M_P$ 图、$\overline{M}_1$ 图，如图 4 - 16（b）、（c）所示。

$$\Delta_{CH}=\sum\int\frac{M_P\overline{M}_1}{EI}\mathrm{d}x=\sum\frac{Ay_0}{EI}$$

$$=\frac{1}{EI}\left(\frac{1}{2}\times\frac{1}{2}ql^2\times l\times\frac{2}{3}\times l+\frac{1}{2}\times\frac{1}{2}ql^2\times l\times\frac{2}{3}\times l+\frac{2}{3}\times\frac{1}{8}ql^2\times l\times\frac{1}{2}\times l\right)$$

$$=\frac{3ql^4}{8EI}(\rightarrow)$$

图 4 - 16

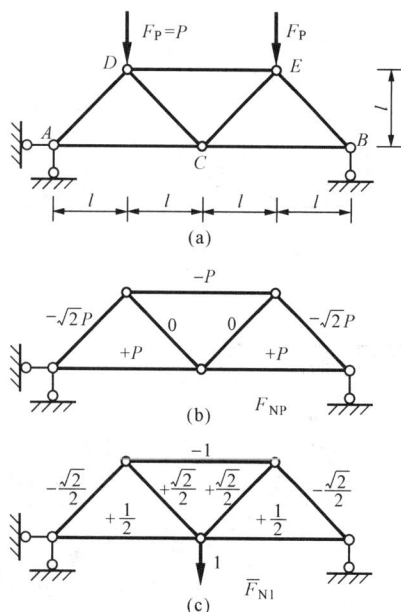

图 4 - 17

**【例 4 - 7】** 计算图 4 - 17（a）所示桁架结构中 $C$ 点的竖向位移 $\Delta_{CV}$。设各杆 $EA$ 相同。

**解** 在 $C$ 点加一个竖向的单位力，分别计算出荷载作用下的轴力 $F_{NP}$（图 4 - 17b）和单位力荷载作用下的轴力 $\overline{F_{N1}}$（图 4 - 17c）。由于桁架结构对称，荷载对称，因此轴力也对称。

$$\Delta_{CH} = \sum \int \frac{\overline{F_{N1}} F_{NP}}{EA} dx = \sum \frac{\overline{F_{N1}} F_{NP} l}{EA}$$

$$= \frac{1}{EA}\left[(-\sqrt{2}P) \times \left(-\frac{\sqrt{2}}{2}\right) \times \sqrt{2}l \times 2 + P \times \frac{1}{2}\right.$$

$$\left. \times 2l \times 2 + (-P) \times (-1) \times 2l\right]$$

$$= (4 + 2\sqrt{2})\frac{Pl}{EA} = 6.83\frac{Pl}{EA}(\downarrow)$$

**【例 4 - 8】** 计算图 4 - 18（a）所示刚架中 $A$、$B$ 两点的相对水平位移 $\Delta_{ABH}$，设各杆 $EI$ 相同。

**解** 计算 $A$、$B$ 两点的相对水平位移，则应在 $A$、$B$ 两点加一对大小相等、方向相反的一对水平集中力。分别绘出 $M_P$ 图、$\overline{M}_1$ 图如图 4 - 18（b）、（c）所示

$$\Delta_{ABH} = \sum \int \frac{M_P \overline{M}_1}{EI} dx = \sum \frac{Ay_0}{EI} = \frac{-1}{EI}\left(\frac{2}{3} \times \frac{1}{2}ql^2 \times 2l \times l\right) = -\frac{2ql^4}{3EI}(\rightarrow \leftarrow)$$

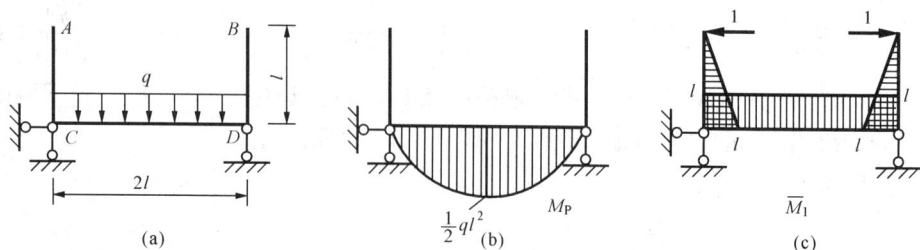

图 4 - 18

**【例 4 - 9】** 计算图 4 - 18（a）所示刚架中 $B$ 点的水平位移 $\Delta_{BH}$，设各杆截面为矩形，

截面尺寸为 $A_1 = bh$，惯性矩为 $I = \dfrac{1}{12}bh^3$。并分析刚架的轴向变形对 $B$ 点位移的影响。

**解** 绘出荷载作用下的 $M_P$ 图和 $N_P$ 图，参见图 4 - 19（b）、（c）。在 $B$ 点加单位力，绘出单位荷载作用下的 $\overline{M}_1$ 图和 $\overline{N}_1$ 图，参见图 4 - 19（d）、（e）。

图 4 - 19

（1）弯曲变形引起的位移为

$$\Delta_{BM} = \sum \int \frac{M_P \overline{M}_1}{EI} \mathrm{d}x = \sum \frac{Ay_0}{EI}$$

$$= \frac{1}{EI}\left( \frac{1}{2} \times \frac{1}{2}ql^2 \times l \times \frac{2}{3} \times l + \frac{1}{2} \times \frac{1}{2}ql^2 \times l \times \frac{2}{3} \times l + \frac{2}{3} \times \frac{1}{8}ql^2 \times l \times \frac{1}{2} \times l \right)$$

$$= \frac{3ql^4}{8EI} (\rightarrow)$$

（2）轴向变形引起的位移为

$$\Delta_{BN} = \sum \int \frac{\overline{F}_{N1} F_{NP}}{EA_1} \mathrm{d}x = \sum \frac{\overline{F}_{N1} F_{NP} l}{EA_1} = \frac{1}{EA_1}\left( \frac{1}{2}ql \times 1 \times l \right) = \frac{ql^2}{2EA_1} (\rightarrow)$$

（3）$B$ 点的水平位移为

$$\Delta_{BH} = \sum \int \frac{\overline{M}_1 M_P}{EI} \mathrm{d}s + \sum \int \frac{\overline{F}_{N1} F_{NP}}{EA_1} \mathrm{d}s = \Delta_{BM} + \Delta_{BN} = \frac{3ql^4}{8EI} + \frac{ql^2}{2EA_1} (\rightarrow)$$

（4）比较 $\Delta_{BM}$ 与 $\Delta_{BN}$。

$$\frac{\Delta_{BN}}{\Delta_{BM}} = \frac{\dfrac{ql^2}{2EA_1}}{\dfrac{3ql^3}{8EI}} = \frac{4I}{3A_1 l^2}$$

将 $A_1 = b \times h$、$I = \dfrac{1}{12}bh^3$ 代入上式得 $\quad \dfrac{\Delta_{BN}}{\Delta_{BM}} = \dfrac{h^2}{9l^2}$

如果 $\dfrac{h}{l} = \dfrac{1}{10}$，则 $\qquad\qquad\qquad \dfrac{\Delta_{BN}}{\Delta_{BM}} = \dfrac{1}{900}$

由此可见，轴向力对位移的影响很小，只占弯矩影响的 $\dfrac{1}{900}$ 。

## 第五节　支座移动和温度变化时的位移计算

支座移动和温度变化时在静定结构中不引起内力，而引起位移。下面介绍由于支座移动和温度变化在结构中引起位移的计算方法。

### 一、支座移动时的位移计算

支座移动时，在静定结构中引起刚体位移，而不产生内力和变形。由于结构不产生内力和变形，可以把结构中的杆件看成刚性杆件，所以结构的内力虚功 $W_N = 0$ 。因此，虚功原理 $W_W = W_N$ 可以写成 $W_W = W_N = 0$ ，称为刚体虚功原理。

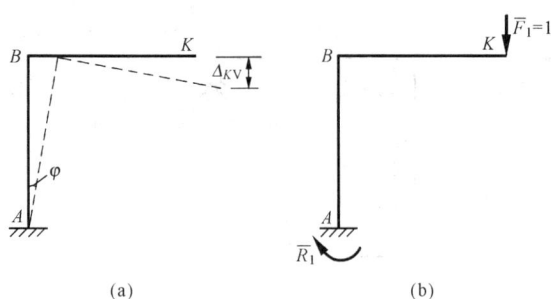

图 4 - 20

由于支座移动，计算图示 4 - 20（a）结构 $K$ 点的竖向位移。

在 $K$ 点虚加的单位力 $\overline{F}_1 = 1$ ，外力虚功为 $\quad W_W = \overline{F}_1 \Delta_{KC} + \sum \overline{R}_1 \Delta_C = 0$

令 $\qquad\qquad \overline{F}_1 = 1$

则 $\qquad \Delta_{KC} = -\sum \overline{R}_1 \Delta_C \qquad (4 - 11)$

式中，$\sum \overline{R}_1 \Delta_C$ 是支座反力 $\overline{R}_1$ 在相应位移 $\Delta_C$ 上作的虚功，当二者的方向一致时，乘积为正。反之，乘积为负。$\overline{R}_1$ 是虚设单位力状态的支座反力，$\Delta_C$ 是实际状态的支座位移。

【例 4 - 10】　如图 4 - 21（a）所示三铰刚架，由于 $B$ 支座发生位移，其水平位移为 $\Delta_x$ ，竖向位移为 $\Delta_y$ ，试计算 $D$ 点的水平位移 $\Delta_{DH}$ 和转角 $\Delta_{D\theta}$ 。

图 4 - 21

**解**　在三铰刚架结构的 $D$ 点加一个单位的水平力，计算出 $B$ 点发生位移的两根支杆的

反力，见图 4 - 21（b）。则 $D$ 点的水平位移为

$$\Delta_{DH} = -\sum \bar{R}_1 \Delta_C = -\left(-\frac{1}{2} \times \Delta_X - \frac{1}{2} \times \Delta_Y\right) = \frac{\Delta_X + \Delta_Y}{2}(\rightarrow)$$

在三铰刚架结构的 $D$ 点加一个单位力偶，计算出 $B$ 点发生位移的两根支杆的反力，见图 4 - 20（c）。则 $D$ 点的转角为

$$\Delta_{D\theta} = -\sum \bar{R}_1 \Delta_C = -\left(\frac{1}{2l} \times \Delta_X - \frac{1}{2l} \times \Delta_Y\right) = \frac{\Delta_Y - \Delta_X}{2l}(\llcorner)$$

### 二、温度变化时的位移计算

由于材料具有热胀冷缩的性质，当温度变化时杆件发生变形。静定结构在温度变化的情况下不产生内力，但可使静定结构自由地产生符合其约束条件的位移，这种由温度变化引起的位移仍可应用变形体的虚功原理计算。

图 4 - 22

例如，图 4 - 22（a）所示静定结构，由于外侧温度升高 $t_1$ 度，内侧温度升高 $t_2$ 度，计算 $K$ 点的竖向位移 $\Delta_{Kt}$。

变形体的外力虚功　　　　　　$W_W = \bar{F}\Delta_{Kt}$

变形体的内力虚功　　$W_n = \sum \int \overline{M}_1 \mathrm{d}\theta + \sum \int \overline{F_{Q1}} \mathrm{d}\eta + \sum \int \overline{F_{N1}} \mathrm{d}\lambda$

$$\bar{F}_1 \Delta_{Kt} = \sum \int \overline{M}_1 \mathrm{d}\theta + \sum \int \overline{F_{Q1}} \mathrm{d}\eta + \sum \int \overline{F_{N1}} \mathrm{d}\lambda$$

令　　　　　　　　　　　　　　　　$\bar{F}_1 = 1$

则　　　　　　　$\Delta_{Kt} = \sum \int \overline{M}_1 \mathrm{d}\theta + \sum \int \overline{F_{Q1}} \mathrm{d}\eta + \sum \int \overline{F_{N1}} \mathrm{d}\lambda$

由于杆件上边缘升高 $t_1$，下边缘升高 $t_2$，并假定温度沿截面的高度 $h$ 为线性规律分布，截面发生变形后仍为平面，则杆件轴线温度为

$$t_0 = \frac{t_1 h_2 + t_2 h_1}{h}$$

式中，$h$ 是截面的高度；$h_1$ 和 $h_2$ 分别是杆轴线（中性轴）到上、下边缘的距离。

若杆件截面对称于形心轴，即 $h_1 = h_2 = \frac{1}{2}h$ 则上式可写成

$$t_0 = \frac{t_1 + t_2}{2}$$

杆轴线到上、下边缘的温差为 $\Delta t = t_2 - t_1$。在温度变化时，杆件不发生剪切变形，而微段上发生的轴向变形和弯曲变形分别为

$$\mathrm{d}\lambda = \alpha t_0 \mathrm{d}s$$

$$\mathrm{d}\theta = \frac{\alpha(t_2 - t_1)}{h}\mathrm{d}s = \frac{\alpha \Delta t}{h}\mathrm{d}s$$

$$\mathrm{d}\eta = 0$$

式中，$\alpha$ 是材料的线膨胀系数。

则　　　　　　　$\Delta_{Kt} = \sum \int \overline{F_{N1}} \alpha t_0 \mathrm{d}s + \sum \int \overline{M}_1 \frac{\alpha \Delta t}{h}\mathrm{d}s$

如果 $\alpha$、$t_1$、$t_2$、$h$ 沿杆件为常数时，则上式可写成

$$\Delta_{Kt} = \sum \alpha t_0 \int \overline{F_{N1}} \mathrm{d}s + \sum \frac{\alpha \Delta t}{h} \int \overline{M}_1 \mathrm{d}s \qquad (4-12)$$

式中，轴力 $\overline{F_{N1}}$ 以拉力为正，$t_0$ 以升高为正。弯矩 $\overline{M}_1$ 和 $\Delta t$ 温差引起的弯曲方向为同一方向时，也就是说，当 $\overline{M}_1$ 和 $\Delta t$ 使杆件的同一边纤维受拉时，其乘积取正值，反之取负值。

**【例 4-11】** 计算图 4-23（a）所示刚架 $C$ 点的竖向位移。梁 $BC$ 下侧和柱 $AB$ 右侧温度升高 15℃，梁 $BC$ 上侧和柱 $AB$ 左侧温度升高 5℃，各杆截面为矩形，$h = 60\mathrm{cm}$，$l = 600\mathrm{cm}$，$\alpha = 0.00001$。

图 4-23

**解**　在刚架结构的 $C$ 点加一个单位竖向力，分别绘出 $\overline{M}_1$ 图、$\overline{N}_1$ 图如图 4-23（b）、（c）所示

杆轴线的温度升高为　　$t_0 = \dfrac{t_1 + t_2}{2} = \dfrac{15 + 5}{2} = 10(℃)$

杆 $BC$（上、下侧）和 $AB$（左、右侧）边缘温度差为

$$\Delta t = t_2 - t_1 = 15 - 5 = 10(℃)$$

$$\Delta_{Ct} = \sum \alpha t_0 \int \overline{F_{N1}} \mathrm{d}s + \sum \frac{\alpha \Delta t}{h} \int \overline{M}_1 \mathrm{d}s$$

$$= \alpha \times 10 \times (-1 \times l) - \frac{\alpha \times 10}{h} \times \left( \frac{1}{2} \times l \times l + l \times l \right)$$

$$= -5\alpha l \left( 2 + \frac{3l}{h} \right) = -0.96\mathrm{cm}(\uparrow)$$

## 第六节　互　等　定　理

线性弹性体系有四个互等定理：虚功互等定理、位移互等定理、反力互等定理、反力位移互等定理。其中虚功互等定理是基本定理，其余的三个互等定理可以由虚功互等定理推导出来。

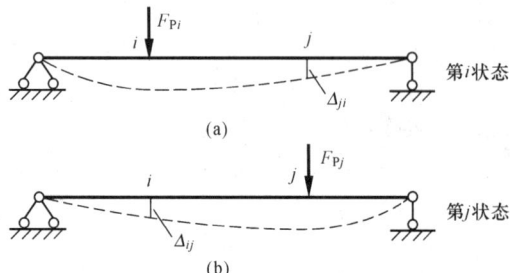

图 4-24

**一、虚功互等定理**

图 4-24（a）、（b）表示两组广义力 $F_{Pi}$、$F_{Pj}$ 分别作用于同一线性变形体系的两种受力状态，图 4-24（a）表示为第 $i$ 个状态，图 4-24（b）表示为第 $j$ 个状态。在状态 I 中，力系用 $M_i$、$F_{Qi}$、$F_{Ni}$ 表示，图

4-24 (a) 中 $\Delta_{ji}$ 表示由广义力 $F_{Pi}$ 引起的与广义力 $F_{Pj}$ 相应的位移。在状态 $J$ 中，力系用 $M_j$、$F_{Qj}$、$F_{Nj}$ 表示，图 4-24 (b) 中 $\Delta_{ij}$ 表示由广义力 $F_{Pj}$ 引起的与广义力 $F_{Pi}$ 相应的位移。

状态 $i$ 力系在状态 $j$ 位移上作的虚功为

$$W_{ij} = \sum F_{Pi}\Delta_{ij} = \sum \int \frac{M_iM_j}{EI}ds + \sum \int k\frac{F_{Qi}F_{Qj}}{GA}ds + \sum \int \frac{F_{Ni}F_{Nj}}{EA}ds \qquad (a)$$

状态 $j$ 力系在状态 $i$ 位移上作的虚功为

$$W_{ji} = \sum F_{Pj}\Delta_{ji} = \sum \int \frac{M_jM_i}{EI}ds + \sum \int k\frac{F_{Qj}F_{Qi}}{GA}ds + \sum \int \frac{F_{Nj}F_{Ni}}{EA}ds \qquad (b)$$

式中，外力虚功 $W_{ij}$ 有两个下标，第一个下标表示受力状态，第二个下标表示位移状态。

由式 (a) 和 (b) 可知，等式右边的内力虚功相等，则

$$W_{ij} = W_{ji} \qquad (4-13)$$

即

$$\sum F_{Pi}\Delta_{ij} = \sum F_{Pj}\Delta_{ji} \qquad (4-14)$$

这就是虚功互等定理（或称功的互等定理）：在任一线性变形体系中，第 $i$ 状态外力在第 $j$ 状态位移上所作的虚功 $W_{ij}$ 等于第 $j$ 状态外力在第 $i$ 状态位移上所作的虚功 $W_{ji}$。

**二、位移互等定理**

如图 4-25 (a)、(b) 所示的两种状态中，设两个荷载 $\overline{F_{Pi}} = \overline{F_{Pj}} = 1$，这两种荷载引起的位移分别为 $\delta_{ji}$、$\delta_{ij}$，由虚功互等可知

$$\overline{F_{Pi}}\delta_{ij} = \overline{F_{Pj}}\delta_{ji}$$

即

$$\delta_{ij} = \delta_{ji} \qquad (4-15)$$

这就是位移互等定理：如果两个单位力分别作用于同一个线弹性体系，第 $i$ 个单位力在第 $j$ 个单位力的作用点沿其方向上引起的位移，等于第 $j$

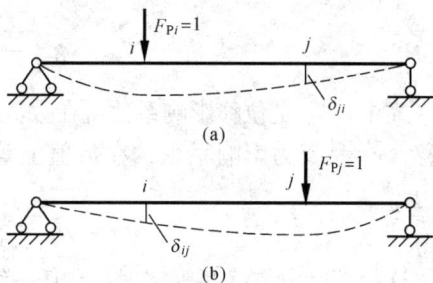

图 4-25

个单位力在第 $i$ 个单位力的作用点沿其方向上引起的位移。值得注意的是：这里所讲的力是广义力，相应的位移是广义位移。在下一章的力法将应用位移互等定理。

**三、反力互等定理**

如图 4-26 (a)、(b) 所示，在 $i$ 状态中，支座 $i$ 发生单位位移 $\Delta_i = 1$，在支座 $j$ 将产生的反力 $\gamma_{ji}$；在 $j$ 状态中，支座 $j$ 发生单位位移 $\Delta_j = 1$，在支座 $i$ 将产生的反力 $\gamma_{ij}$。由功的互等定理可知：

$$\gamma_{ji}\Delta_j = \gamma_{ij}\Delta_i$$

因

$$\Delta_i = \Delta_j = 1$$

$$\gamma_{ij} = \gamma_{ji} \qquad (4-16)$$

这就是反力互等定理：支座 $i$ 由于支座 $j$ 产生单位位移所引起的反力 $\gamma_{ij}$，等于支座 $j$ 由于支座 $i$ 产生单位位移所引起的反力 $\Delta_{ji}$。反力互等定理应用于位移法中。

**四、反力位移互等定理**

图 4-27 (a)、(b) 表示同一变形体系的两种变形状态。在图 4-27 (a) 中，由于荷载 $F_{Pi}$ 作用在支座 $j$ 产生反力为 $R_{ji}$；在图 4-27 (b) 中，由于支座 $j$ 位移 $\Delta_j$ 在 $F_{Pi}$ 方向产生相应的位移为 $\Delta_{ij}$。

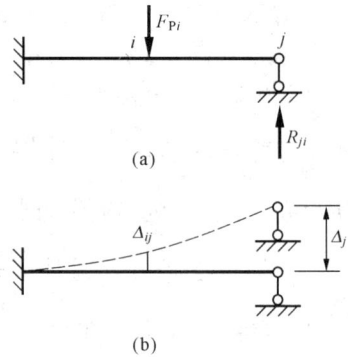

图 4 - 26 　　　　　　　　　　　　图 4 - 27

由功的互等定理可得 　　　　$F_{Pi}\Delta_{ij} + R_{ji}\Delta_j = 0$

即 　　　　　　　　　　　$F_{Pi}\Delta_{ij} = - R_{ji}\Delta_j$

亦 　　　　　　　　　　　$\dfrac{\Delta_{ij}}{\Delta_j} = - \dfrac{R_{ji}}{F_{Pi}}$

令

$$\delta'_{ij} = \frac{\Delta_{ij}}{\Delta_j} \qquad r'_{ji} = \frac{R_{ji}}{F_{Pi}}$$

式中，$\delta'_{ij}$ 是位移影响系数：在数值上等于由单位位移 $\Delta_j = 1$ 所引起的与荷载 $F_{Pi}$ 相应的位移；$r'_{ji}$ 是反力影响系数：在数值上等于由单位荷载 $F_{Pi} = 1$ 所引起的与位移 $\Delta_j$ 相应的反力。

$$\delta'_{ij} = - r'_{ji}$$

这就是反力位移互等定理：在任一线性变形体系中，由位移 $\Delta_j$ 所引起的与荷载 $F_{Pi}$ 相应位移影响系数，在绝对值上等于由荷载 $F_{Pi}$ 所引起的与位移 $\Delta_j$ 相应反力影响系数，两者差一个负号。

值得注意的是：上述几个互等定理只适用于线弹性体系，即：

（1）应力在弹性范围内，应力和应变成比例。

（2）结构变形微小，内力可以在未变形的条件下计算。

（3）力可以是广义力，位移可以是广义位移。

## 习　　题

4 - 1　试用虚功原理计算图 4 - 28 中静定结构的指定内力和反力。

(a) $F_{YB}$，$M_B$，$F_{QB}^{L}$，$F_{QB}^{R}$ 　　　　　　(b) $F_{QD}$，$M_D$

图 4 - 28　题 4 - 1 图

4-2 用积分法计算图4-29中结构的位移。

(a) $\Delta_{AV}$

(b) $\Delta_{CV}, \theta_A$

(c) $\Delta_{BH}$

(d) $\Delta_{BH}$

图4-29 题4-2图

4-3 用图乘法计算图4-30所示的结构的位移。

(a) $\Delta_{CV}$

(b) $\Delta_{CH}$; $\Delta_{CV}$

(c) $\Delta_{CV}$; $\varphi_B$

(d) $\Delta_{DH}$; $\varphi_E$

(e) $\Delta_{FV}$

图4-30 题4-3图

4-4 求图4-31所示结构 $C$ 点的竖向位移，各杆 $EA$ 相同。

4-5 求图4-32所示结构 $C$ 点的水平位移，各杆的 $EA$ 相同。

4-6 求图4-33所示结构 $A$、$B$ 两点的相对水平位移和相对转角，各杆的 $EI$ 相同。

4-7 图4-34所示桁架中，$B$ 支座有竖向沉降 $C$，试求 $BC$ 杆的转角 $\varphi_{BC}$。

4-8 图4-35所示刚架中 $B$ 支座发生水平位移 $a$ 及竖向位移 $b$，试求 $C$ 点的水平位移 $\Delta_{CH}$。

4-9 图4-36所示三铰刚架，内部温度升高30℃，外部升高10℃，各杆截面为矩形，截面高度 $H$ 相同，并对称于形心轴，材料线膨胀系数为 $\alpha$，试计算 $C$ 点的竖向位移 $\Delta_{CV}$。

图 4 - 31 题 4 - 4 图

图 4 - 32 题 4 - 5 图

图 4 - 33 题 4 - 6 图

图 4 - 34 题 4 - 7 图

图 4 - 35 题 4 - 8 图

图 4 - 36 题 4 - 9 图

4-10 已知 图 4 - 37 (a) 中所示梁在支座 $B$ 下沉 $\Delta_{BV}=1$ 时, $D$ 点的竖向位移 $\Delta_{DV}=$ 11/16 , 试作图 4 - 37 (b) 所示梁的弯矩图。

(a)

(b)

图 4 - 37 题 4 - 10 图

# 第五章 力 法

## 第一节 超静定结构概述

**一、超静定结构的组成**

在前面几章中，讨论了静定结构的计算问题。根据静力平衡条件，静定结构的全部反力和内力均可求出；运用虚功原理，可以求出静定结构在各种作用下的位移。在工程实际中还存在另外一类结构，即超静定结构，其全部反力和内力只凭借静力平衡条件是无法确定的，而必须同时考虑结构的变形协调条件。例如图 5-1（a）所示的连续梁，其横向反力可以由静力平衡条件求出，其竖向反力只凭借静力平衡条件则无法确定，故此结构的内力也无法完全确定。又如图 5-1（b）所示组合结构，虽然其支座反力可由静力平衡条件求出，但却不能确定结构的内力。由此可知，这两个结构都是超静定结构。

图 5-1

对以上两个结构进行几何组成分析，可知它们都属于有多余约束的几何不变体系。如图 5-1（a）所示连续梁有一个多余约束，图 5-1（b）所示组合结构也有一个多余约束。由此可知，正是由于多余约束的存在导致了结构的反力或内力超静定，这就是超静定结构区别于静定结构的基本特征。

**二、超静定次数**

从几何组成看，超静定结构的超静定次数就是指多余约束的个数；从静力分析看，超静定次数就等于利用平衡条件求解结构反力及内力所缺少的方程的个数。因此，可以用去掉超静定结构的多余约束使之变为静定结构的方法来确定该结构的超静定次数。

去掉多余约束有以下几个途径：

（1）去掉一根链杆 [图 5-2（a）] 或切断一根链杆 [图 5-2（b）]，相当于去掉一个约束。

图 5-2

（2）去掉一个固定铰支座［图5-3（a）］或去掉一个单铰［图5-3（b）］，相当于去掉两个约束。

图 5 - 3

（3）去掉一个固定端支座［图5-4（a）］或切断一根梁式杆［图5-4（b）］，相当于去掉三个约束。

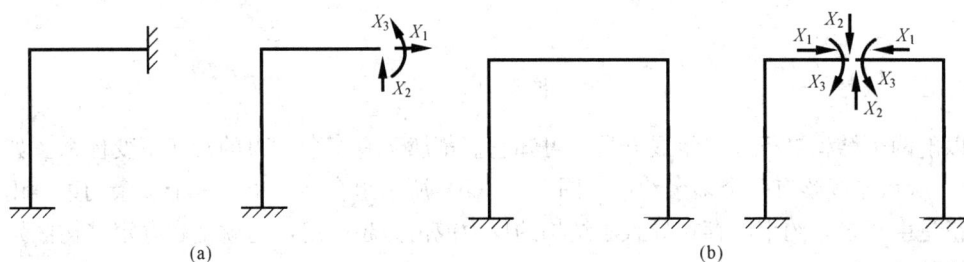

图 5 - 4

（4）将一个固定端支座改为固定铰支座［图5-5（a）］或在梁式杆中加入一个单铰［图5-5（b）］，相当于去掉一个约束。

图 5 - 5

为使结构在去掉多余约束后与原结构等价，在去掉多余约束的同时应在结构上加上与其相应的约束力，这种用以代替多余约束作用的约束力称为多余未知力。如果去掉的多余约束对结构而言是外部的，则多余未知力是与之相对应的单个的支座反力，见图 5 - 2～图 5 - 5各图中的图（a）；如果去掉的多余约束是内部的，则多余未知力是成对的内力或约束力，见图 5 - 2～图 5 - 5 各图中的图（b）。

（5）多余约束不唯一。对于同一结构，可用各种不同方式去掉多余约束。如图 5 - 6（a）所示结构，可以去掉右端的支座链杆，得到图 5 - 6（b）；也可以把左端的固定端支座改为固定铰支座，得到图 5 - 6（c）。

图 5 - 6

（6）不能拆除结构保持几何不变的必要约束。例如，如果把图 5 - 1（a）所示梁的水平支杆拆掉，它就变成了几何可变体系。

## 第二节　力法的基本概念

如前所述，由于多余约束的存在，只利用静力平衡条件无法求出超静定结构的全部反力和内力。如果可以求出与多余约束相对应的多余未知力的大小，则原结构的全部反力及内力可由静力平衡条件求出，而多余未知力的大小可由结构的位移条件求解。这就是力法的基本思路。

下面结合图 5 - 7 阐述力法的基本概念。

### 一、力法的基本体系

图 5 - 7（a）所示原结构为一端固定、另一端活动铰支的梁，一次超静定结构。现将右端的活动铰支座去掉，并去掉原结构的所有荷载，则得到一个静定结构——悬臂梁，如图 5 - 7（b）所示，称该悬臂梁为原结构的基本结构。因此，力法的基本结构就是把超静定结构的多余约束及荷载全部去掉而得到的静定结构。

图 5 - 7

为使基本结构与原结构等效，在基本结构右端 $B$ 施加多余未知力 $X_1$，以代替原结构中活动铰支座的作用，并施加原结构的均布荷载 $q$，则得到如图 5 - 7（c）所示的体系，称之为力法的基本体系。通过与图 5 - 7（a）的对比，可知基本体系的受力状态与原结构完全相同。因此，基本体系是静定结构与超静定结构之间的一座桥梁。

## 二、力法的基本未知量

分析图 5-7（c）可知该基本体系中有四个未知量：$F_{XA}$、$F_{YA}$、$M_A$、$X_1$。假设 $X_1$ 已知，则其余三个未知量可由静力平衡方程求得。故 $X_1$ 的求解就成为用力法解超静定结构的关键。因此，把力法基本体系中的多余未知力称为力法的基本未知量。

由力法基本概念可知，超静定结构的次数＝多余约束数＝多余未知力个数＝基本未知量个数。

## 三、力法的基本方程

由于原结构在右端支座 $B$ 处与 $X_1$ 相应的竖向位移等于零，所以，为了保证基本体系的变形与原结构一致，应使基本结构在多余未知力 $X_1$ 和荷载 $q$ 共同作用下产生的 $B$ 点的竖向位移 $\Delta_1$ 也等于零。只有 $\Delta_1=0$ 时，基本体系才与原结构等效。

下面只讨论线性变形体系的情形，并应用叠加原理展开式 $\Delta_1=0$。

图 5-8（a）所示基本体系承受荷载 $q$ 和未知力 $X_1$ 共同作用。根据叠加原理，图 5-8（a）等于图 5-8（b）叠加上图 5-8（c）。

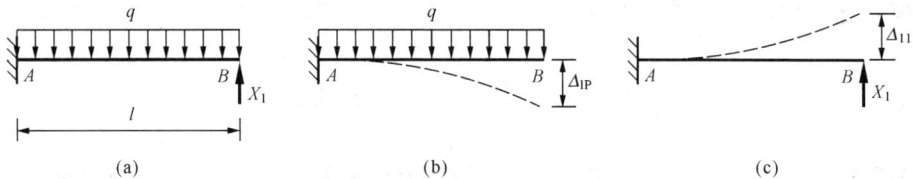

图 5-8

设以 $\Delta_{11}$ 表示 $X_1$ 单独作用于基本结构时点 $B$ 沿 $X_1$ 方向的位移，以 $\Delta_{1P}$ 表示 $q$ 单独作用于基本结构时点 $B$ 沿 $X_1$ 方向的位移，并规定与所设 $X_1$ 方向相同者为正。则有

$$\Delta_1=\Delta_{11}+\Delta_{1P}=0$$

令 $X_1=1$ 时，点 $B$ 在 $X_1$ 方向上产生的位移为 $\delta_{11}$，则 $\Delta_{11}=\delta_{11}X_1$，于是上式可写为

$$\delta_{11}X_1+\Delta_{1P}=0 \tag{5-1}$$

这就是一次超静定结构的力法基本方程，简称力法方程。

式中的系数 $\delta_{11}$ 及自由项 $\Delta_{1P}$，可按第四章所述的方法求出。故多余力 $X_1$ 即可求出。

用图乘法计算上述位移 $\delta_{11}$ 及 $\Delta_{1P}$。作基本结构在荷载 $q$ 作用下的弯矩图 $M_P$［图 5-9（a）］和在单位力 $\overline{X}_1=1$ 作用下的弯矩图 $\overline{M}_1$［图 5-9（b）］。应用图乘法得

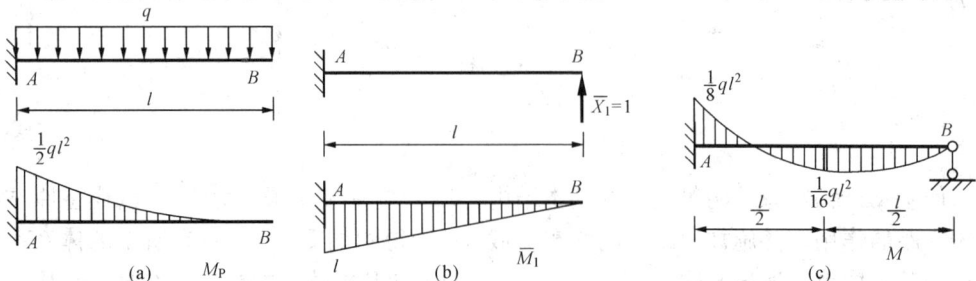

图 5-9

$$\delta_{11} = \frac{1}{EI} \times \frac{l \times l}{2} \times \frac{2}{3}l = \frac{l^3}{3EI}$$

$$\Delta_{1P} = -\frac{1}{EI}\left(\frac{1}{3} \times \frac{ql^2}{2} \times l\right) \times \frac{3}{4}l = -\frac{ql^4}{8EI}$$

代入力法方程式（5-1）得

$$\frac{l^3}{3EI}X_1 - \frac{ql^4}{8EI} = 0$$

由此求出

$$X_1 = \frac{3}{8}ql(\uparrow)$$

求得的 $X_1$ 为正，表示 $X_1$ 的实际方向与原假设方向一致。

多余未知力求出之后，可按照叠加原理由下式绘出结构的弯矩图：

$$M = X_1\overline{M}_1 + M_P \tag{5-2}$$

最后弯矩图如图5-9（c）所示。

**四、总结**

综上所述，力法的基本特点是：以多余未知力作为基本未知量，去掉多余约束后的静定结构为基本结构，并根据基本体系去掉多余约束处的已知位移条件将多余未知力求出，其余的计算与静定结构一致。

此外，由于多余约束不是唯一的，因此超静定结构的基本结构也不唯一。采用不同的基本结构并不会影响计算的最后结果，但计算的工作量可能相差甚远，故选取基本结构应按照计算简便的原则进行。

例如，对图5-7（a）的超静定结构也可将其左端的固定端支座改为固定铰支座，并代之以相应的多余力 $X_1$，则得到如图5-10（a）所示基本体系。此时与 $X_1$ 相应的位移 $\Delta_1$ 是指梁 $A$ 端截面的角位移。因为原结构在 $A$ 端的实际角位移为零，故位移条件仍为 $\Delta_1 = 0$，力法方程为 $\delta_{11}X_1 + \Delta_{1P} = 0$。由图5-10（b）及图5-10（c）得

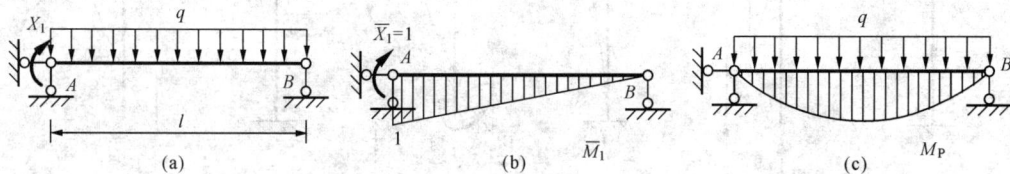

图5-10

$$\delta_{11} = \frac{1}{EI} \times \frac{1}{2}l \times \frac{2}{3} = \frac{l}{3EI}$$

$$\Delta_{1P} = \frac{1}{EI}\left(\frac{2}{3} \times \frac{ql^2}{8} \times l\right) \times \frac{1}{2} = \frac{ql^3}{24EI}$$

代入力法方程得

$$\frac{l}{3EI}X_1 + \frac{ql^3}{24EI} = 0$$

可解得

$$X_1 = -\frac{ql^2}{8}(\downarrow)$$

所得 $X_1$ 为负值，表明 $X_1$ 的实际方向与原假设方向相反，绘弯矩图与图 5 - 9 (c) 相同。

## 第三节 力法典型方程

如前所述，力法计算超静定结构是以多余未知力为基本未知量的，并根据相应的位移条件来求解多余未知力。因此，结构的超静定次数等于力法基本未知量的个数，等于求解多余未知力的位移方程的个数。下面通过一个三次超静定结构为例，说明其力法方程的建立方法。

图 5 - 11 (a) 所示为一个三次超静定刚架。根据力法基本原理，去掉其固定支座 $B$，并以相应的多余力 $X_1$、$X_2$、$X_3$ 代替，则得到图 5 - 11 (b) 所示的基本体系。由于原结构在 $B$ 点的任何位移为零，故有位移方程：

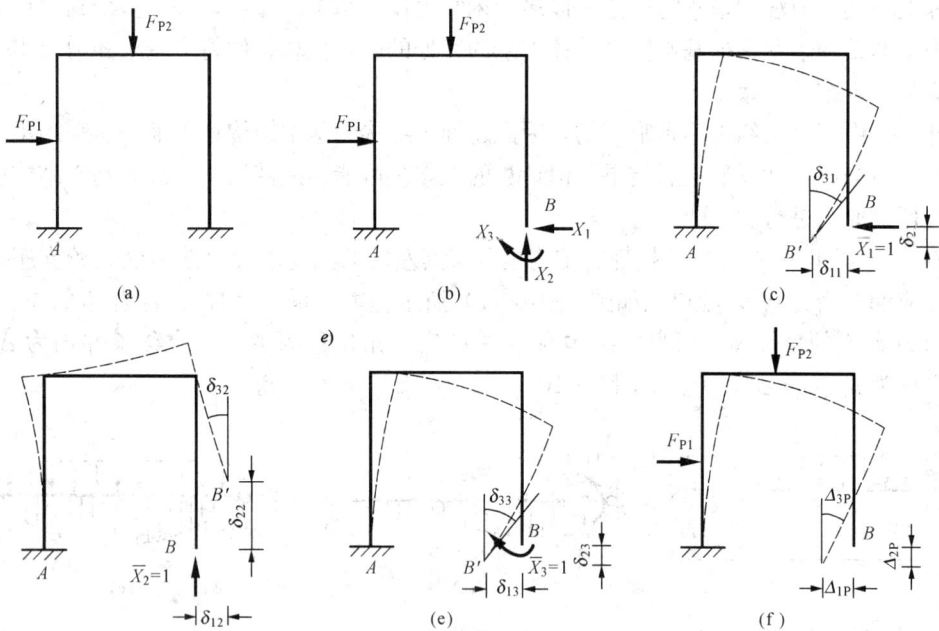

图 5 - 11

$$\left.\begin{array}{l} \Delta_1 = 0 \\ \Delta_2 = 0 \\ \Delta_3 = 0 \end{array}\right\}$$

式中，$\Delta_1$ 是基本体系沿 $X_1$ 方向的位移，即 $B$ 点的水平位移；$\Delta_2$ 是基本体系沿 $X_2$ 方向的位移，即 $B$ 点的竖向位移；$\Delta_3$ 是基本体系沿 $X_3$ 方向的位移，即 $B$ 点的转角。

设当各单位多余力 $\overline{X}_1 = 1$、$\overline{X}_2 = 1$、$\overline{X}_3 = 1$ 和荷载（$F_{P1}$、$F_{P2}$）分别作用于基本结构上

时，点 $B$ 沿 $X_1$ 方向的位移分别为 $\delta_{11}$、$\delta_{12}$、$\delta_{13}$ 和 $\Delta_{1P}$；沿 $X_2$ 方向的位移分别为 $\delta_{21}$、$\delta_{22}$、$\delta_{23}$ 和 $\Delta_{2P}$；沿 $X_3$ 方向的位移分别为 $\delta_{31}$、$\delta_{32}$、$\delta_{33}$ 和 $\Delta_{3P}$，见图 5 - 11（c）、（d）、（e）、（f）。根据叠加原理，可得

$$\left.\begin{aligned}
\Delta_1 &= \delta_{11}X_1 + \delta_{12}X_2 + \delta_{13}X_3 + \Delta_{1P} = 0 \\
\Delta_2 &= \delta_{21}X_1 + \delta_{22}X_2 + \delta_{23}X_3 + \Delta_{2P} = 0 \\
\Delta_3 &= \delta_{31}X_1 + \delta_{32}X_2 + \delta_{33}X_3 + \Delta_{3P} = 0
\end{aligned}\right\} \tag{5 - 3}$$

这就是三次超静定结构的力法基本方程。式中的系数 $\delta$ 和自由项 $\Delta$ 都是基本结构的位移。

求出多余未知力 $X_1$、$X_2$、$X_3$ 后，可以利用下式绘制弯矩图：

$$M = \overline{M}_1X_1 + \overline{M}_2X_2 + \overline{M}_3X_3 + M_P \tag{5 - 4}$$

这里，$M$ 是原结构任一截面的弯矩；$M_P$ 是荷载在基本结构相对应截面产生的弯矩；$\overline{M}_1$、$\overline{M}_2$ 和 $\overline{M}_3$ 分别是 $\overline{X}_1 = 1$、$\overline{X}_2 = 1$ 和 $\overline{X}_3 = 1$ 在基本结构相对应截面产生的弯矩。

对于 $n$ 次超静定结构，则有 $n$ 个多余未知力，而每个多余未知力都对应一个多余约束，相应地就有 $n$ 个已知位移条件。因此，可按此 $n$ 个位移条件来建立 $n$ 个方程，从而可解出 $n$ 个多余未知力。当原结构在多余未知力作用处的位移为零时，可写为

$$\left.\begin{aligned}
\delta_{11}X_1 + \delta_{12}X_2 + \cdots + \delta_{1i}X_i + \cdots + \delta_{1n}X_n + \Delta_{1P} &= 0 \\
\delta_{21}X_1 + \delta_{22}X_2 + \cdots + \delta_{2i}X_i + \cdots + \delta_{2n}X_n + \Delta_{2P} &= 0 \\
\vdots \\
\delta_{i1}X_1 + \delta_{i2}X_2 + \cdots + \delta_{ii}X_i + \cdots + \delta_{in}X_n + \Delta_{iP} &= 0 \\
\vdots \\
\delta_{n1}X_1 + \delta_{n2}X_2 + \cdots + \delta_{ni}X_i + \cdots + \delta_{nn}X_n + \Delta_{nP} &= 0
\end{aligned}\right\} \tag{5 - 5}$$

式（5 - 5）为 $n$ 次超静定结构在荷载作用下力法方程的一般形式，也称为力法典型方程。在方程组中，系数 $\delta_{ij}$ 和自由项 $\Delta_{iP}$ 都代表基本结构的位移。位移符号中采用两个下标，第一个下标表示位移的方向，第二个下标表示产生位移的原因。例如：

$\delta_{ij}$ 是由单位力 $\overline{X}_j = 1$ 产生的沿 $X_i$ 方向的位移，常称为柔度系数。

$\Delta_{iP}$ 是由荷载产生的沿 $X_i$ 方向的位移。

位移正负号规定：当位移 $\Delta_{iP}$ 或 $\delta_{ij}$ 的方向与相应力 $X_i$ 的正方向相同时，则位移规定为正。此外，力法典型方程式（5 - 5）可写为以下矩阵形式：

$$\begin{bmatrix}
\delta_{11} & \delta_{12} & \cdots & \delta_{1i} & \cdots & \delta_{1n} \\
\delta_{21} & \delta_{22} & \cdots & \delta_{2i} & \cdots & \delta_{2n} \\
\vdots & \vdots & & \vdots & & \vdots \\
\delta_{i1} & \delta_{i2} & \cdots & \delta_{ii} & \cdots & \delta_{in} \\
\vdots & \vdots & & \vdots & & \vdots \\
\delta_{n1} & \delta_{n2} & \cdots & \delta_{ni} & \cdots & \delta_{nn}
\end{bmatrix}
\begin{bmatrix}
X_1 \\ X_2 \\ \vdots \\ X_i \\ \vdots \\ X_n
\end{bmatrix}
+
\begin{bmatrix}
\Delta_{1P} \\ \Delta_{2P} \\ \vdots \\ \Delta_{iP} \\ \vdots \\ \Delta_{nP}
\end{bmatrix}
=
\begin{bmatrix}
0 \\ 0 \\ \vdots \\ 0 \\ \vdots \\ 0
\end{bmatrix} \tag{5 - 6}$$

式中由系数 $\delta_{ij}$ 组成的矩阵称为结构柔度矩阵。柔度矩阵主对角线上的系数 $\delta_{11}$，$\delta_{22}$，…，$\delta_{nn}$ 称为主系数，主系数都是正值，且不为零。不在主对角线上的系数 $\delta_{ij}$（$i\neq j$），称为副系数，副系数可以为正，为负，为零，由位移互等定理可知，$\delta_{ij}=\delta_{ji}$。因此，柔度矩阵是一个对称矩阵。

系数和自由项求得后，即可解典型方程求得各多余未知力，用叠加原理计算原结构的内力，如：

$$M=\overline{M}_1 X_1+\overline{M}_2 X_2+\cdots+\overline{M}_i X_i+\cdots+\overline{M}_n X_n+M_P \tag{5-7}$$

据此，可将力法计算超静定结构的步骤归纳如下：

（1）去掉原结构的多余约束并以多余未知力代替相应多余约束的作用。

（2）根据基本结构在多余未知力和原荷载的共同作用下，在去掉多余约束处的位移应与原结构中相应的位移相同的条件，建立力法典型方程：

1）作出基本结构的单位内力图和荷载内力图；

2）按照静定结构位移的计算方法求解力法方程中的系数和自由项。

（3）解力法典型方程，求出各多余未知力。

（4）多余力确定之后，运用叠加原理绘制原结构的内力图。

# 第四节　力　法　算　例

下面分别举例说明用力法计算荷载作用下的超静定刚架、桁架、排架和组合结构。

## 一、超静定刚架

计算刚架位移时，通常忽略轴力和剪力的影响，只考虑弯矩的影响。但在高层刚架中，轴力对柱的影响比较大；当杆件短而粗时，剪力的影响也比较大，此时应特殊处理。

图 5 - 12

【例 5 - 1】　试计算图 5 - 12 （a）所示刚架。

**解**

（1）选取基本体系。

这个刚架是两次超静定。去掉刚架 $B$ 处的两根支座链杆，代以支座反力 $X_1$ 和 $X_2$，得到如图 5 - 12 （b）所示的基本体系。

（2）列出力法方程。

$$\left.\begin{array}{l}\delta_{11}X_1+\delta_{12}X_2+\Delta_{1P}=0\\\delta_{21}X_1+\delta_{22}X_2+\Delta_{2P}=0\end{array}\right\}$$

并绘制出各单位力作用下的弯矩图和荷载作用下的弯矩图，如图 5 - 13 （a）、（b）、（c）所示。

利用图乘法求得各系数和自由项如下：

$$\delta_{11}=\frac{1}{EI_1}\left(\frac{l^2}{2}\times\frac{2}{3}l\right)=\frac{l^3}{3EI_1}$$

图 5 - 13

$$\delta_{22} = \frac{1}{2EI_1}\left(\frac{l^2}{2}\times\frac{2}{3}l\right) + \frac{1}{EI_1}(l^2\times l) = \frac{7l^3}{6EI_1}$$

$$\delta_{12} = \delta_{21} = -\frac{1}{EI_1}\left(\frac{l^2}{2}\times l\right) = -\frac{l^3}{2EI_1}$$

$$\Delta_{1P} = \frac{1}{EI_1}\left(\frac{l^2}{2}\times\frac{F_Pl}{2}\right) = \frac{F_Pl^3}{4EI_1}$$

$$\Delta_{2P} = -\frac{1}{EI_1}\left(\frac{F_Pl}{2}\times l\times l\right) - \frac{1}{2EI_1}\left(\frac{1}{2}\times\frac{F_Pl}{2}\times\frac{l}{2}\times\frac{5}{6}l\right) = -\frac{53F_Pl^3}{96EI_1}$$

（3）由力法典型方程，解得

$$X_1 = -\frac{9}{80}F_P, \quad X_2 = \frac{17}{40}F_P$$

从以上结果可知：在荷载作用下，多余未知力以及结构的内力的大小与杆件的相对刚度有关，而与其绝对刚度无关；对于同一材料所构成的结构，也与材料的性质（弹性模量）无关。

（4）用叠加原理求内力。

由式 $\overline{M}=\overline{M}_1X_1+\overline{M}_2X_2+M_P$ 可绘制出最后弯矩图，如图 5 - 13（d）所示，剪力图如图 5 - 13（e）所示，轴力图如图 5 - 13（f）所示。

## 二、超静定桁架

由于在桁架中各杆只产生轴力，故典型方程中的系数按下式计算：

$$\left.\begin{array}{l} \delta_{ii} = \sum \dfrac{\overline{F}_{Ni}^2 l}{EA} \\[3mm] \delta_{ik} = \sum \dfrac{\overline{F}_{Ni}\overline{F}_{Nk}l}{EA} \\[3mm] \Delta_{iP} = \sum \dfrac{\overline{F}_{Ni}F_{NP}l}{EA} \end{array}\right\}$$

桁架各杆的内力可按下式计算:

$$F_N = \overline{F}_{N1}X_1 + \overline{F}_{N2}X_2 + \cdots + \overline{F}_{Nn}X_n + F_{NP}$$

**【例 5 - 2】** 试计算图 5 - 14（a）所示超静定桁架的内力和反力。设各杆轴向刚度 $EA = 2 \times 10^5\,\text{kN}$，$F_P = 10\text{kN}$。

图 5 - 14

**解** 此桁架是一次超静定结构。现将 $DE$ 杆切断，并在断口处左右加一对多余未知力 $X_1$，得如图 5 - 14（b）所示基本体系。根据断口处两侧截面的相对位移应等于零的条件，可建立力法典型方程如下:

$$\delta_{11}X_1 + \Delta_{1P} = 0$$

为了计算系数和自由项，先分别求出单位多余力和荷载作用于基本结构时产生的轴力，如图 5 - 14（c）、（d）所示。

$$\delta_{11} = \sum \frac{\overline{F}_{N1}^2 l}{EA} = \frac{1}{EA}\left[0.707^2 \times 2\sqrt{2} \times 4 + (-0.5)^2 \times 4 \times 2 + 1^2 \times 4\right] = \frac{11.654}{EA}(\text{m})$$

$$\Delta_{1P} = \sum \frac{\overline{F}_{N1}F_{NP}l}{EA} = \frac{1}{EA}\left[5 \times (-0.5) \times 4 \times 2\right] = -\frac{20}{EA}(\text{kN} \cdot \text{m})$$

代入典型方程后求解，得

$$X_1 = 1.72\text{kN}$$

原结构中各杆轴力按下式计算:

$$F_N = 1.72 \times \overline{F}_{N1} + F_{NP}$$

其结果如图 5 - 14（e）所示。

计算时注意，虽然杆 *DE* 被切断，但在多余未知力作用下其轴力并不等于零，所以在 $\delta_{11}$ 的算式中必须将与其对应的项 $\dfrac{1^2 \times 4}{EA}$ 包括在内。

### 三、铰接排架

图 5 - 15 为一装配式单层厂房的计算简图，阶梯式的变截面柱，其上端与横梁铰接，下端与基础刚接，横梁的刚度视为无穷大。这种结构称之为铰接排架。铰接排架的超静定次数等于排架的跨数，其基本结构由切断各跨横梁得到。

图 5 - 15

【例 5 - 3】 试用力法计算图 5 - 16 (a) 所示两跨不等高铰接排架。

(a)

(b)

$\overline{M}_1$图(m)

(c)

$\overline{M}_2$图(m)

(d)

$M_P$图（kN·m）

(e)

$M$图（kN·m）

(f)

图 5 - 16

**解** 此排架是两次超静定的。将两根横梁切断并代以两对多余力 $X_1$、$X_2$，便得到图 5 - 16 (b) 所示的基本体系。根据两横梁切口处两侧截面相对位移为零的条件，可建立力法典型方程为

$$\delta_{11}X_1 + \delta_{12}X_2 + \Delta_{1P} = 0$$
$$\delta_{21}X_1 + \delta_{22}X_2 + \Delta_{2P} = 0$$

绘出单位弯矩图和荷载弯矩图如图 5 - 16 (c)、(d)、(e) 所示。因为横梁的 $EA \to \infty$，故在计算系数 $\delta_{11}$、$\delta_{22}$ 时不考虑横梁的轴向变形。据此可求系数和自由项：

$$\delta_{11} = \frac{1}{EI_1}\left(\frac{1}{2} \times 3^2 \times \frac{2}{3} \times 3\right) + \frac{1}{3EI_1}\left[\frac{1}{2} \times 3 \times 7 \times \left(\frac{2}{3} \times 3 + \frac{1}{3} \times 10\right) + \frac{1}{2} \times 10 \times 7\right.$$

$$\left. \times \left(\frac{1}{3} \times 3 + \frac{2}{3} \times 10\right)\right] + \frac{1}{7.5EI_1}\left(\frac{1}{2} \times 10^2 \times \frac{2}{3} \times 10\right)$$

$$= \frac{1}{EI_1}\left(9 + \frac{56}{3} + \frac{805}{9} + \frac{1000}{3 \times 7.5}\right) = \frac{161.556}{EI_1}$$

$$\delta_{12} = \delta_{21} = -\frac{1}{7.5EI_1}\left[\frac{1}{2} \times 10^2 \times \left(\frac{1}{3} \times 4 + \frac{2}{3} \times 14\right)\right] = -\frac{1600}{3 \times 7.5EI_1} = -\frac{71.111}{EI_1}$$

$$\delta_{22} = \frac{2}{EI_1}\left(\frac{1}{2} \times 4^2 \times \frac{2}{3} \times 4\right) + \frac{2}{7.5EI_1}\left[\frac{1}{2} \times 4 \times 10 \times \left(\frac{2}{3} \times 4 + \frac{1}{3} \times 14\right)\right.$$

$$\left. + \frac{1}{2} \times 10 \times 14 \times \left(\frac{1}{3} \times 4 + \frac{2}{3} \times 14\right)\right]$$

$$= \frac{2}{EI_1}\left(\frac{64}{3} + \frac{440}{22.5} + \frac{2240}{22.5}\right) = \frac{280.889}{EI_1}$$

$$\Delta_{1P} = \frac{1}{EI_1} \times \frac{1}{3} \times 3 \times 11.25 \times 10^3 \times \frac{3}{4} \times 3 + \frac{1}{3EI_1}\left[\frac{1}{2} \times 11.25 \times 10^3 \times 7\right.$$

$$\times \left(\frac{2}{3} \times 3 + \frac{1}{3} \times 10\right) + \frac{1}{2} \times 125 \times 10^3 \times 7 \times \left(\frac{1}{3} \times 3 + \frac{2}{3} \times 10\right)$$

$$\left. \frac{2}{3} \times \frac{1}{8} \times 2.5 \times 10^3 \times 7^2 \times 7 \times \frac{1}{2} \times (3 + 10)\right]$$

$$- \frac{1}{7.5EI_1}\left(\frac{1}{2} \times 12 \times 10^3 \times 10 \times \frac{1}{3} \times 10 + \frac{1}{2} \times 72 \times 10^3 \times 10 \times \frac{2}{3} \times 10\right)$$

$$= \frac{25.313 \times 10^3}{EI_1} + \frac{1}{EI_1}[70 + 1118.056 - 154.826] \times 10^3 - \frac{346.667 \times 10^3}{EI_1}$$

$$= \frac{711.876 \times 10^3}{EI_1}$$

$$\Delta_{2P} = \frac{1}{EI_1} \times \frac{1}{3} \times 4 \times 12 \times 10^3 \times \frac{3}{4} \times 4 + \frac{1}{7.5EI_1}\left[\frac{1}{2} \times 12 \times 10^3 \times 10\right.$$

$$\times \left(\frac{2}{3} \times 4 + \frac{1}{3} \times 14\right) + \frac{1}{2} \times 72 \times 10^3 \times 10 \times \left(\frac{1}{3} \times 4 + \frac{2}{3} \times 14\right)\right]$$

$$- \frac{1}{EI_1} \times \frac{1}{3} \times 12 \times 10^3 \times 4 \times \frac{3}{4} \times 4 - \frac{1}{7.5EI_1}\left[\frac{1}{2} \times 12 \times 10^3\right.$$

$$\times 10 \left(\frac{2}{3} \times 4 + \frac{1}{3} \times 14\right) + \frac{1}{2} \times 147 \times 10^3 \times 10 \times \left(\frac{1}{3} \times 4 + \frac{2}{3} \times 14\right)$$

$$\left. - \frac{2}{3} \times \frac{1}{8} \times 1.5 \times 10^3 \times 10^2 \times 10 \times \frac{1}{2} \times (4 + 14)\right]$$

$$= \frac{48 \times 10^3}{EI_1} + \frac{1}{7.5EI_1}(440 + 3840) \times 10^3 - \frac{48 \times 10^3}{EI_1}$$

$$-\frac{1}{7.5EI_1}(440+7840-1125)\times10^3=-\frac{383.333\times10^3}{EI_1}$$

将各系数和自由项带入力法典型方程后求解，可得

$$X_1=-4.283\text{kN(压力)},X_2=0.280\text{kN(拉力)}$$

按式 $\overline{M}=\overline{M}_1X_1+\overline{M}_2X_2+M_P$ 即可绘制出最后弯矩图如图 5-16（f）所示。

**四、超静定组合结构**

组合结构中既有链杆（轴力杆件）又有梁式杆，计算力法方程的系数和自由项时，对轴力杆件只考虑轴力的影响；对梁式杆通常可忽略轴力和剪力的影响，只考虑弯矩的影响。

**【例 5-4】** 试用力法分析图 5-17（a）所示组合结构。已知其中梁式杆 $EI=1.40\times10^4\text{kN}\cdot\text{m}^2$，$EA=1.99\times10^6\text{kN}$，链杆 $E_1A_1=2.56\times10^5\text{kN}$。

图 5-17

**解** 此组合结构为一次超静定。切断 $DE$ 杆并代以一对多余未知力 $X_1$，可得如图 5-17（b）所示基本体系。可建立力法方程：

$$\delta_{11}X_1+\Delta_{1P}=0$$

绘出单位力作用下基本结构的弯矩、轴力图如图 5-17（c）、（d）所示；绘出荷载作用下基本结构的弯矩、轴力图如图 5-17（e）、（f）所示。

$$\delta_{11} = \sum \int \frac{\overline{M}_1^2 \mathrm{d}s}{EI} + \sum \frac{\overline{F}_{\mathrm{N1}}^2 l}{EA}$$

$$= \frac{1}{EI}\left(\frac{1}{2} \times 2^2 \times \frac{2}{3} \times 2 \times 2 + 2 \times 2 \times 2\right)$$

$$+ \frac{1}{E_1 A_1}\left[(-1)^2 \times 2 \times 2 + 1^2 \times 2 + (\sqrt{2})^2 \times 2\sqrt{2} \times 2\right] + 3 \times \frac{(-1)^2}{EA} \times 2$$

$$= \frac{40}{3EI} + \frac{17.312}{E_1 A_1} + \frac{6}{EA}$$

$$\Delta_{1P} = \sum \int \frac{\overline{M}_1 M_P \mathrm{d}s}{EI}$$

$$= -\frac{1}{EI}\left(\frac{1}{2} \times 2^2 \times \frac{2}{3} \times 220 \times 2 + 2 \times 2 \times 220\right) = -\frac{4400}{3EI}$$

解方程得

$$X_1 = 102.4 \mathrm{kN}$$

用叠加原理绘出结构最终弯矩图如图 5 - 17（g）所示，轴力图如图 5 - 17（h）所示。

## 第五节　支座移动和温度变化时超静定结构计算

如前所述，在静定结构中支座移动、温度改变不会产生内力。与此相反，支座移动、温度改变、材料收缩、制造误差等所有使结构发生变形的因素，都能使超静定结构产生内力。

### 一、支座移动时的计算

【例 5 - 5】　如图 5 - 18（a）所示为一等截面梁 $AB$，左端 $A$ 为固定端，右端 $B$ 为可动铰支座。如果已知左端支座发生角位移 $\theta$，右端支座下沉 $a$，试求梁的内力。

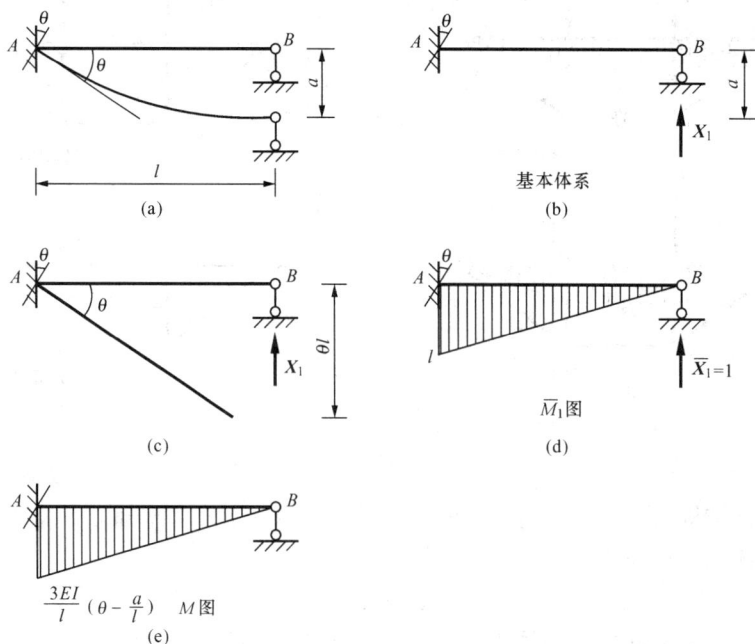

图 5 - 18

**解**　此梁为一次超静定，去掉支座 $B$ 处的链杆并代以多余未知力 $X_1$，可得如图 5 - 18（b）所示基本体系。已知原结构在 $B$ 端的位移为 $a$，方向与 $X_1$ 相反，故力法方程为

$$\delta_{11}X_1 + \Delta_{1c} = -a$$

式中的自由项 $\Delta_{1c}$ 是当支座 $A$ 产生转角 $\theta$ 时在基本结构中产生的沿 $X_1$ 方向的位移。由图 5 - 18（c）、（d）可得

$$\Delta_{1c} = -\theta l$$

$$\delta_{11} = \frac{1}{EI}\left(\frac{1}{2} \times l^2 \times \frac{2}{3}l\right) = \frac{l^3}{3EI}$$

解方程得

$$X_1 = \frac{3EI}{l^2}\left(\theta - \frac{a}{l}\right)$$

因为基本结构是静定结构，支座移动在基本结构中不引起内力，因此可按下式绘出最终弯矩图如图 5 - 18（e）。

$$M = \overline{M}_1 X_1$$

### 二、温度改变时的计算

**【例 5 - 6】**　如图 5 - 19（a）所示刚架，外侧温度降低 5℃，内侧温度升高 15℃，$EI$ 和 $h$ 都是常数，试绘制刚架的最后弯矩图。

图 5 - 19

**解**　此刚架为一次超静定，取基本体系如图 5 - 19（b）所示。典型方程为

$$\delta_{11}X_1 + \Delta_{1t} = 0$$

式中的自由项 $\Delta_{1t}$ 是温度改变时在基本结构中产生的沿 $X_1$ 方向的位移。

绘出 $\overline{F}_{N1}$ 和 $\overline{M}_1$ 图，如图 5 - 19（c）、（d）所示，计算系数和自由项：

$$\delta_{11} = \frac{1}{EI}\left(l^2 \times l + \frac{l^2}{2} \times \frac{2}{3}l\right) = \frac{4l^3}{3EI}$$

$$\Delta_{1t} = \sum \alpha \cdot t_0 \int \overline{F}_{N1}\,ds + \sum \alpha \frac{\Delta t}{h} \int \overline{M}\,ds$$

$$= -1 \times \alpha \times \frac{15-5}{2} \times l - \alpha \times \frac{15-(-5)}{h}\left(l^2 + \frac{l^2}{2}\right) = -5\alpha \times l\left(1 + \frac{6l}{h}\right)$$

解方程得

$$X_1 = \frac{15\alpha EI}{4l^2}\left(1 + \frac{6l}{h}\right)$$

按式 $M = \overline{M}_1 X_1$ 绘出最终弯矩图，如图 5 - 19（e）所示。

通过对以上两例计算结果的分析可知：支座位移和温度改变会在超静定结构上产生内力，而且，随着结构杆件截面尺寸的增大而增大。因此，在实际工程中要注意支座沉降和温度改变对结构的负面影响，必要时应采取相应措施减小其影响。

## 第六节　力法中对称性的利用

在实际工程中，很多结构具有对称性。图 5 - 20 所示是一些具有对称性的结构的例子。所谓对称结构，就是指：

图 5 - 20

（1）结构的几何形式和支承情况对某轴对称；

（2）杆件截面和材料性质也对此轴对称。

与此相对应，所谓正对称荷载是指将结构的计算简图沿对称轴对折后，结构两部分上的荷载完全重合（作用点对应、数值相等、方向相同）；反对称荷载是指结构两部分上的荷载重合但方向相反（作用点对应、数值相等、方向相反）。

利用对称性可以使力法分析过程得到简化，这主要体现在以下三个方面。

1. 对称的基本结构

在计算对称结构时，选取对称的基本结构，并取对称或反对称的多余未知力作为基本未知量，可以使计算简化。这是因为在对称的基本结构上，单位内力图有可能成为正对称或反对称的图形，从而使得一部分副系数等于零，这就简化了力法方程的求解。

如图 5 - 21（a）所示为对称的三次超静定刚架。现将 CD 杆在中点切断，代以相应的多余未知力，便得到对称的基本结构，其基本体系如图 5 - 21（b）所示。根据切口处两侧截面的相对位移等于零的条件，可建立力法典型方程：

$$\left.\begin{array}{l} \delta_{11}X_1 + \delta_{12}X_2 + \delta_{13}X_3 + \Delta_{1P} = 0 \\ \delta_{21}X_1 + \delta_{22}X_2 + \delta_{23}X_3 + \Delta_{2P} = 0 \\ \delta_{31}X_1 + \delta_{32}X_2 + \delta_{33}X_3 + \Delta_{3P} = 0 \end{array}\right\}$$

图 5 - 21

基本结构在荷载和各单位多余未知力作用下的弯矩图如图 5 - 21 （c）、（d）、（e）、（f）所示。

由于其中 $X_1$ 和 $X_3$ 是正对称的力，所以 $\overline{M}_1$ 和 $\overline{M}_3$ 都是正对称的图形；$X_2$ 是反对称的力，所以 $\overline{M}_2$ 是反对称的图形。因此有

$$\delta_{12} = \delta_{21} = 0, \delta_{23} = \delta_{32} = 0$$

因此，典型方程简化为

$$\left.\begin{aligned}
\delta_{11}X_1 + \delta_{13}X_3 + \Delta_{1P} &= 0 \\
\delta_{22}X_2 + \Delta_{2P} &= 0 \\
\delta_{31}X_1 + \delta_{33}X_3 + \Delta_{3P} &= 0
\end{aligned}\right\}$$

由此可见，选取对称的基本结构不仅简化了系数的计算，同时也简化了联立方程的求解过程。

2. 荷载的对称

如前所述，选取对称的基本结构，并取对称的基本未知力可以使力法方程中一部分副系数等于零。同理，如果作用在原结构上的荷载也是对称的，则可以使一部分自由项等于零，从而进一步简化了计算。

如图 5 - 22 （a） 所示为对称的三次超静定刚架，所受荷载是对称的。在杆 $CD$ 的中点切断，基本体系如图 5 - 22 （b） 所示。基本结构在单位未知力作用下的弯矩图如图 5 - 22 （c）、（d）、（e） 所示，荷载弯矩图如图 5 - 22 （f） 所示。

可写出力法方程如下：

$$\left.\begin{aligned}
\delta_{11}X_1 + \delta_{12}X_2 + \delta_{13}X_3 + \Delta_{1P} &= 0 \\
\delta_{21}X_1 + \delta_{22}X_2 + \delta_{23}X_3 + \Delta_{2P} &= 0 \\
\delta_{31}X_1 + \delta_{32}X_2 + \delta_{33}X_3 + \Delta_{3P} &= 0
\end{aligned}\right\}$$

图 5 - 22

由于 $\overline{M}_1$、$\overline{M}_3$、$M_P$ 正对称，$\overline{M}_2$ 反对称，所以有：

$$\delta_{12} = \delta_{21} = 0, \ \delta_{23} = \delta_{32} = 0, \ \Delta_{2P} = 0$$

力法方程简化为

$$\left. \begin{array}{l} \delta_{11}X_1 + \delta_{13}X_3 + \Delta_{1P} = 0 \\[2mm] \delta_{22}X_2 = 0 \\[2mm] \delta_{31}X_1 + \delta_{33}X_3 + \Delta_{3P} = 0 \end{array} \right\}$$

可得 $X_2 = 0$。

由此可知：对称结构在正对称荷载作用下，对称轴上只存在正对称的未知力。

假若图 5 - 22（a）所示对称刚架承受反对称荷载，则可知 $\overline{M}_1$、$\overline{M}_3$ 正对称，$\overline{M}_2$、$M_P$ 反对称，所以有

$$\delta_{12} = \delta_{21} = 0, \ \delta_{23} = \delta_{32} = 0, \ \Delta_{1P} = 0, \Delta_{3P} = 0$$

力法方程简化为

$$\left. \begin{array}{l} \delta_{11}X_1 + \delta_{13}X_3 = 0 \\[2mm] \delta_{22}X_2 + \Delta_{2P} = 0 \\[2mm] \delta_{31}X_1 + \delta_{33}X_3 = 0 \end{array} \right\}$$

可得 $X_1 = 0$，$X_3 = 0$。

故得出结论：对称结构在反对称荷载作用下，对称轴上只存在反对称的未知力。

如果作用在结构上的荷载是非对称的，则可以将其分解为正对称的和反对称的荷载，然后分别计算，最后再把所得结果进行叠加即可。如图 5 - 23（a）所示非对称荷载等于图

5 - 23（b）所示正对称荷载与 5 - 23（c）所示反对称荷载的叠加。

图 5 - 23

3. 半刚架法

根据对称结构在正对称荷载和反对称荷载作用下的内力和变形的特性，可取对称结构的一半来进行计算。

（1）奇数跨结构承受正对称荷载。如图 5 - 24（a）所示刚架在正对称荷载作用下，根据前面的分析可知：在对称轴上的截面 $K$ 上将有弯矩和轴力，但无剪力；而且由于其变形是正对称的，在该截面处无转角和水平线位移产生，但可有竖向线位移。因此，可把原结构在 $K$ 截面处截开，用定向支座代替原有约束，如图 5 - 24（b）所示。

图 5 - 24　　　　　　　　　　　　图 5 - 25

（2）奇数跨结构承受反对称荷载。如图 5 - 25（a）所示刚架受反对称荷载，在对称轴上的截面 $K$ 上有剪力，没有弯矩和轴力；而且，在该截面处没有竖向线位移，但有水平位移和转角。因此，截取一半结构计算，用可动铰支座代替原有约束，如图 5 - 25（b）所示。

（3）偶数跨结构承受正对称荷载。如图 5 - 26（a）所示刚架，在对称轴上 $K$ 处，将无任何位移（忽略柱的轴向变形），故在该处用固定端支座代替，如图 5 - 26（b）所示。

（4）偶数跨结构承受反对称荷载。如图 5 - 27（a）所示刚架，在对称轴上 $K$ 处，将无竖向位移发生。现将整个结构沿对称轴劈开，可得到如图 5 - 27（b）所示的两个刚架。由于荷载反对称，故在两个刚架的立柱上作用大小相等、方向相反的剪力 $F_{QK}$。当不考虑轴向变形的时候，$F_{QK}$ 对其他杆件不产生内力，而只是对称轴两侧的两根竖柱产生大小相等而方向相反的轴力，由于原有中柱的内力是这两根竖柱的内力之和，故 $F_{QK}$ 对原结构的内力和变

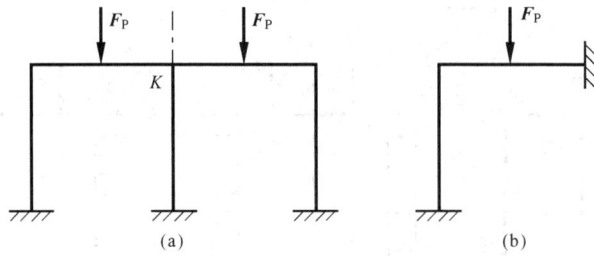

图 5 - 26

形都无影响。于是可将其略去，取一半刚架计算，如图 5 - 27（c）所示。

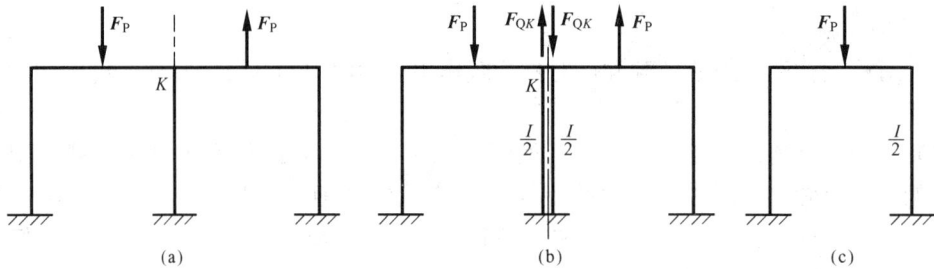

图 5 - 27

　　当按照上述规则取出原对称结构的一半后，即可按解超静定结构的方法作出其内力图，然后再按照对称关系作出另外半边结构的内力图。这种用半个刚架来代替原刚架进行分析的方法就称为半刚架法。

## 第七节　超静定结构的位移计算和内力校核

　　1. 超静定结构的位移计算
　　超静定结构的位移计算，在原理和方法上与静定结构基本相同，仍可采用单位荷载法。由于基本结构在荷载和多余未知力共同作用下与原结构等效，在用力法求出多余未知力后，可将其与原有荷载均看作相应基本结构的外荷载，然后再计算此基本结构的位移。此时，相应的虚拟单位荷载应加在基本结构上。
　　由于基本结构的选取是任意的，所以，在计算位移时，其虚拟状态的内力可由任一基本结构求得。因此，可选取虚拟内力图较简单的基本结构，以简化计算。
　　如图 5 - 28（a）所示刚架，欲求结点 C 的转角。
　　首先，用力法绘出原结构的 M 图，如图 5 - 28（b）所示。然后，选取基本结构并作出虚拟单位力作用下的基本结构的内力图，如图 5 - 28 所示。
　　由图 5 - 28（b）、（c）图乘可得：

$$\varphi_C = \frac{1}{EI_1}\left(\frac{1}{2}\times\frac{3F_P l}{40}\times l\times 1 - \frac{1}{2}\times\frac{3F_P l}{80}\times l\times 1\right) = \frac{3F_P l^2}{160EI_1}(\curvearrowright)$$

图 5 - 28

也可选取基本结构如图 5 - 28（d）所示，由图 5 - 28（b）、（d）图乘可得：

$$\varphi_C = \frac{1}{2EI_1}\left(-\frac{1}{2} \times \frac{3F_Pl}{40} \times l \times \frac{2}{3} + \frac{1}{2} \times \frac{F_Pl}{4} \times l \times \frac{1}{2}\right) = \frac{3F_Pl^2}{160EI_1}(\curvearrowright)$$

由以上结果可知，选取如图 5 - 28（c）所示的基本结构进行位移计算更为简便。

如果超静定结构是在荷载作用、支座移动、温度变化等因素的共同影响下，则位移公式为

$$\Delta = \sum \int \frac{\overline{M}M}{EI}\mathrm{d}s + \sum \int \frac{\overline{F}_N F_N}{EA}\mathrm{d}s + \sum \int \frac{k\overline{F}_Q F_Q}{GA}\mathrm{d}s$$

$$+ \sum \int \overline{M}\frac{\alpha \Delta t}{h}\mathrm{d}s + \sum \int \overline{F}_N \alpha \cdot t_0 \mathrm{d}s - \sum \overline{F}_R C_R \tag{5 - 8}$$

式中，$M$、$F_N$、$F_Q$ 为超静定结构在各种外因共同作用下的内力；$\overline{M}$、$\overline{F}_N$、$\overline{F}_Q$ 和 $\overline{F}_R$ 是基本结构在虚拟单位力作用下的内力和支座反力。

2. 内力校核

内力图是结构设计的依据，其重要性不言而喻。因此，计算结束后，应对其进行校核。校核应从两方面进行：平衡条件校核和变形条件校核。

（1）平衡条件的校核。当结构处于平衡状态时，从结构中任意取出的隔离体都应满足平衡条件。对于刚架，通常可以截取任一刚结点，检查其是否满足条件 $\sum M = 0$。此外，也可用截面截取结构的一部分为隔离体，检查隔离体是否满足投影方程。

如图 5 - 29（a）、（b）、（c）所示为用力法解算出的刚架的内力图，现截取结点 B 为隔离体，如图 5 - 29（d）所示，可知其满足 $\sum M_B = 0$ 的平衡条件；如图 5 - 29（e）所示，截

取杆件 $ABC$ 为隔离体，可知其满足 $\sum F_X=0$，$\sum F_Y=0$。

图 5 - 29

（2）变形条件的校核。

用力法求解超静定结构可以大致分为两个步骤：第一，利用变形条件计算多余未知力；第二，用叠加原理计算最后内力。平衡条件校核只能发现第二步中的错误，多余未知力计算是否正确，还要依靠变形条件来校核。

变形条件校核的一般作法是：任意选取一个基本结构的单位弯矩图与最后弯矩图图乘，得到的即为相应多余未知力方向的结构的位移，看是否与实际一致。

例如，校核例 5 - 1 的计算结果是否满足变形条件。现将最后弯矩图、图 5 - 13（d）与 $\overline{M}_1$ 图、图 5 - 13（a）图乘，得到结构在 $B$ 点的水平位移为

$$\Delta_1=\frac{1}{EI_1}\left(\frac{1}{2}\times\frac{3F_Pl}{40}\times l\times\frac{1}{3}l-\frac{1}{2}\times\frac{3F_Pl}{80}\times l\times\frac{2}{3}l\right)=0$$

与实际情况相符。

从理论上讲，对一个 $n$ 次超静定结构应进行 $n$ 次变形条件的校核。但是，通常只需进行几次校核即可。

## 第八节　超静定结构的特性

超静定结构相对与静定结构具有下列特性：

（1）静定结构的全部内力和反力可通过静力平衡条件求出，其值与结构的材料性质和截面尺寸无关；超静定结构的内力和反力只凭静力条件则无法全部确定，必须同时考虑变形条件才能得出，其值与结构的材料性质和截面尺寸有关。

（2）在静定结构中，温度改变、支座移动、制造误差等因素不会引起内力；在超静定结构中，以上因素都可能引起内力。这是因为超静定结构具有多余约束，而多余约束可以限制

以上因素在结构中产生的变形。

（3）超静定结构在多余约束被破坏后，仍可维持几何不变；静定结构在任一约束被破坏后，即变成几何可变体系而不能继续承载。

（4）与静定结构相比，超静定结构的内力分布比较均匀。如图 5 - 30（a）为三跨连续梁，图 5 - 30（b）为相应的三跨静定梁，在相同荷载下，前者的最大挠度及弯矩都较后者为小。

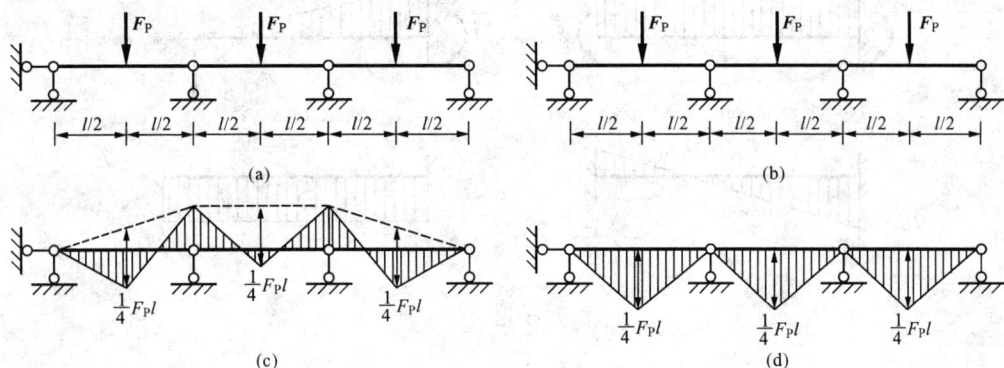

图 5 - 30

## 第九节　等截面单跨超静定梁的杆端内力

在第六章的位移法和第七章的力矩分配法的计算过程中，需要用到单跨超静定梁在荷载作用下以及杆端发生位移时的杆端内力，在这里先用力法将其求出，方便以后使用。

为了表达明确，现规定如下：

（1）对于杆端弯矩在字母 $M$ 的右下角用两个下标标明该弯矩所属的杆件，其中前一个下标表示该弯矩所属杆件的杆端。

（2）杆端弯矩的正负号规定：对杆端而言，弯矩以顺时针方向为正；对结点或支座而言，以逆时针方向为正。

（3）杆端剪力的正负号规定与以往相同。

以上规定如图 5 - 31 所示。

图 5 - 31

按照支座类型的不同，等截面单跨超静定梁一般可分为三类：两端固定；一端固定一端铰支；一端固定一端定向支座。下面仅以两端固定超静定梁为例，其他形式可同理求出。

1. 由杆端位移引起的杆端内力

如图 5 - 32（a）所示等截面两端固定梁，固定端 $A$ 顺时针转动一角度 $\varphi_A$，计算其内力。

取如图 5 - 32（b）所示基本体系，力法典型方程为

$$\left.\begin{array}{l}\delta_{11}X_1+\delta_{12}X_2+\Delta_{1c}=0\\\delta_{21}X_1+\delta_{22}X_2+\Delta_{2c}=0\end{array}\right\}$$

作出单位弯矩图 $\overline{M}_1$、$\overline{M}_2$ 如图 5 - 32（c）、（d）所示，可计算出系数及自由项：

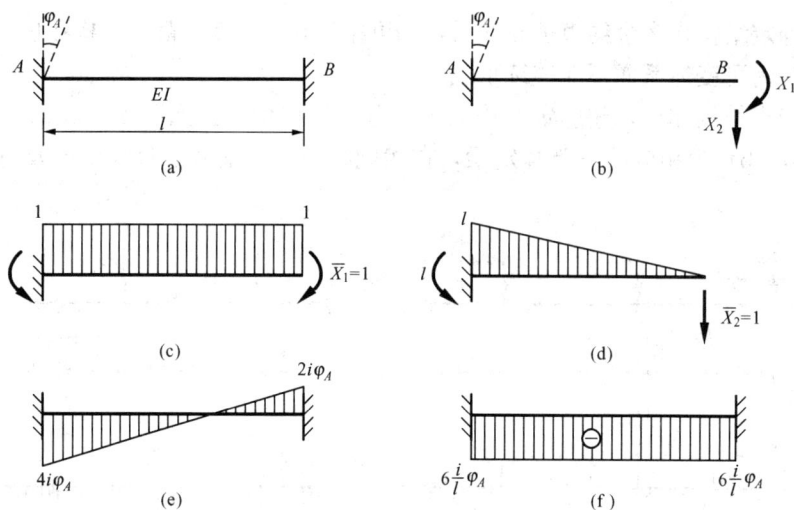

图 5 - 32

$$\delta_{11} = \frac{1}{EI}(1 \times l \times 1) = \frac{l}{EI}, \delta_{22} = \frac{1}{EI}\left(\frac{1}{2}l^2 \times \frac{2}{3}l\right) = \frac{l^3}{3EI}$$

$$\delta_{12} = \delta_{21} = \frac{1}{EI}\left(\frac{1}{2}l^2 \times 1\right) = \frac{l^2}{2EI}$$

$$\Delta_{1c} = -\sum \overline{R}_c = -(-1 \times \varphi_A) = \varphi_A, \Delta_{2c} = -\sum \overline{R}_c = -(-l\varphi_A) = l\varphi_A$$

解得

$$X_1 = \frac{2EI}{l}\varphi_A, X_2 = -\frac{6EI}{l^2}\varphi_A$$

即

$$M_{BA} = \frac{2EI}{l}\varphi_A, F_{QBA} = -\frac{6EI}{l^2}\varphi_A$$

由静力平衡条件可求得

$$M_{AB} = \frac{4EI}{l}\varphi_A, F_{QAB} = -\frac{6EI}{l^2}\varphi_A$$

为了方便起见，令 $i = \dfrac{EI}{l}$，称其为杆件的线刚度。最后内力图如图 5 - 32(e)、(f) 所示。

又如图 5 - 33（a）所示等截面两端固定梁，在垂直于梁轴方向两支座发生相对线位移 $\Delta_{AB}$，同样可用力法作出其弯矩图和剪力图如图 5 - 33（b）、（c）所示。

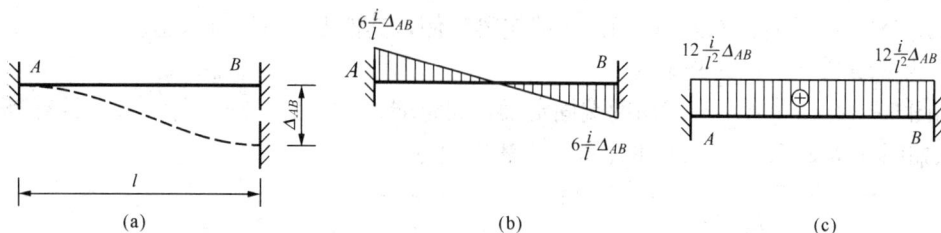

图 5 - 33

**2. 由荷载引起的杆端内力**

对单跨超静定梁仅由于荷载作用所产生的杆端弯矩，通常称之为固端弯矩，并以 $M_{AB}^F$ 和 $M_{BA}^F$ 表示；相应的杆端剪力称为固端剪力，以 $F_{QAB}^F$ 和 $F_{QBA}^F$ 表示。

如图 5 - 34（a）所示两端固定梁承受集中荷载，取基本体系如图 5 - 34（b）所示，绘出 $\overline{M}_1$、$\overline{M}_2$、$M_P$ 图如图 5 - 34（c）、（d）、（e）所示，最后内力图如图 5 - 34（f）、（g）所示。

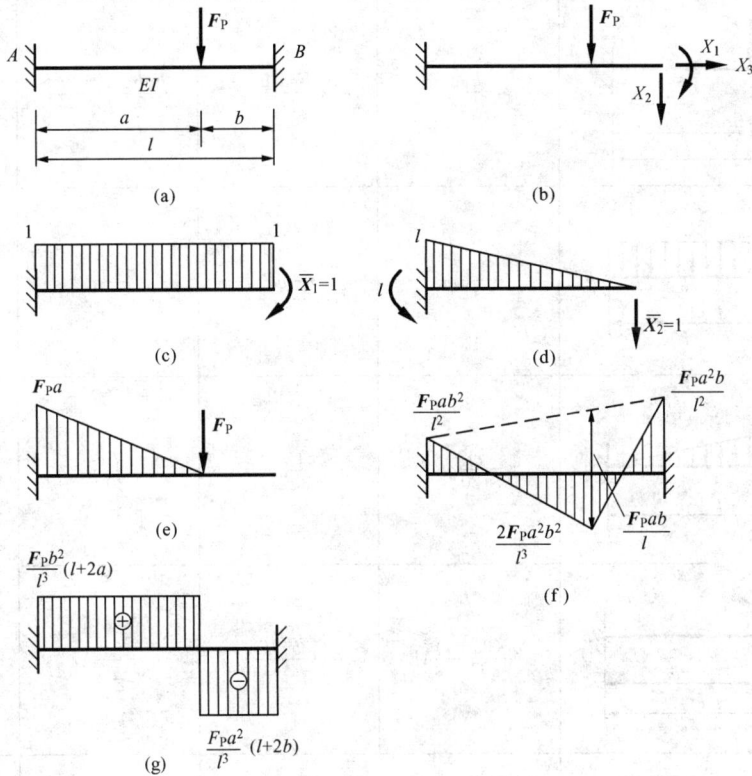

图 5 - 34

为了便于今后使用，将两端固定梁、一端固定另一端铰支梁和一端固定另一端定向支承梁在荷载以及支座移动作用下的杆端内力数值列于表 5 - 1 中。

**表 5 - 1**                   **等截面单跨超静定梁的杆端弯矩和剪力**

| 编号 | 梁 的 简 图 | 弯 矩 | | 剪 力 | |
|---|---|---|---|---|---|
| | | $M_{AB}$ | $M_{BA}$ | $F_{QAB}$ | $F_{QBA}$ |
| 1 |  | $\dfrac{4EI}{l}=4i$ | $\dfrac{2EI}{l}=2i$ | $-\dfrac{6EI}{l^2}=-6\dfrac{i}{l}$ | $-\dfrac{6EI}{l^2}=-6\dfrac{i}{l}$ |

| 编号 | 梁 的 简 图 | 弯　矩 | | 剪　力 | |
|---|---|---|---|---|---|
| | | $M_{AB}$ | $M_{BA}$ | $F_{QAB}$ | $F_{QBA}$ |
| 2 | | $-\dfrac{6EI}{l^2}=-6\dfrac{i}{l}$ | $-\dfrac{6EI}{l^2}=-6\dfrac{i}{l}$ | $\dfrac{12EI}{l^3}=12\dfrac{i}{l^2}$ | $\dfrac{12EI}{l^3}=12\dfrac{i}{l^2}$ |
| 3 | | $-\dfrac{F_Pab^2}{l^2}$ | $\dfrac{F_Pa^2b}{l^2}$ | $\dfrac{F_Pb^2\,(l+2a)}{l^3}$ | $-\dfrac{F_Pa^2\,(l+2b)}{l^3}$ |
| 4 | | $-\dfrac{1}{12}ql^2$ | $\dfrac{1}{12}ql^2$ | $\dfrac{1}{2}ql$ | $-\dfrac{1}{2}ql$ |
| 5 | | $-\dfrac{1}{20}ql^2$ | $\dfrac{1}{30}ql^2$ | $\dfrac{7}{20}ql$ | $-\dfrac{3}{20}ql$ |
| 6 | | $\dfrac{b\,(3a-l)}{l^2}M$ | $\dfrac{a\,(3b-l)}{l^2}M$ | $-\dfrac{6ab}{l^3}M$ | $-\dfrac{6ab}{l^3}M$ |
| 7 | | $\dfrac{3EI}{l}=3i$ | | $-\dfrac{3EI}{l^2}=-3\dfrac{i}{l}$ | $-\dfrac{3EI}{l^2}=-3\dfrac{i}{l}$ |
| 8 | | $-\dfrac{3EI}{l^2}=-3\dfrac{i}{l}$ | | $\dfrac{3EI}{l^3}=3\dfrac{i}{l^2}$ | $\dfrac{3EI}{l^3}=3\dfrac{i}{l^2}$ |
| 9 | | $-\dfrac{F_Pab\,(l+b)}{2l^2}$ | | $\dfrac{F_Pb\,(3l^2-b^2)}{2l^3}$ | $-\dfrac{F_Pa^2\,(2l+b)}{2l^3}$ |

| 编号 | 梁 的 简 图 | 弯　　矩 | | 剪　　力 | |
|---|---|---|---|---|---|
| | | $M_{AB}$ | $M_{BA}$ | $F_{QAB}$ | $F_{QBA}$ |
| 10 | | $-\dfrac{1}{8}ql^2$ | | $\dfrac{5}{8}ql$ | $-\dfrac{3}{8}ql$ |
| 11 | | $-\dfrac{1}{15}ql^2$ | | $\dfrac{4}{10}ql$ | $-\dfrac{1}{10}ql$ |
| 12 | | $-\dfrac{7}{120}ql^2$ | | $\dfrac{9}{40}ql$ | $-\dfrac{11}{40}ql$ |
| 13 | | $\dfrac{l^2-3b^2}{2l^2}M$ | | $-\dfrac{3(l^2-b^2)}{2l^3}M$ | $-\dfrac{3(l^2-b^2)}{2l^3}M$ |
| 14 | | $\dfrac{EI}{l}=i$ | $-\dfrac{EI}{l}=-i$ | | |
| 15 | | $-\dfrac{F_{P}a(l+b)}{2l}$ | $-\dfrac{F_{P}a^2}{2l}$ | $F_{P}$ | |
| 16 | | $-\dfrac{1}{3}ql^2$ | $-\dfrac{1}{6}ql^2$ | $ql$ | |

3. 等截面单跨超静定梁的转角位移方程

当单跨超静定梁受到各种荷载以及支座移动的共同作用时，其杆端内力可根据叠加原理，由表 5-1 中相应各栏的值叠加而得。

（1）两端固定梁。杆端弯矩的一般公式为

$$\left.\begin{aligned} M_{AB} &= 4i\varphi_A + 2i\varphi_B - 6i\frac{\Delta_{AB}}{l} + M_{AB}^F \\ M_{BA} &= 2i\varphi_A + 4i\varphi_B - 6i\frac{\Delta_{AB}}{l} + M_{BA}^F \end{aligned}\right\} \tag{5-9}$$

杆端剪力的一般公式为

$$\left.\begin{aligned} F_{QAB} &= -6\frac{i}{l}\varphi_A - 6\frac{i}{l}\varphi_B + 12\frac{i}{l}\cdot\frac{\Delta_{AB}}{l} + F_{QAB}^F \\ F_{QBA} &= -6\frac{i}{l}\varphi_A - 6\frac{i}{l}\varphi_B + 12\frac{i}{l}\cdot\frac{\Delta_{AB}}{l} + F_{QAB}^F \end{aligned}\right\} \tag{5-10}$$

式（5-9）、式（5-10）习惯上称为两端固定等截面直杆的转角位移方程。

（2）A 端固定、B 端铰支梁。

$$\left.\begin{aligned} M_{AB} &= 3i\varphi_A - 3i\frac{\Delta_{AB}}{l} + M_{AB}^F \\ M_{BA} &= 0 \end{aligned}\right\} \tag{5-11}$$

$$\left.\begin{aligned} F_{QAB} &= -3\frac{i}{l}\varphi_A + 3\frac{i}{l}\cdot\frac{\Delta_{AB}}{l} + F_{QAB}^F \\ F_{QBA} &= -3\frac{i}{l}\varphi_A + 3\frac{i}{l}\cdot\frac{\Delta_{AB}}{l} + F_{QBA}^F \end{aligned}\right\} \tag{5-12}$$

（3）A 端固定、B 端定向支承梁。

$$\left.\begin{aligned} M_{AB} &= i\varphi_A - i\varphi_B + M_{AB}^F \\ M_{BA} &= -i\varphi_A + i\varphi_B + M_{BA}^F \end{aligned}\right\} \tag{5-13}$$

$$\left.\begin{aligned} F_{QAB} &= F_{QAB}^F \\ F_{QBA} &= 0 \end{aligned}\right\} \tag{5-14}$$

注意：上述等截面直杆转角位移方程表达了杆件两端内力与所受荷载以及两端的位移之间的关系。公式中 $\varphi_A$、$\varphi_B$ 的正负号都规定以顺时针方向转动为正，而 $\Delta_{AB}$ 则以使整个杆件顺时针转动为正。

习　　题

5-1　试确定图 5-35 所示结构的超静定次数。

5-2　用力法计算图 5-36 所示超静定梁，并作弯矩图和剪力图。

5-3　用力法计算图 5-37 所示超静定刚架，并作内力图。

5-4　试求图 5-38 所示超静定桁架各杆的内力，各杆 $EA$ 均相同。

图 5 - 35 题 5 - 1 图

图 5 - 36 题 5 - 2 图

图 5 - 37 题 5 - 3 图

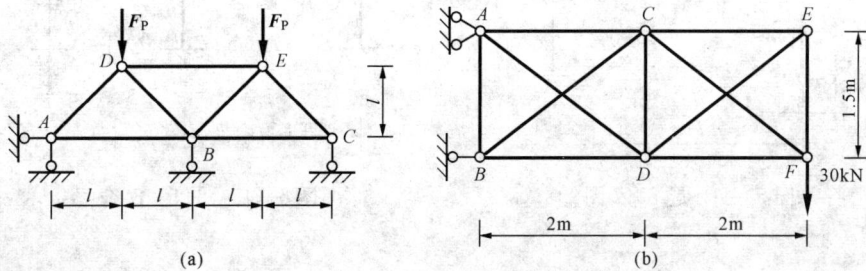

图 5 - 38 题 5 - 4 图

5-5 试分析图 5-39 所示组合结构的内力,求二力杆的轴力并作受弯杆的弯矩图。已知上弦横梁的 $EI=1\times10^4\text{kN}\cdot\text{m}^2$,腹杆和下弦的 $EA=2\times10^5\text{kN}$。

图 5-39 题 5-5 图

5-6 试计算图 5-40 所示排架,并作弯矩图。已知:$I_1:I_2:I_3=1:2:5$

图 5-40 题 5-6 图

5-7 设结构温度改变如图 5-41 所示,试绘制其内力图。设各杆截面为矩形,截面高度为 $h=l/10$,线膨胀系数为 $\alpha$,$EI$ 为常数。

5-8 图 5-42 所示结构的支座 $B$ 发生了水平位移 $a=30\text{mm}$(向右),$b=40\text{mm}$(向下),$\varphi=0.01\text{rad}$,已知各杆的 $I=6400\text{cm}^4$,$E=210\text{GPa}$。试求:(a)作 $M$ 图;(b)求 $D$ 点竖向位移及 $F$ 点水平位移。

图 5-41 题 5-7 图

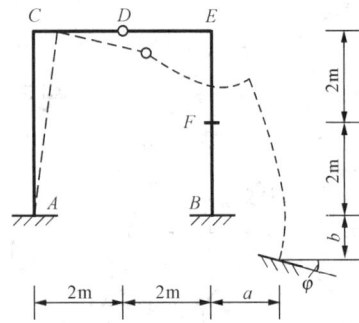

图 5-42 题 5-8 图

5 - 9 利用对称性计算图 5 - 43 所示结构的内力。

图 5 - 43 题 5 - 9 图

# 第六章　位　移　法

## 第一节　位移法基本概念

位移法是超静定结构分析的另一种方法。与力法相比，位移法更适合编制程序，以便使用计算机完成计算过程。

在力法中，我们取结构的多余未知力作为基本未知量，再根据位移条件即可求出多余未知力。而位移法则取位移（包括线位移和角位移）为基本未知量，再根据平衡条件求出位移。因为结构的内力和位移之间具有一定的关系，所以，求得位移后即可确定结构的内力。

下面用简例来说明位移法的基本概念。如图 6-1（a）为一两跨连续梁，在荷载作用下将发生如图所示的变形。该梁可以看成由 $AB$、$BC$ 两根杆件在 $B$ 结点刚性连接而成。因为不考虑受弯杆件的轴向变形，且结点 $B$ 有竖向链杆支承，故结点 $B$ 只发生顺时针的角位移，设其为 $Z_1$。

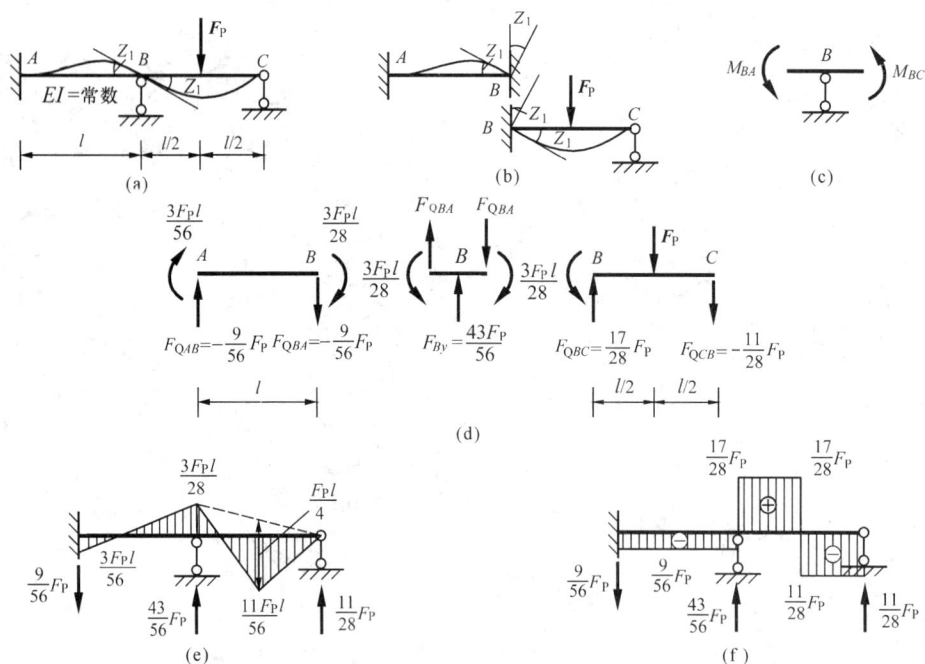

图 6-1

现将原两跨连续梁拆为两根单跨超静定梁 $AB$、$BC$，如图 6-1（b）所示。为与原结构在受力和变形上一致，须使梁 $AB$ 在 $B$ 端发生转角 $Z_1$；使梁 $BC$ 在 $B$ 端发生转角 $Z_1$，并在跨中作用集中荷载 $F_P$。根据转角位移方程式（5-9）、式（5-11）及表 5-1，可写出 $AB$、$BC$ 的杆端弯矩如下：

$$M_{AB} = \frac{2EI}{l}Z_1, \ M_{BA} = \frac{4EI}{l}Z_1$$

$$M_{BC} = \frac{3EI}{l}Z_1 - \frac{3}{16}F_Pl, \ M_{CB} = 0$$

如果 $Z_1$ 为已知，则以上杆端弯矩即可求出。杆端弯矩求出后，则杆的内力即可由平衡条件求出。因此，如何求得结点位移 $Z_1$ 成为解题的关键。

现从原结构中取出结点 $B$ 为研究对象，画受力图如图 6-1 (c) 所示（省略了剪力和轴力）。根据结点 $B$ 的力矩平衡条件可得

$$M_{BA} + M_{BC} = 0$$

将杆端弯矩值代入上式得

$$\left(\frac{4EI}{l} + \frac{3EI}{l}\right)Z_1 - \frac{3}{16}F_Pl = 0$$

解得

$$Z_1 = \frac{3F_Pl^2}{112EI}$$

再将 $Z_1$ 代回原杆端弯矩的表达式中，即可求得各杆的杆端弯矩：

$$M_{AB} = \frac{2EI}{l} \times \frac{3F_Pl^2}{112EI} = \frac{3}{56}F_Pl$$

$$M_{BA} = \frac{4EI}{l} \times \frac{3F_Pl^2}{112EI} = \frac{3}{28}F_Pl$$

$$M_{BC} = \frac{3EI}{l} \times \frac{3F_Pl}{112EI} - \frac{3}{16}F_Pl = -\frac{3}{28}F_Pl$$

$$M_{CB} = 0$$

杆端弯矩求得后，即可由静力平衡条件求出杆端剪力，如图 6-1 (d) 所示。最后绘出原结构的弯矩图和剪力图如图 6-1 (e)、(f) 所示。

又如图 6-2 (a) 所示刚架，在荷载作用下产生如图所示变形。结点 $C$ 发生顺时针的角位移 $Z_1$，同时，结点 $B$、$C$ 发生水平线位移 $Z_2$。现将原刚架拆为三根单跨超静定梁 $AB$、$BC$、$CD$，如图 6-2 (b)、(c)、(d) 所示。

同样，应先求出 $Z_1$、$Z_2$ 这两个基本未知量，然后就能确定全部杆端内力。为此，可取结点 $C$ 为研究对象，见图 6-2 (e)，由 $\sum M_C = 0$ 可得

$$M_{CB} + M_{CD} = 0 \qquad\qquad (a)$$

此外，再截取结构中发生 $Z_2$ 各结点在内的部分为研究对象，列出一个投影方程。在本例中，可沿柱顶截断立柱，取上部为研究对象，如图 6-2 (f) 所示，由 $\sum F_X = 0$ 可得

$$F_{QBA} + F_{QCD} = 0 \qquad\qquad (b)$$

为此，写出杆端内力的表达式：

$$M_{AB} = -3\frac{i}{l}Z_2 - \frac{ql^2}{8}; \ M_{BA} = 0$$

$$M_{CB} = 3iZ_1; \ M_{BC} = 0$$

$$M_{CD} = 4iZ_1 - 6\frac{i}{l}Z_2$$

$$M_{DC} = 2iZ_1 - 6\frac{i}{l}Z_2$$

图 6 - 2

$$F_{QBA} = 3 \frac{i}{l^2} Z_2 - \frac{3}{8} ql$$

$$F_{QCD} = -6 \frac{i}{l} Z_1 + 12 \frac{i}{l^2} Z_2$$

代入式（a）、（b）可解得

$$Z_1 = \frac{3}{92i} ql^2 ; \quad Z_2 = \frac{7}{184i} ql^3$$

将求出的 $Z_1$、$Z_2$ 代回杆端内力表达式，即可求出原刚架的内力。

综上所述，位移法是以结点位移作为基本未知量，并根据平衡条件求解结点位移的。求得结点位移后，即可代回转角位移方程求出杆端内力，绘制内力图。

## 第二节  位移法基本未知量的确定

由上一节的讨论可知，在位移法中是以结点的角位移和独立线位移作为基本未知量的。因此，使用位移法计算超静定结构时，首先应确定结点角位移和线位移的数目。

1. 角位移数目的确定

在梁和刚架中，其每个刚结点都有可能发生角位移。由于汇交于同一刚结点处的各杆杆端转角相同，因此，每个刚结点只有一个角位移作为基本未知量，不因汇交于该结点杆件数目的多少而变化。铰接点处的角位移一般不选作基本未知量。因此，作为基本未知量的角位移数目就等于刚结点的数目。

**2. 独立的结点线位移数目的确定**

对于简单刚架，独立结点线位移数目可直接观察确定。如图 6-3 所示刚架，结点 $D$、$E$、$F$ 在荷载作用下只发生水平线位移而无竖向线位移，而且它们的水平位移值彼此相等。因此，作为基本未知量的独立线位移只有一个，即水平线位移 $\Delta$。

对于较复杂的刚架，可采用"铰化结点，增设链杆"的方法来确定独立结点线位移的数目。即把每一个刚结点（包括固定支座）都换成铰接点，并进行几何组成分析。若得到的体系是几何可变的，则增加链杆使其变为几何不变体系。所需增加的链杆数就等于原结构独立线位移的数目。如图 6-4（a）所示刚架，其铰化结点后的铰接体系经几何组成分析可知，增加三根链杆后就能成为几何不变体系，见图 6-4（b）。因此，该刚架具有三个独立的结点线位移。

图 6-3

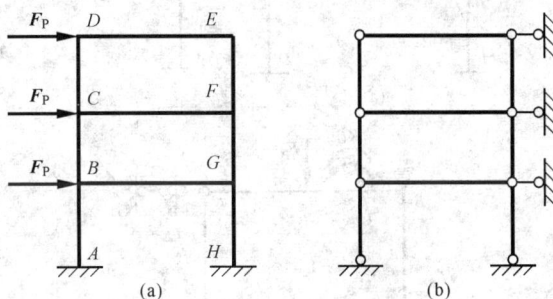

图 6-4

**3. 位移法基本未知量数目的确定**

位移法基本未知量数目应等于结构结点的角位移和独立线位移二者数目之和。

例如，图 6-3 所示刚架，有 $D$、$E$、$F$ 三个刚结点，即有三个角位移，且有一个线位移，故总共有四个基本未知量。图 6-4（a）所示刚架，有 $B$、$C$、$D$、$E$、$F$、$G$ 六个刚结点，即有六个角位移，由图 6-4（b）可知结构有三个线位移，故该结构总共有九个基本未知量。

又如，图 6-5（a）所示刚架，有 $B$、$C$、$D$、$E$、$F$ 五个刚结点，即有五个角位移。铰化结点后需增设三根链杆即成为几何不变体系，见图 6-5（b）。故该结构总共有八个基本未知量。

图 6-5

## 第三节  位移法典型方程

以上介绍了直接利用平衡条件建立位移法基本方程的原理，下面介绍通过位移法的基本体系建立位移法典型方程的方法。

如图 6-6（a）所示刚架，具有两个基本未知量：结点 $B$ 的角位移 $Z_1$ 和结点 $B$、$C$ 的水

平线位移 $Z_2$。为使原结构的各杆都成为单跨超静定梁，可在刚结点 $B$ 处加一个控制该结点转动但不能控制移动的约束，并用"▽"表示，称之为附加刚臂；又在结点 $C$ 处加上一个控制该结点沿水平方向移动但不能控制转动的附加链杆，得到如图 6 - 6（b）所示的结构。这种处于约束状态的结构称为位移法的基本结构。当施加荷载之后，附加约束中将产生约束力矩 $R_{1P}$ 和约束水平力 $R_{2P}$，如图 6 - 6（c）所示。

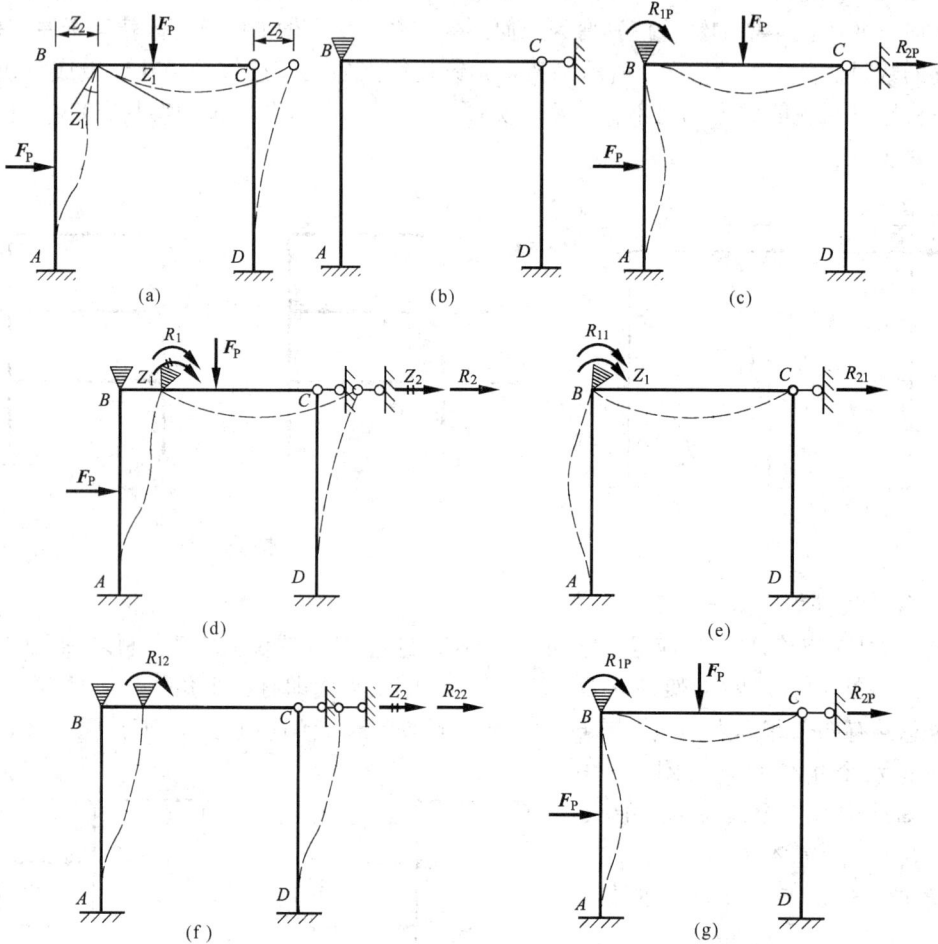

图 6 - 6

设原结构变形后，结点 $B$ 的角位移为 $Z_1$，结点 $B$、$C$ 的水平线位移为 $Z_2$。为反映原结构受力和变形的实际情况，现将原结构上的荷载作用于基本结构上，并放松结点 $B$、$C$ 处的刚臂和链杆，使结点 $B$ 处的刚臂转动 $Z_1$，结点 $C$ 处的链杆发生水平位移 $Z_2$，设此时附加约束中产生的约束力矩为 $R_1$，水平约束力为 $R_2$，如图 6 - 6（d）所示（称为位移法的基本体系）。此时，基本体系中各杆的受力情况和变形情况与原结构完全一致，附加约束不再起作用，即有 $R_1 = 0$、$R_2 = 0$。

利用叠加原理，可把附加约束的约束力 $R_1$、$R_2$ 看作是在荷载及结点位移 $Z_1$、$Z_2$ 分别作用下产生的约束力之和，如图 6 - 6（d）、（e）、（f）、（g）所示。则有：

$$
\left.\begin{aligned}
R_1 &= R_{11} + R_{12} + R_{1P} = 0 \\
R_2 &= R_{21} + R_{22} + R_{2P} = 0
\end{aligned}\right\} \tag{a}
$$

式中 $R_{11}$、$R_{21}$ 为附加刚臂单独转动 $Z_1$ 时，分别在附加刚臂和附加链杆中所引起的反力矩和反力；$R_{12}$、$R_{22}$ 为附加链杆单独移动 $Z_2$ 时，分别在附加刚臂和附加链杆中所引起的反力矩和反力；$R_{1P}$、$R_{2P}$ 为荷载单独作用时在附加刚臂和附加链杆中所引起的反力矩和反力。在 $R_{ij}$ 的两个下标中，第一个下标表示该反力矩或反力的作用处，第二个下标表示产生该反力矩或反力的原因。

设在基本结构中由于附加刚臂单独发生单位角位移 $\bar{Z}_1 = 1$、附加链杆单独发生单位水平位移 $\bar{Z}_2 = 1$ 时在附加刚臂中产生的反力矩分别为 $r_{11}$ 和 $r_{12}$，在附加链杆中产生的反力分别为 $r_{21}$ 和 $r_{22}$，则式（a）可写成：

$$
\left.\begin{aligned}
r_{11}Z_1 + r_{12}Z_2 + R_{1P} &= 0 \\
r_{21}Z_1 + r_{22}Z_2 + R_{2P} &= 0
\end{aligned}\right\} \tag{b}
$$

这就是位移法的基本方程，又称为位移法的典型方程。

对于具有 $n$ 个独立结点位移的结构，共有 $n$ 个基本未知量，需增设 $n$ 个附加约束，根据每一个附加约束的约束反力应等于零的条件，可建立 $n$ 个方程。这时位移法方程可写成：

$$
\left.\begin{aligned}
&r_{11}Z_1 + r_{12}Z_2 + \cdots + r_{1i}Z_i + \cdots + r_{1n}Z_n + R_{1P} = 0 \\
&r_{21}Z_1 + r_{22}Z_2 + \cdots + r_{2i}Z_i + \cdots + r_{2n}Z_n + R_{2P} = 0 \\
&\cdots\cdots\cdots\cdots\cdots\cdots\cdots\cdots\cdots\cdots\cdots\cdots\cdots\cdots\cdots \\
&r_{i1}Z_1 + r_{i2}Z_2 + \cdots + r_{ii}Z_i + \cdots + r_{in}Z_n + R_{iP} = 0 \\
&\cdots\cdots\cdots\cdots\cdots\cdots\cdots\cdots\cdots\cdots\cdots\cdots\cdots\cdots\cdots \\
&r_{n1}Z_1 + r_{n2}Z_2 + \cdots + r_{ni}Z_i + \cdots + r_{nn}Z_n + R_{nP} = 0
\end{aligned}\right\} \tag{6-1}
$$

式中 $r_{ii}(i = 1, 2, \cdots, n)$ 称为主系数，它表示基本结构仅在附加约束 $i$ 发生单位位移时在附加约束 $i$ 上产生的约束反力；$r_{ij}(i \neq j)$ 称为副系数，它表示基本结构仅在附加约束 $j$ 发生单位位移时在附加约束 $i$ 上产生的约束反力，根据反力互等定理，必有 $r_{ij} = r_{ji}$；$R_{iP}(i = 1, 2, \cdots, n)$ 称为自由项，它表示在基本结构上仅有荷载作用时，在附加约束 $i$ 上产生的约束反力。它们的正负号规定为：凡与所属附加约束所设位移方向一致的为正。显然，主系数恒为正，副系数可以是正、负或零。

根据 $\bar{Z}_i = 1$ 及荷载分别单独作用在基本结构上的弯矩图（$\bar{M}_i$ 及 $M_P$）及隔离体的平衡条件，可以求出系数及自由项的值。将各系数及自由项的值代入位移法典型方程，即可求出各结点的位移值。

**【例 6-1】** 利用位移法典型方程计算图 6-7（a）所示刚架。

**解**

（1）基本未知量。

图 6-7（a）所示刚架没有结点线位移，只有刚结点 $B$、$C$ 的角位移作为基本未知量，分别用 $Z_1$、$Z_2$ 表示。

（2）基本结构。

在原结构 $B$、$C$ 两刚结点处加刚臂，构成基本结构，如图 6-7（b）所示。

（3）位移法方程。

根据刚臂 $B$、$C$ 的总约束力矩为零的条件，建立位移法典型方程：

(a)

(b) 基本结构

(c) $\overline{M}_1$图

(d) $\overline{M}_2$图

(e) $M_P$图(kN·m)

(f) $M$图(kN·m)

图 6 - 7

$$\left.\begin{array}{l} r_{11}Z_1 + r_{12}Z_2 + R_{1P} = 0 \\ r_{21}Z_1 + r_{22}Z_2 + R_{2P} = 0 \end{array}\right\}$$

（4）计算系数和自由项。

分别作出基本结构在 $\overline{Z}_1 = 1$、$\overline{Z}_2 = 1$ 和荷载单独作用下的 $\overline{M}_1$、$\overline{M}_2$、$\overline{M}_P$ 图，如图 6 - 7 （c）、（d）、（e）所示。

在 $\bar{M}_1$ 图中，由结点 $B$ 的平衡条件可求得

$$r_{11} = \frac{12EI}{5} + 2EI + \frac{16EI}{5} = \frac{38EI}{5}$$

由结点 $C$ 的平衡条件可求得

$$r_{21} = \frac{8}{5}EI$$

在 $\bar{M}_2$ 图中，由结点 $B$ 的平衡条件可求得

$$r_{12} = \frac{8}{5}EI$$

由结点 $C$ 的平衡条件可求得

$$r_{22} = \frac{16}{5}EI + 2EI = \frac{26}{5}EI$$

可见，$r_{12} = r_{21} = \frac{8}{5}EI$，满足反力互等定理。

在 $M_P$ 图中，由结点 $B$ 的平衡条件可求得

$$R_{1P} = 30 - 25 = 5$$

由结点 $C$ 的平衡条件可求得

$$R_{2P} = 25 - 26 = -1$$

（5）求解基本未知量。

将求得的系数和自由项代入位移法典型方程，得

$$\left. \begin{array}{l} \dfrac{38EI}{5}Z_1 + \dfrac{8EI}{5}Z_2 + 5 = 0 \\[2mm] \dfrac{8EI}{5}Z_1 + \dfrac{26EI}{5}Z_2 - 1 = 0 \end{array} \right\}$$

解得

$$Z_1 = -\frac{0.747}{EI}, \quad Z_2 = \frac{0.422}{EI}$$

（6）作弯矩图。

利用叠加原理有：$M = \bar{M}_1 Z_1 + \bar{M}_2 Z_2 + M_P$，可作出弯矩图如图 6 - 7（f）所示。

**【例 6 - 2】**　计算图 6 - 8（a）所示刚架。

**解**

（1）基本未知量。

此刚架刚结点 $B$ 除有角位移外，还有水平线位移，将它们作为基本未知量，分别用 $Z_1$、$Z_2$ 表示。

（2）基本结构。

在原结构刚结点 $B$ 处加刚臂，在 $C$ 处加水平链杆，构成基本结构如图 6 - 8（b）所示。各杆的线刚度为 $i = \dfrac{EI}{4}$。

（3）位移法方程。

写出位移法典型方程：

$$\left. \begin{array}{l} r_{11}Z_1 + r_{12}Z_2 + R_{1P} = 0 \\ r_{21}Z_1 + r_{22}Z_2 + R_{2P} = 0 \end{array} \right\}$$

图 6 - 8

（4）求系数及自由项。

分别作出基本结构在 $\bar{Z}_1=1$、$\bar{Z}_2=1$ 和荷载单独作用下的 $\bar{M}_1$、$\bar{M}_2$、$\bar{M}_P$ 图，如图 6 - 8（c）、（d）、（e）所示。

分别从 $\bar{M}_1$、$\bar{M}_2$、$\bar{M}_P$ 图中截取结点 $B$ 为隔离体，并利用平衡条件 $\sum M_B = 0$ 可分别得出

$$r_{11} = 10i, \quad r_{12} = -\frac{3}{2}i, \quad R_{1P} = -40\text{kN} \cdot \text{m}$$

根据反力互等定理，有

$$r_{12} = r_{21} = -\frac{3}{2}i$$

从 $\bar{M}_2$ 图中截取横梁 $ABC$ 为隔离体，见图 6-8 (f)，由 $\sum F_X = 0$，得

$$r_{22} = F_{QBD} = \frac{3}{4}i$$

从 $M_P$ 图中截取横梁 $ABC$ 为隔离体，见图 6-8 (g)，由 $\sum F_X = 0$，得

$$R_{2P} = F_{QBD} = 0$$

（5）求基本未知量。

将求得的系数和自由项代入位移法典型方程，得

$$\left.\begin{array}{r} 10iZ_1 - \dfrac{3}{2}iZ_2 - 40 = 0 \\[2mm] -\dfrac{3}{2}iZ_1 + \dfrac{3}{4}iZ_2 = 0 \end{array}\right\}$$

联立解得

$$Z_1 = \frac{40}{7i}, \quad Z_2 = \frac{80}{7i}$$

（6）作弯矩图。

由公式 $M = \bar{M}_1 Z_1 + \bar{M}_2 Z_2 + M_P$，可作出弯矩图如图 6-8 (h) 所示。

最后，将力法与位移法作一比较，以加深理解。

（1）力法的基本未知量是多余未知力，其数目等于结构的多余约束数目（即超静定次数）；位移法的基本未知量是独立的结点位移，其数目与超静定次数无关。

（2）力法的基本结构是原结构去掉多余约束后得到的静定结构；位移法的基本结构则是在原结构中加入附加约束后得到的单跨超静定梁的组合体系。

（3）在力法中，求解基本未知量的方程是根据原结构的位移条件建立的，体现了原结构的变形协调；在位移法中，求解基本未知量的方程是根据原结构的平衡条件建立的，体现了原结构的静力平衡。

在计算超静定刚架时，可以根据刚架的特点选取适宜的方法。一般而言，超静定次数少但刚结点多、独立线位移多的刚架，采用力法为宜；而超静定次数多、独立结点位移少的刚架，采用位移法为宜。

习　　题

6-1　如图 6-9 所示，试确定下列结构用位移法计算时的基本未知量。

6-2　试用位移法计算图 6-10 所示连续梁，并绘制弯矩图。

6-3　试用位移法计算图 6-11 所示各刚架，并绘制内力图。

6-4　试用位移法计算图 6-12 所示各刚架，并绘制弯矩图。

图 6 - 9　题 6 - 1 图

图 6 - 10　题 6 - 2 图

图 6 - 11　题 6 - 3 图

图 6 - 12　题 6 - 4 图

# 第七章　力矩分配法

## 第一节　力矩分配法的基本概念

众所周知，用力法和位移法计算超静定结构都需要求解联立方程组，当未知量数目较多时，计算工作将十分繁重。本章介绍的力矩分配法是以位移法为基础的一种渐近解法，适于计算连续梁和无侧移刚架。这种方法的特点是不需解联立方程组，就可以直接计算出杆端弯矩。由于方法简便适于手算，所以在电算方法提出以前，是工程设计中常用的方法。

在本章中关于杆端弯矩和角位移的正负号规定与位移法中规定相同。下面首先介绍力矩分配法中的几个名词。

1. 转动刚度 $S$

转动刚度是表示杆端发生单位转角所需施加的力矩。如图 7-1（a）所示杆件 $AB$，$A$ 端为铰支座，$B$ 端为固定支座。当使 $A$

图 7-1

端转动单位转角 $\varphi=1$ 时，在 $A$ 端所需施加的力矩称为 $AB$ 杆在 $A$ 端的转动刚度，并用 $S_{AB}$ 表示，其中第一个下标表示施力端，也称近端；第二个下标表示远端。由于杆件受力情况只与杆件所承受的荷载和杆端位移有关，故图 7-1（a）与图 7-1（b）中所示梁的变形情况、受力状态完全相同。因此，图 7-1（a）中的转动刚度 $S_{AB}$ 与图 7-1（b）中的杆端弯矩 $M_{AB}$ 相等。对于等截面杆件，由表 5-1 可知 $M_{AB}=\dfrac{4EI}{l}=4i$，因此，图 7-1（a）所示 $AB$ 杆 $A$ 端的转动刚度 $S_{AB}=4i$。当远端为不同支承情况时，等截面直杆施力端的转动刚度 $S_{AB}$ 的数值见表 7-1 所示。

表 7-1　　　　　　　　　等截面直杆的杆端转动刚度

| 计 算 简 图 | 远端支承情况 | 转 动 刚 度 |
|---|---|---|
|  | 固定 | $S_{AB}=\dfrac{4EI}{l}=4i$ |
|  | 铰支 | $S_{AB}=\dfrac{3EI}{l}=3i$ |
|  | 定向支承 | $S_{AB}=\dfrac{EI}{l}=i$ |

杆端转动刚度的特点是：与远端支承情况有关，与杆件的线刚度 $i=\dfrac{EI}{l}$ 有关。

2. 分配系数 $\mu$

如图 7-2 (a) 所示刚架，在刚结点 $A$ 处作用顺时针方向的力矩 $M$。在忽略轴向变形的情况下，汇交于结点 $A$ 的各杆在 $A$ 端发生相同的角位移 $\varphi_A$。根据转动刚度的定义，有

$$\left.\begin{array}{l} M_{AB} = S_{AB}\varphi_A \\ M_{AC} = S_{AC}\varphi_A \\ M_{AD} = S_{AD}\varphi_A \end{array}\right\} \tag{a}$$

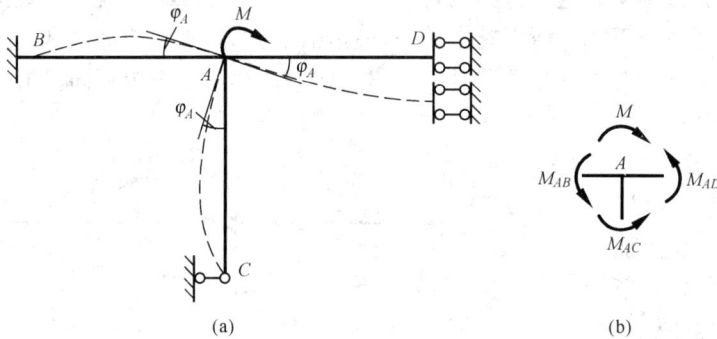

图 7-2

如图 7-2 (b) 所示，利用结点 $A$ 的力矩平衡条件 $\sum M_A = 0$ 得

$$M_{AB} + M_{AC} + M_{AD} = M$$

将式（a）代入上式，得

$$\varphi_A = \frac{M}{S_{AB} + S_{AC} + S_{AD}} = \frac{M}{\sum\limits_A S}$$

其中 $\sum\limits_A S$ 为汇交于结点 $A$ 的各杆 $A$ 端的转动刚度之和。将 $\varphi_A$ 代入式（a），得

$$\left.\begin{array}{l} M_{AB} = \dfrac{S_{AB}}{\sum\limits_A S}M \\[4mm] M_{AC} = \dfrac{S_{AC}}{\sum\limits_A S}M \\[4mm] M_{AD} = \dfrac{S_{AD}}{\sum\limits_A S}M \end{array}\right\} \tag{b}$$

式（b）表明，各杆近端产生的弯矩与该杆杆端的转动刚度成正比，转动刚度越大，则所产生的弯矩越大。

设

$$\mu_{Aj} = \frac{S_{Aj}}{\sum\limits_A S} \tag{7-1}$$

式中的下标 $j$ 为汇交于结点 $A$ 的各杆远端，在图 7-2 (a) 刚架中即为 $B$、$C$、$D$。则式（b）可写成

$$M_{Aj}^{\mu} = \mu_{Aj}M \tag{7-2}$$

由上述可知，作用在结点 $A$ 处的外力矩 $M$，将按比例分配到各杆的近端，故称 $\mu_{Aj}$ 为各杆近端的分配系数，各杆近端弯矩 $M_{Aj}^{\mu}$ 又称为分配弯矩。

分配系数的特点是：分配系数只决定于汇交于该结点的各杆的转动刚度而与其他因素无关；汇交于同一结点的各杆杆端的分配系数之和应等于 1，即

$$\sum \mu_{Aj} = 1$$

3. 传递系数 $C$

在图 7 - 2（a）中，当外力矩 $M$ 作用于结点 $A$ 时，该结点发生角位移 $\varphi_A$，于是各杆的近端和远端都将产生弯矩。我们把远端弯矩与近端弯矩的比值称为由近端至远端的传递系数，用 $C_{Aj}$ 表示，即

$$C_{Aj} = \frac{M_{jA}}{M_{Aj}} \tag{7-3}$$

远端弯矩 $M_{jA}^{C}$ 又称为传递弯矩，可按下式计算：

$$M_{jA}^{C} = C_{Aj}M_{Aj}^{\mu} \tag{7-4}$$

例如，在图 7 - 2（a）中，杆 $AB$ 的远端为固定支座，故 $M_{AB} = 4i_{AB}\varphi_A$，$M_{BA} = 2i_{AB}\varphi_A$，则 $AB$ 杆由 $A$ 至 $B$ 的传递系数为

$$C_{AB} = \frac{M_{BA}}{M_{AB}} = \frac{1}{2}$$

杆 $AC$ 的远端为铰支座，故 $M_{AC} = 3i_{AC}\varphi_A$，$M_{CA} = 0$，则 $AC$ 杆由 $A$ 至 $C$ 的传递系数为

$$C_{AC} = \frac{M_{CA}}{M_{AC}} = 0$$

杆 $AD$ 的远端为定向支座，故 $M_{AD} = i_{AD}\varphi_A$，$M_{DA} = -i_{AD}\varphi_A$，则 $AD$ 杆由 $A$ 至 $D$ 的传递系数为

$$C_{AD} = \frac{M_{DA}}{M_{AD}} = -1$$

由此可知，传递系数与远端的支承情况有关，而与外界作用无关，对于等截面杆，有

$$远端固定：C = \frac{1}{2}$$

$$远端定向支承：C = -1$$

$$远端铰支：C = 0$$

通过前面的分析，对于图 7 - 2（a）所示只有一个刚结点、且只在刚结点处承受力矩 $M$ 作用的刚架，其计算过程分为两步：首先，将作用于结点 $A$ 的外力矩 $M$ 按各杆的分配系数分配给各杆近端，即求出近端弯矩，这一过程称为分配过程；再将近端弯矩乘以传递系数，便得到远端弯矩，称为传递过程。即经过分配和传递就可以求出各杆的杆端弯矩。

对于承受一般荷载作用的只具有一个刚结点的结构，也可以用上述计算过程进行计算。如图 7 - 3（a）所示连续梁，在图示荷载作用下，其变形如图虚线所示。计算时，首先在结点 $B$ 加上一个附加刚臂，限制结点 $B$ 的转动，得到由单跨静定梁组成的基本结构，如图 7 - 3（b）所示。将原荷载作用于基本结构，则各杆件的杆端产生固端弯矩。在本例中，因 $BC$ 跨无荷载作用，故 $M_{BC}^{F} = 0$。此时，在结点 $B$ 处两杆固端弯矩不能相互平衡，故附加刚臂上必定产生约束力矩 $M_{B}^{F}$，其值可由结点 $B$ 的力矩平衡条件求得

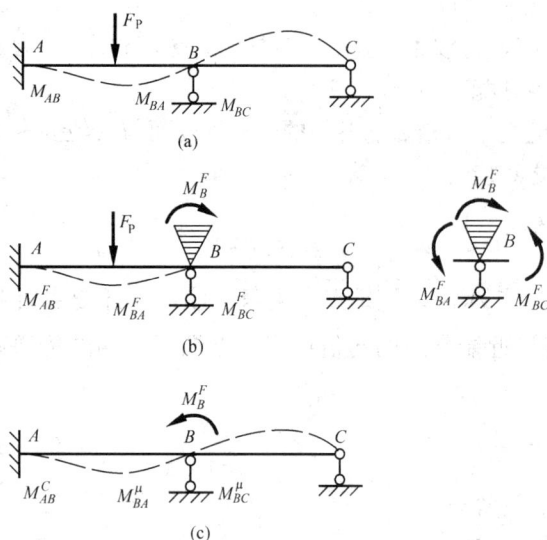

图 7 - 3

$$M_B^F = M_{BA}^F + M_{BC}^F = \sum M_{Bj}^F$$

约束力矩 $M_B^F$ 称为结点 $B$ 上的不平衡力矩，它等于汇交于该结点的各杆端弯矩之代数和，以顺时针方向为正。

在实际状态下，结点 $B$ 处并没有刚臂，也没有约束力矩 $M_B^F$ 作用。因此，放松刚臂，使梁回复到原来的状态，这相当于在结点 $B$ 施加一个与 $M_B^F$ 大小相等、方向相反的外力矩，见图 7 - 3（c）。将图 7 - 3（b）和图 7 - 3（c）所示两种情况相叠加，就得到图 7 - 3（a）所示的实际情况：

$$M_{AB} = M_{AB}^F + M_{AB}^C$$

$$M_{BA} = M_{BA}^F + M_{BA}^\mu$$

$$M_{BC} = M_{BC}^F + M_{BC}^\mu$$

$$M_{CB} = 0$$

其中，固端弯矩 $M_{AB}^F$、$M_{BA}^F$、$M_{BC}^F$ 可由表 5 - 1 查得；分配弯矩 $M_{BA}^\mu$、$M_{BC}^\mu$ 可按式（7 - 2）计算；传递弯矩 $M_{AB}^C$ 可按式（7 - 4）计算。应注意，在计算分配弯矩时，须将式（7 - 2）中的 $M$ 代以 $-M_B^F$，即 $M$ 值等于不平衡力矩反号。

【例 7 - 1】 试用力矩分配法计算图 7 - 4（a）所示连续梁，并绘出弯矩图和剪力图。

图 7 - 4

**解** （1）计算结点 $B$ 处各杆的分配系数。

转动刚度为

$$S_{BA} = 4 \times \frac{EI}{8} = \frac{EI}{2} \qquad S_{BC} = 3 \times \frac{EI}{9} = \frac{EI}{3}$$

分配系数为

$$\mu_{BA} = \frac{\dfrac{EI}{2}}{\dfrac{EI}{2} + \dfrac{EI}{3}} = 0.6 \qquad \mu_{BC} = \frac{\dfrac{EI}{3}}{\dfrac{EI}{2} + \dfrac{EI}{3}} = 0.4$$

且
$$\mu_{BA} + \mu_{BC} = 0.6 + 0.4 = 1$$

可知汇交于结点的各杆分配系数之和等于 1。

（2）在结点 $B$ 施加附加刚臂，按表 5 - 1 计算固端弯矩。

$$M_{AB}^{F} = -\frac{1}{8} \times 100 \times 8 = -100\text{kN} \cdot \text{m}$$

$$M_{BA}^{F} = \frac{1}{8} \times 100 \times 8 = 100\text{kN} \cdot \text{m}$$

$$M_{BC}^{F} = -\frac{1}{8} \times 8 \times 9^{2} = -81\text{kN} \cdot \text{m}$$

$$M_{CB}^{F} = 0$$

结点 $B$ 的不平衡弯矩为
$$M_{B}^{F} = M_{BA}^{F} + M_{BC}^{F} = 19\text{kN} \cdot \text{m}$$

（3）计算分配弯矩与传递弯矩。

分配弯矩为
$$M_{BA}^{\mu} = 0.6 \times (-19) = -11.4\text{kN} \cdot \text{m}$$

$$M_{BC}^{\mu} = 0.4 \times (-19) = -7.6\text{kN} \cdot \text{m}$$

传递弯矩为
$$M_{AB}^{C} = C_{BA}M_{BA}^{\mu} = \frac{1}{2} \times (-11.4) = -5.7\text{kN} \cdot \text{m}$$

$$M_{CB}^{C} = C_{BC}M_{BC}^{\mu} = 0 \times (-7.6) = 0$$

（4）计算杆端最后弯矩。

将以上结果相加，即可得到最后弯矩，如图 7 - 4（a）所示。

（5）作内力图。

根据各杆杆端的最后弯矩，利用叠加法作出连续梁的弯矩图，如图 7 - 4（b）所示；利用平衡条件或微分关系作出剪力图如图 7 - 4（c）所示。

以上计算过程，通常按表 7 - 2 所示格式进行。其中，分配弯矩下面画一横线，表示该结点已达到平衡；在分配弯矩与传递弯矩之间划一水平方向的箭头，表示弯矩传递方向。

| 表 7 - 2 | 力 矩 分 配 法 计 算 表 | | | 单位：kN · m |
|---|---|---|---|---|
| 结　　点 | $A$ | $B$ | | $C$ |
| 杆　　端 | $AB$ | $BA$ | $BC$ | $CB$ |
| 分配系数 | | 0.6 | 0.4 | |
| 固端弯矩 | −100 | 100 | −81 | 0 |
| 分配传递弯矩 | −5.7　← | −11.4 | −7.6　→ | 0 |
| 最后弯矩 | −105.7 | 88.6 | −88.6 | 0 |

图 7 - 5

【例 7 - 2】 试用力矩分配法计算图 7 - 5 所示刚架的各杆端弯矩。

**解** 计算分配系数：

$$\mu_{BA} = \frac{4 \times 2}{4 \times 2 + 4 \times 1.5 + 3 \times 2} = 0.4$$

$$\mu_{BC} = \frac{3 \times 2}{4 \times 2 + 4 \times 1.5 + 3 \times 2} = 0.3$$

$$\mu_{BD} = \frac{4 \times 1.5}{4 \times 2 + 4 \times 1.5 + 3 \times 2} = 0.3$$

计算固端弯矩：

$$M_{AB}^F = -\frac{100 \times 2 \times 3^2}{5^2} = -72 \text{kN} \cdot \text{m}$$

$$M_{BA}^F = \frac{100 \times 2^2 \times 3}{5^2} = 48 \text{kN} \cdot \text{m}$$

$$M_{BC}^F = -\frac{32 \times 5^2}{8} = -100 \text{kN} \cdot \text{m}$$

其余的计算如表 7 - 3 所示。

表 7 - 3 　　　　　　　　　杆 端 弯 矩 计 算 表 　　　　　　弯矩单位：kN • m

| 结 点 | A | B | | | C | D |
|---|---|---|---|---|---|---|
| 杆 端 | AB | BA | BC | BD | CB | DB |
| 分配系数 | | 0.4 | 0.3 | 0.3 | | |
| 固端弯矩 | −72 | 48 | −100 | 0 | 0 | 0 |
| 分配、传递弯矩 | 10.4 | 20.8 | 15.6 | 15.6 | 0 | 7.8 |
| 最后弯矩 | −61.6 | 68.8 | −84.4 | 15.6 | 0 | 7.8 |

## 第二节　力矩分配法计算连续梁和无结点线位移刚架

以上介绍了结构具有一个结点角位移时的力矩分配法。对于具有多个结点角位移的多跨连续梁和无结点线位移刚架，我们可以采用逐次对每个刚结点分配、传递的方法求解。具体作法是：先将所有刚结点固定，计算固端弯矩；然后将各刚结点轮流放松，即每次只放松一个结点，其他结点仍暂时固定，这样把各刚结点的不平衡弯矩轮流进行分配与传递，直到传递弯矩小到可忽略时为止。下面结合具体例子说明。

如图 7 - 6 所示三跨连续梁，在荷载作用下，刚结点 B、C 将发生角位移。设想用附加刚臂锁住结点 B、C，使它们不能转动，可得到由三根单跨超静定梁组成的基本结构，并可求得各杆的固端弯矩如下：

图 7 - 6

$$M_{AB}^F = 0 \qquad\qquad M_{BA}^F = 0$$

$$M_{BC}^F = -\frac{1}{8} \times 200 \times 6 = -150\text{kN} \cdot \text{m}$$

$$M_{CB}^F = \frac{1}{8} \times 200 \times 6 = 150\text{kN} \cdot \text{m}$$

$$M_{CD}^F = -\frac{1}{8} \times 20 \times 6^2 = -90\text{kN} \cdot \text{m}$$

$$M_{DC}^F = 0$$

而在 $B$、$C$ 两结点处的不平衡力矩为

$$M_B^F = M_{BA}^F + M_{BC}^F = -150\text{kN} \cdot \text{m}$$

$$M_C^F = M_{CB}^F + M_{CD}^F = 150 - 90 = 60\text{kN} \cdot \text{m}$$

为消除不平衡力矩，我们先放松结点 $B$，而结点 $C$ 仍为固定。此时，可利用单结点转动的力矩分配法先计算 $ABC$ 部分。汇交于结点 $B$ 的各杆端的分配系数为

$$\mu_{BA} = \frac{4 \times 2}{4 \times 2 + 4 \times 3} = 0.4$$

$$\mu_{BC} = \frac{4 \times 3}{4 \times 2 + 4 \times 3} = 0.6$$

将不平衡力矩 $M_B^F$ 反号后乘以分配系数，可求得结点 $B$ 的各杆端分配弯矩为

$$M_{BA}^\mu = 150 \times 0.4 = 60\text{kN} \cdot \text{m}$$

$$M_{BC}^\mu = 150 \times 0.6 = 90\text{kN} \cdot \text{m}$$

将分配弯矩乘以相应的传递系数，向 $A$、$C$ 二点传递，可求得传递弯矩为

$$M_{AB}^C = 60 \times \frac{1}{2} = 30\text{kN} \cdot \text{m}$$

$$M_{CB}^C = 90 \times \frac{1}{2} = 45\text{kN} \cdot \text{m}$$

这样，就完成了结点 $B$ 的第一次分配、传递，结点 $B$ 暂时平衡。这时，结点 $C$ 仍存在不平衡力矩，其值等于原来荷载作用下产生的不平衡力矩 $M_C^F$ 再加上由于放松结点 $B$ 而传递过来的传递弯矩 $M_{CB}^C$，即

$$M_C^{F'} = M_C^F + M_{CB}^C = 60 + 45 = 105\text{kN} \cdot \text{m}$$

为消除结点 $C$ 处的不平衡弯矩 $M_C^{F'}$，需重新固定结点 $B$，而放松结点 $C$，计算 $BCD$ 部分。汇交于结点 $C$ 的各杆端分配系数为

$$\mu_{CB} = \frac{4 \times 3}{4 \times 3 + 3 \times 4} = 0.5$$

$$\mu_{CD} = \frac{3 \times 4}{4 \times 3 + 3 \times 4} = 0.5$$

分配弯矩为

$$M_{CB}^\mu = -105 \times 0.5 = -52.5\text{kN} \cdot \text{m}$$

$$M_{CD}^\mu = -105 \times 0.5 = -52.5\text{kN} \cdot \text{m}$$

传递弯矩为

$$M_{BC}^C = \frac{1}{2} \times (-52.5) = -26.25\text{kN} \cdot \text{m}$$

$$M_{DC}^C = 0$$

以上完成了结点 $C$ 的第一次力矩分配、传递，结点 $C$ 暂时平衡。至此，完成了力矩分配法的第一轮的计算。但是此时结点 $B$ 上又出现了新的不平衡力矩，其值等于 $M_{BC}^C = -26.25\text{kN} \cdot \text{m}$，不过已比前一次的不平衡力矩（$-150\text{kN} \cdot \text{m}$）小了许多。按照上述完全相同的步骤，继续依次在结点 $B$ 和结点 $C$ 消去不平衡力矩，则不平衡力矩绝对值愈来愈小。经过若干轮以后，传递弯矩小到可以略去不计时，即可停止进行。此时，结构也就非常接近于真实的平衡状态了。最后，把每一杆端的固端弯矩、各次的分配弯矩和传递弯矩相加，即得所求的最后杆端弯矩（表 7 - 4）。

表 7 - 4 　　　　　　　　　　　　**杆 端 弯 矩 计 算 表** 　　　　　　　　弯矩单位：kN·m

| 结点 | $A$ | | $B$ | | | $C$ | | | $D$ |
|---|---|---|---|---|---|---|---|---|---|
| 杆端 | $AB$ | | $BA$ | $BC$ | | $CB$ | $CD$ | | $DC$ |
| 分配系数 | | | 0.4 | 0.6 | | 0.5 | 0.5 | | |
| 固端弯矩 | 0 | | 0 | −150 | | 150 | −90 | | 0 |
| $B$ 第一次分配、传递 | 30 | ← | <u>60</u> | <u>90</u> | → | 45 | | | |
| $C$ 第一次分配、传递 | | | −26.25 | ← | | <u>−52.5</u> | <u>−52.5</u> | | |
| $B$ 第二次分配、传递 | 5.25 | ← | <u>10.50</u> | <u>15.75</u> | → | 7.88 | | | |
| $C$ 第二次分配、传递 | | | −1.97 | ← | | <u>−3.94</u> | <u>−3.94</u> | | |
| $B$ 第三次分配、传递 | 0.40 | ← | <u>0.79</u> | <u>1.18</u> | → | 0.59 | | | |
| $C$ 第三次分配、传递 | | | −0.15 | ← | | <u>−0.3</u> | <u>−0.3</u> | | |
| $B$ 第四次分配、传递 | 0.03 | ← | <u>0.06</u> | <u>0.09</u> | → | 0.05 | | | |
| $C$ 第四次分配、传递 | | | | | | <u>−0.02</u> | <u>−0.02</u> | | |
| 最后弯矩 | 35.68 | | 71.35 | −71.35 | | 146.76 | −146.76 | | 0 |

放松结点的次序并不影响最后结果，为了缩短计算过程，通常从不平衡力矩绝对值较大的结点开始。

上述计算方法同样适用于无结点线位移的刚架。

力矩分配法的计算步骤可归纳如下：

（1）计算汇交于各结点的每一杆端的分配系数并确定传递系数。

（2）计算各杆的杆端弯矩。

（3）轮流放松各结点，每放松一个结点，按分配系数将该结点不平衡力矩反号分配给汇交于该结点的各杆端，求出分配弯矩，再将分配弯矩乘以传递系数，求出远端的传递弯矩。重复运用此步骤，直至不平衡力矩小到可以略去不计为止。

（4）将各杆的固端弯矩、历次的分配弯矩和传递弯矩相加，即得各杆端的最后弯矩。

**【例 7 - 3】** 　试用力矩分配法计算图 7 - 7（a）所示等截面连续梁的各杆端弯矩，并作弯矩图和剪力图，各杆 $EI$ 相同，$EI=$ 常数。

**解** 　此连续梁的悬臂 $EF$ 为一静定部分，根据静力平衡条件可得 $M_{EF} = -40\text{kN} \cdot \text{m}$，$F_{QEF} = 20\text{kN}$。若将该悬臂部分去掉，而将 $M_{EF}$、$F_{QEF}$ 作为外力作用于结点 $E$ 的右侧，见图 7 - 7（b），则可将结点 $E$ 化为铰支端，故：

(a)

(b)

$M$ 图 (kN·m)
(c)

$F_Q$ 图 (kN)
(d)

图 7 - 7

$$\mu_{DC} = \frac{4 \times \dfrac{EI}{6}}{4 \times \dfrac{EI}{6} + 3 \times \dfrac{EI}{4}} = 0.471$$

$$\mu_{DE} = \frac{3 \times \dfrac{EI}{4}}{4 \times \dfrac{EI}{6} + 3 \times \dfrac{EI}{4}} = 0.529$$

计算固端弯矩时，对于 $DE$ 杆，相当于 $D$ 端固定、$E$ 端铰支的单跨梁，其中作用在 $E$ 端的集中力由支座直接承受，在梁内不引起内力，在铰支端 $E$ 处的力矩作用下，$DE$ 杆的固端弯矩为

$$M_{ED}^F = 40 \text{kN} \cdot \text{m}$$

$$M_{DE}^F = \frac{1}{2} \times 40 = 20 \text{kN} \cdot \text{m}$$

其余的固端弯矩可按表 5 - 1 求得。

计算过程见表 7 - 5 中，最后 $M$ 图和 $F_Q$ 图如图 7 - 7 (c)、(d) 所示。

表 7 - 5　　　　　　　　　　　　　　　杆 端 弯 矩 计 算 表　　　　　　　　　弯矩单位：kN·m

| 结　　点 | $A$ | $B$ | | $C$ | | $D$ | | $E$ | |
|---|---|---|---|---|---|---|---|---|---|
| 杆　　端 | $AB$ | $BA$ | $BC$ | $CB$ | $CD$ | $DC$ | $DE$ | $ED$ | $EF$ |
| 分配系数 | | 0.529 | 0.471 | 0.500 | 0.500 | 0.471 | 0.529 | | |
| 固端弯矩 | 0 | 0 | −40 | 40 | −60 | 60 | 20 | 40 | −40 |
| $B$、$D$ 分配传递 | 21.16 | 18.84 | 9.42 | −18.84 | −37.68 | −42.32 | | | |

| 结　点 | A | B | | C | | D | | E | |
|---|---|---|---|---|---|---|---|---|---|
| 杆　端 | AB | BA | BC | CB | CD | DC | DE | ED | EF |
| C 分配传递 | | 7.36 | 14.71 | 14.71 | 7.36 | | | | |
| B、D 分配传递 | | −3.89 | −3.47 | −1.74 | −1.74 | −3.47 | −3.89 | | |
| C 分配传递 | | 0.87 | 1.74 | 1.74 | 0.87 | | | | |
| B、D 分配传递 | | −0.46 | −0.41 | −0.21 | −0.21 | −0.41 | −0.46 | | |
| C 分配传递 | | 0.11 | 0.21 | 0.21 | 0.11 | | | | |
| B、D 分配传递 | | −0.06 | −0.05 | −0.03 | −0.03 | −0.05 | −0.06 | | |
| C 分配传递 | | 0.02 | 0.03 | 0.03 | 0.02 | | | | |
| B、D 分配 | | −0.01 | −0.01 | | | −0.01 | −0.01 | | |
| 最后弯矩 | 0 | 16.74 | −16.74 | 64.13 | −64.13 | 26.74 | −26.74 | 40 | −40 |

**【例 7 - 4】**　　试用力矩分配法计算图 7 - 8（a）所示刚架各杆的杆端弯矩，并作弯矩图，各杆 EI 相同，EI＝常数。

图 7 - 8

**解**　　此刚架只有两个结点角位移，无结点线位移。其计算步骤与计算连续梁完全相同。各杆的线刚度 $i=\dfrac{EI}{4}$。计算分配系数：

$$\mu_{BA}=\frac{4i}{4i+4i}=0.5 \qquad \mu_{BC}=\frac{4i}{4i+4i}=0.5$$

$$\mu_{CB}=\frac{4i}{4i+3i+i}=0.5 \qquad \mu_{CD}=\frac{3i}{4i+3i+i}=0.375$$

$$\mu_{CE}=\frac{i}{4i+3i+i}=0.125$$

计算固端弯矩：

$$M_{BC}^{F}=-\frac{1}{8}\times100\times4=-50\text{kN}\cdot\text{m};M_{CB}^{F}=\frac{1}{8}\times100\times4=50\text{kN}\cdot\text{m}$$

$$M_{CE}^{F}=-\frac{1}{3}\times12\times4^{2}=-64\text{kN}\cdot\text{m};M_{EC}^{F}=-\frac{1}{6}\times12\times4^{2}=-32\text{kN}\cdot\text{m}$$

计算见表 7 - 6。

**表 7-6**　　　　　　　　**杆 端 弯 矩 计 算**　　　　　　弯矩单位：kN·m

| 结　点 | A | B | | C | | | D | E |
|---|---|---|---|---|---|---|---|---|
| 杆　端 | AB | BA | BC | CB | CE | CD | DC | EC |
| 分配系数 | | 0.5 | 0.5 | 0.5 | 0.125 | 0.375 | | |
| 固端弯矩 | | | −50.00 | 50.00 | −64.00 | | | −32.00 |
| B 第一次分配、传递 | 12.50 | 25.00 | 25.00 | 12.50 | | | | |
| C 第一次分配、传递 | | | 0.38 | 0.75 | 0.19 | 0.56 | | −0.19 |
| B 第二次分配、传递 | −0.10 | −0.19 | −0.19 | −0.10 | | | | |
| C 第二次分配、传递 | | | 0.02 | 0.05 | 0.01 | 0.04 | | −0.01 |
| B 第三次分配 | | −0.01 | −0.01 | | | | | |
| 最后杆端弯矩 | 12.40 | 24.80 | −24.80 | 63.20 | −63.80 | 0.60 | 0 | −32.20 |

根据最后杆端弯矩，作出弯矩图如图 7 - 8（b）所示。

## 第三节　超静定结构特性分析

与静定结构相比较，超静定结构具有如下特性：

（1）超静定结构具有多余约束。从几何组成看，多余约束的存在，是超静定结构区别于静定结构的主要特征。由于具有多余约束，超静定结构的全部反力和内力仅凭静力平衡条件是不能求出的，必须考虑变形协调条件。

（2）超静定结构在撤除多余约束后，仍可维持几何不变。静定结构是几何不变且无多余约束的体系，若撤除任何一个约束，它就成为几何可变的机构，从而丧失了承载力；超静定结构在多余约束被破坏后，仍为几何不变体系，因此还有一定的承载能力。与静定结构相比较，超静定结构具有较强的防护能力。

（3）超静定结构的内力和变形分布较均匀。在荷载、跨度、刚度、结构类型相同的情况下，超静定结构的内力峰值和最大挠度一般小于静定结构的相应数值。如图 7 - 9（a）所示的单跨超静定梁的最大弯矩为 $\frac{1}{8}F_P l$，最大挠度为 $\frac{F_P l^3}{192EI}$。而相应的简支梁（图7 - 9b）的最大弯矩 $\frac{1}{4}F_P l$，最大挠度为 $\frac{F_P l^3}{48EI}$。

图 7 - 9

再如图 7 - 10（a）所示三跨连续梁，从跨中荷载 $F_P$ 作用下的弯矩图和变形曲线可以看出，由于两个边跨的支承作用，弯矩和变形都比较均匀；但对于图 7 - 10（b）所示的多跨静定梁，当承受同样的荷载时，两个边跨由于中间铰的存在，不能起到支承作用，所以其弯矩和变形分布十分不均匀。

由此可知，局部荷载对超静定梁的影响范围较大，其弯矩值最大值较小，且弯矩分布均匀，这种特性从结构设计角度来说是有利的。

图 7 - 10

（4）超静定结构在支座移动、温度变化时会引起内力。在静定结构中，除荷载外，其他因素如支座移动、温度变化等均不引起内力。这是因为上述因素在两类结构中都引起变形，而超静定结构中的多余约束限制这些变形，因此产生了内力。

（5）静定结构的内力只需用静力平衡条件即可确定，其值与结构的材料性质和杆件截面尺寸无关；超静定结构的内力只用静力平衡条件不能完全确定，还需利用位移条件。而位移又与结构的材料性质和截面尺寸有关，所以超静定结构的内力与材料及杆件的尺寸有关。

在荷载作用时，超静定结构的内力分布与各杆线刚度的比值有关，而与其绝对值无关。因此，在计算内力时，可以采用相对线刚度。在支座移动、温度变化等非荷载因素的作用下，超静定结构的内力则与各杆线刚度的绝对值有关，若杆件线刚度增大则内力也增大。

## 习　　题

7 - 1　试用力矩分配法计算图 7 - 11 所示连续梁，并绘制弯矩图和剪力图。

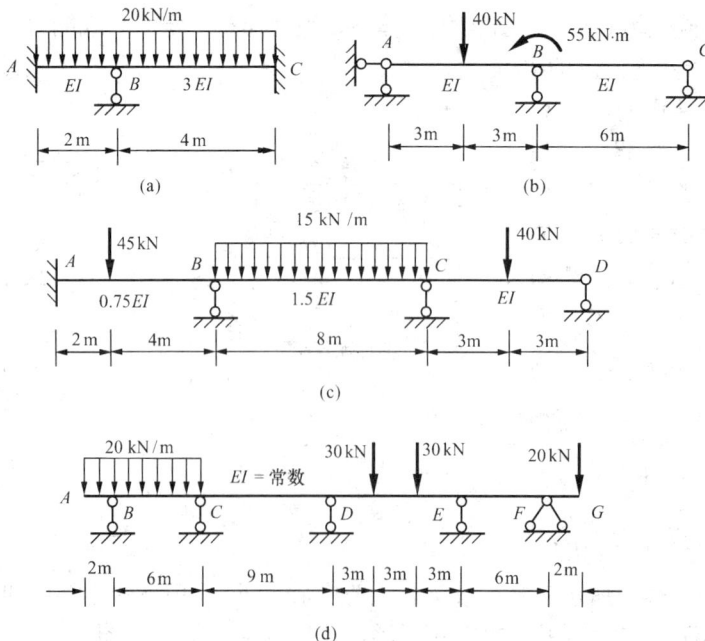

图 7 - 11　题 7 - 1 图

7-2  试用力矩分配法计算图 7-12 所示刚架,并绘制弯矩图。

(a)

(b)

(c)

图 7-12  题 7-2 图

7-3  试用力矩分配法并利用对称性计算图 7-13 所示刚架,绘制弯矩图。

图 7-13  题 7-3 图

# 第八章 影 响 线

## 第一节 影 响 线 的 概 念

前面各章讨论了结构在静止荷载作用下的计算，这类荷载的大小、方向及作用点在结构上的位置是固定不变的，因此，结构的反力与各处的内力和位移也是不变的，但一般工程中，结构除了承受固定荷载作用外，还要受到移动荷载的作用，例如吊车梁承受吊车荷载，桥梁承受车辆荷载等。随着荷载作用点位置的变化，将引起结构的反力、内力和位移等这些量值的变化。在设计结构时，需要知道在移动荷载作用下，结构产生的某些量值的最大值及出现最大量值的荷载位置，该位置称为最不利荷载位置。本章的主要内容是研究结构的反力和内力随荷载移动而变化的规律。

图 8 - 1

工程实际中的移动荷载通常是由很多间距不变的竖向荷载所组成，而其类型是多种多样的，我们通过一简单例子说明。某单跨桥上有一辆汽车通过，如图 8 - 1 所示，为求支座 $A$ 的最大反力值，应把汽车荷载置于全梁的许多位置上，算出每一位置的 $F_{RA}$ 值，再经比较，找出其中的最大值。显然，计算工作相当繁琐。为此，可先只研究一种最简单的荷载，即一个竖向单位集中荷载 $F_P = 1$ 沿结构移动时，对某一指定量值所产生的影响，然后根据叠加原理就可进一步研究各种移动荷载对该量值的影响。因为任一荷载对结构某个量值的作用都可以通过单位荷载的作用计算出来，而一系列荷载对结构该量值的作用等于各个荷载对这一量值作用的总和。

现以图 8 - 2 （a）所示荷载 $F_P = 1$ 在简支梁上移动对支座 $A$ 的反力 $F_{RA}$ 的影响为例，说明影响线的概念。当荷载 $F_P = 1$ 分别移动到 $A$、1、2、3、$B$ 各等分点时，反力 $F_{RA}$ 的数值分别为 1、$\frac{3}{4}$、$\frac{1}{2}$、$\frac{1}{4}$、0。如果以 $A$ 为坐标原点，以横坐标 $x$ 表示移动荷载的位置，画一条与梁轴平行的直线作为基线，接着以纵坐标表示反力 $F_{RA}$ 的数值，将各数值在水平的基线上用竖标绘出，然后用曲线将

图 8 - 2

竖标各顶点连起来，这样形成的图形［图 8 - 2 （b）］能够反映 $F_P = 1$ 在梁上移动时反力 $F_{RA}$ 的变化规律，这一图形称为反力 $F_{RA}$ 的影响线。

于是，影响线可定义如下：在单位移动荷载作用下，将结构某一指定量值随荷载移动而变化的规律用图形表示出来，这样的图形称为该量值的影响线。影响线是研究移动荷载作用的基本工具，在结构设计中起着重要的作用。由于结构上各量值具有不同的变化规律，因此不同量值的影响线需分别考虑。绘制影响线时规定将正的纵坐标画在基线上方，负纵标画在

基线下方，并标明正负号。为了研究方便，假定移动荷载 $F_P=1$ 不带任何符号，即为无量纲的量。

影响线分析有两种主要方法：基于静力分析的静力法和基于虚功原理的虚位移法。对于静定结构，由于虚位移是刚体位移，因此虚位移法通常称为机动法。机动法将结构的影响线的计算转化为位移的计算，对静定结构和超静定结构均适用，可广泛应用于任意的平面结构，包括：桁架、刚架、连续梁、组合结构等，是一种十分适合计算机编程实施的方法。

## 第二节  静力法作影响线

下面以简支梁为例介绍作影响线的方法之一——静力法。静力法是应用静力平衡条件，求出某量值的影响线方程，再绘出其影响线的方法。先将荷载 $P=1$ 放在任意位置，以 $x$ 表示单位荷载至所选坐标原点的距离，由静力平衡条件求出所研究的量值与 $x$ 的关系，表示这种关系的方程称为影响线方程，据此可作出该量值的影响线。

### 一、支座反力的影响线

先绘制如图 8-3（a）所示简支梁反力 $F_{RA}$ 的影响线。以 $A$ 点为坐标原点，以 $x$ 表示荷载 $F_P=1$ 作用点的横坐标，假定反力以向上为正。取梁整体为隔离体，根据力矩平衡条件，有

$$\sum M_B = F_{RA}l - F_P(l-x) = 0$$

可得

$$F_{RA} = F_P \frac{l-x}{l} = \frac{l-x}{l} \quad (0 \leqslant x \leqslant l)$$

以 $x$ 为变量，上式表示反力 $F_{RA}$ 随移动荷载 $F_P=1$ 位置变化而变化的规律，即 $F_{RA}$ 的影响线方程。因为 $F_{RA}$ 是 $x$ 的一次函数，所以 $F_{RA}$ 的影响线为一直线，具体绘制时，只需定出两个控制截面的纵坐标并用直线连接就可绘出。

当 $x=0$ 时，$F_{RA}=1$

当 $x=l$ 时，$F_{RA}=0$

作图时规定反力向上为正，并按照上一节的绘图规定，即把正的纵坐标画在基线上面，负纵标画在基线下面，并标上正负号，可绘出 $F_{RA}$ 的影响线如图 8-3（b）所示。

为了绘制反力 $F_{RB}$ 的影响线，可取对左支座的力矩平衡方程：

$$\sum M_A = F_{RB}l - F_Px = 0$$

由此得 $F_{RB}$ 的影响线方程为

$$F_{RB} = \frac{x}{l} \quad (0 \leqslant x \leqslant l)$$

它也是 $x$ 的一次函数，故 $F_{RB}$ 的影响线也是一直线，绘制时只需定出两点：

当 $x=0$ 时，$F_{RB}=0$

当 $x=l$ 时，$F_{RB}=1$

便可绘出 $F_{RB}$ 的影响线，如图 8-3（c）所示。

在作影响线时，因为假定 $F_P=1$ 是无量纲的量，所以反力影响线的纵标也是无量纲量。

以后利用影响线研究任何实际荷载的影响时，再乘以实际荷载相应的单位。

图 8 - 3　　　　　　　　　　　　图 8 - 4

### 二、弯矩的影响线

作弯矩影响线时，应首先指定截面位置，即明确要作哪一截面弯矩的影响线。现拟作简支梁截面 $C$［图 8 - 4（a）］的弯矩影响线。当荷载 $F_P=1$ 在以左和以右时，截面 $C$ 的弯矩具有不同的表达式，应分别予以考虑。假定使梁下边纤维受拉的弯矩为正。

当 $F_P=1$ 在截面 $C$ 以左移动时，为计算简便，取 $CB$ 段为隔离体，由力矩平衡方程可得

$$M_C = F_{RB}b = \frac{x}{l}b \quad (0 \leqslant x \leqslant a)$$

上式表明 $M_C$ 的影响线在截面 $C$ 以左为一直线。

$$当 x = 0 时，M_C = 0$$

$$当 x = a 时，M_C = \frac{ab}{l}$$

用直线连接两控制截面的纵标，即得 $AC$ 段 $M_C$ 的影响线，如图 8 - 4（b）所示。

当 $F_P=1$ 在截面 $C$ 以右移动时，取 $AC$ 段为隔离体，利用力矩平衡方程可得

$$M_C = F_{RA}a = \frac{l-x}{l}a \quad (a \leqslant x \leqslant l)$$

显然，$M_C$ 的影响线在截面 $C$ 以右也是一直线。

$$当 x = a 时，M_C = \frac{ab}{l}$$

$$当 x = l 时，M_C = 0$$

用直线连接两纵标，即得 $CB$ 段 $M_C$ 的影响线。

分析 $AC$、$CB$ 两段的影响线方程可以看出，$M_C$ 影响线左段为 $F_{RB}$ 的影响线的纵标扩大 $b$ 倍，而右段为 $F_{RA}$ 的影响线纵标扩大 $a$ 倍。因此 $M_C$ 的影响线可以利用 $F_{RA}$ 和 $F_{RB}$ 的影响线绘出，如图 8 - 4（b）所示。弯矩影响线纵标的量纲为［长度］。

### 三、剪力的影响线

现拟作简支梁截面 $C$［图 8 - 4（a）］的剪力影响线。作剪力影响线也需要指定截面的位置，并分别考虑荷载 $F_P=1$ 在截面以左和以右移动。剪力的正负号规定与材料力学相同，即使隔离体有顺时针转动趋势的剪力为正，反之为负。

当 $F_P=1$ 在截面 $C$ 以左移动时，取 $CB$ 段为隔离体，列平衡方程可得

$$F_{QC} = -F_{RB}$$

当 $F_P=1$ 在截面 $C$ 以右移动时，取 $AC$ 段为隔离体，列平衡方程可得

$$F_{QC} = F_{RA}$$

由上两式可知，$F_{QC}$ 影响线的左直线与反力 $F_{RB}$ 的影响线相同，只是符号相反；其右直线则与 $F_{RA}$ 的影响线完全相同。据此，可作出 $F_{QC}$ 影响线如图 8 - 4（c）所示。由图可知，$F_{QC}$ 的影响线由两段相互平行的直线组成，其竖标在 $C$ 点处有一突变，也就是当 $F_P=1$ 由 $C$ 点的左侧移到其右侧时，截面 $C$ 的剪力值将发生突变，突变值即等于 1。而当 $F_P=1$ 恰作用于 $C$ 点时，$F_{QC}$ 值是不确定的。剪力影响线纵标为无量纲量。

**【例 8 - 1】** 试作图 8 - 5（a）所示双伸臂梁的反力影响线，以及截面 $C$、$D$ 的弯矩、剪力影响线。

**解** 先作反力 $F_{RA}$ 和 $F_{RB}$ 的影响线。取支座 $A$ 为坐标原点，在 $AB$ 段，反力 $F_{RA}$ 和 $F_{RB}$ 的影响线方程与简支梁完全相同，即

$$F_{RA} = \frac{l-x}{l}$$

$$F_{RB} = \frac{x}{l}$$

注意到，当 $F_P=1$ 位于 $A$ 以左时，$x$ 为负值，经过计算，以上两方程在梁 $A$ 以左、$B$ 以右也适用，也就是说在梁的全长范围内都是适用的。因此绘制影响线时只需将简支梁 $AB$ 的反力影响线向两个伸臂部分延长，即得伸臂梁的反力影响线，如图 8 - 5（b）、（c）所示。

再作截面 $C$ 的弯矩 $M_C$ 和剪力 $F_{QC}$ 的影响线。当 $F_P=1$ 在截面 $C$ 以左移动时，取截面 $C$ 右侧部分为隔离体，求得 $M_C$ 和 $F_{QC}$ 的影响线方程为

$$M_C = F_{RB}b$$
$$F_{QC} = -F_{RB}$$

当 $F_P=1$ 在截面 $C$ 以右移动时，则有

$$M_C = F_{RA}a$$
$$F_{QC} = F_{RA}$$

据此可绘出 $M_C$ 和 $F_{QC}$ 的影响线如图 8 - 5（d）、（e）所示。可以看出，只需将简支梁相应截面的弯矩和剪力影响线的左、右直线分别向左、右两伸臂部分延长，即可得伸臂梁的 $M_C$ 和 $F_{QC}$ 影响线。

最后作截面 $D$ 的弯矩 $M_D$ 和剪力 $F_{QD}$ 的影响线。此时，为计算简便，宜取 $D$ 为坐标原点，以 $x_1$ 表示 $F_P=1$ 至原点 $D$ 的距离，且令 $x_1$ 在 $D$ 以左时取正值。当 $F_P=1$ 在截面 $D$ 以左移动时，取截面 $D$ 以左部分为隔离体，有

$$M_D = -x$$

$$F_{QD} = -1$$

当 $F_P = 1$ 在截面 $C$ 以右移动时，仍取截面 $D$ 以左部分为隔离体，有

$$M_D = 0$$

$$F_{QD} = 0$$

实际上这一结果根据荷载作用于基本部分时附属部分不受力的概念也容易得出。由上可绘出 $M_D$ 和 $F_{QD}$ 的影响线分别如图 8-5（f）、（g）所示。

图 8-5

应该指出，影响线与内力图是截然不同的，初学者容易把它们混淆起来。现将弯矩影响线和弯矩图作一比较，以资辨别清楚。图 8-6（a）表示简支梁的弯矩 $M_C$ 影响线，图 8-6（b）表示实际荷载 $P$ 作用于 $C$ 点时简支梁的弯矩图。两图形式相似，但各图的竖标代表的含义却截然不同。例如 $D$ 点的竖标，在 $M_C$ 影响线中是表示移动荷载 $F_P = 1$ 作用在 $D$ 点时 $C$ 点的弯矩值 $M_C$ 的大小（$y_D$），而弯矩图中 $D$ 点的竖标则代表实际荷载 $F_P$ 固定作用在 $C$ 点处时，截面 $D$ 的弯矩值（$M_D$）。也就是说，影响线表示单位荷载在不同位置时，同一个截面的弯矩值；弯矩图表示荷载在固定位置时，不同截面的弯矩值。

图 8 - 6

最后应说明一点，对于静定结构，其反力和内力的影响线方程都是 $x$ 的一次函数，故静定结构的反力和内力影响线都是由直线所组成。而静定结构的位移，以及超静定结构的各种量值的影响线则一般为曲线。

## 第三节　间接荷载作用下的影响线

上一节讨论的是荷载直接作用在梁上的影响线作法，而实际上不少结构，常受到间接荷载的作用。例如桥梁或房屋建筑中的主梁，结构是通过次梁（纵梁和横梁）将荷载传到主梁上的。主梁上的这些荷载传递点即为主梁的结点。以移动荷载来说，不论荷载在次梁的哪些位置，其作用都是通过这些固定的结点传递到主梁上。如图 8 - 7 所示的梁系，$AB$ 为一简支主梁，其上是五根横梁（两端支承在两根主梁上）。横梁所在处 $A$、$C$、$D$、$E$、$B$ 即主梁的结点。横梁上面为四根简支纵梁。计算主梁时通常可假定纵梁简支在横梁上，横梁简支在主梁上。荷载直接作用在纵梁，而后通过横梁再传到主梁。主梁只在各结点处受到集中力作用。对主梁而言，这种荷载称为间接荷载或结点荷载。下面以主梁截面 $K$ 的弯矩 $M_K$ 为例，来说明间接荷载作用下影响线的绘制方法。

首先，考虑荷载 $F_P=1$ 移动到各结点处时的情况。显然此时与荷载直接作用在主梁上的情况完全相同。因此，可先做出直接荷载作用下主梁 $M_K$ 的影响线，如图 8 - 7（c）所示，在此影响线中，对于间接荷载来说，在各结点处的竖标都是正确的。

其次，考虑荷载 $F_P=1$ 在任意两相邻结点 $C$、$D$ 间的纵梁上移动时的情况。此时，主梁 $AB$ 在 $C$、$D$ 两点所承受的结点荷载分别为 $\dfrac{d-x}{d}$ 和 $\dfrac{x}{d}$，具体见图 8 - 7（b）所示。设直接荷载作用下 $M_K$ 影响线在 $C$、$D$ 处的竖标分别为 $y_C$ 和 $y_D$，则根据上节所述并利用叠加原理可知，在这两个结点荷载共同作用下，$M_K$ 的影响线竖标为

$$M_K = \frac{d-x}{d}y_C + \frac{x}{d}y_D$$

这是 $x$ 的一次式。因此，$M_K$ 影响线在 $C$、$D$ 之间为一直线。且有

当 $x=0$，$y=y_C$

当 $x = d$, $y = y_D$

可知，在 $C$、$D$ 之间 $M_K$ 的影响线就是连接竖标 $y_C$ 和 $y_D$ 的直线。

图 8 - 7

的反力 $F_{RA}$ 和 $F_{RB}$ 的影响线和直接荷载作用时相同。

同理，当 $F_P = 1$ 分别在 $AC$、$DE$、$EB$ 纵梁上移动时，相邻两个结点（$A$ 和 $C$、$D$ 和 $E$、$E$ 和 $B$）的竖标连线与主梁在直接荷载作用下的影响线重合，显然均为直线。

以上讨论同样适用于间接荷载作用下主梁其他量值的影响线。这样，可将间接荷载作用下某一量值影响线的绘制方法归纳如下：

（1）首先作出直接荷载作用下所求量值的影响线；

（2）由于影响线在任意两个相邻结点之间为一直线，因此，将所有相邻两个结点之间影响线竖标的顶点分别都用直线相连，即得该量值在间接荷载作用下的影响线。

依照上述作法，可得主梁上截面 $K$ 的剪力 $F_{QK}$ 影响线如图 8 - 7 （d）实线所示。可以看出，不论截面 $K$ 位于 $C$、$D$ 两点之间任何一处，$F_{QK}$ 影响线都一样。此外，不难得知，主梁

## 第四节　机动法作影响线

### 一、机动法作单跨静定梁的影响线

前面介绍了绘制影响线的静力法。本节介绍绘制静定梁影响线的另一方法，即机动法。机动法作影响线的依据是虚位移原理。即刚体体系在力系作用下处于平衡的充分必要条件是：在任何微小的虚位移中，力系所作的虚功总和为零。下面以图 8 - 8 所示简支梁的反力 $F_{RA}$ 的影响线为例，来说明机动法作影响线的原理和步骤。

为了求反力 $F_{RA}$，首先去掉与它相应的联系即 $A$ 处的支座链杆，同时代替以正向的反力 $F_{RA}$ 如图 8 - 8 （b）所示。此时原结构变成具有一个自由度的几何可变体系。然后，使此体系发生约束条件允许的微小虚位移，即使刚片 $AB$ 绕 $B$ 点作微小转动，并以 $\delta_A$ 和 $\delta_P$ 分别表示力 $F_{RA}$ 和 $F_P$ 的作用点沿力作用方向上的虚位移。由于体系在力 $F_{RA}$、$F_P$ 和 $F_{RB}$ 的共同作用下处于平衡，故它们所作的虚功总和应为零，虚功方程为

$$F_{RA}\delta_A + F_P\delta_P = 0$$

因 $F_P = 1$，所以有

$$F_{RA} = -\frac{\delta_P}{\delta_A}$$

式中 $\delta_A$ 为力 $F_{RA}$ 的作用点沿其方向的位移，在给定虚位移情况下它是一个常数；$\delta_P$ 则为荷载 $F_P = 1$ 的作用点沿其方向的位移，由于 $F_P = 1$ 是移动的，因而 $\delta_P$ 就是荷载所沿着移动的各点的竖向虚位移图。可见，$F_{RA}$ 的影响线与位移图 $\delta_P$ 是成正比的，将位移图 $\delta_P$ 的竖标除以常数 $\delta_A$ 并反号，就得到 $F_{RA}$ 的影响线，见图 8 - 8（c）所示，只不过符号相反。

为方便起见，可令

$$\delta_A = 1$$

则上式成为

$$F_{RA} = -\delta_P$$

可见，$\delta_P$ 的变化情况即反映出荷载 $F_P = 1$ 移动时 $F_{RA}$ 的变化规律。

这里应注意到影响线竖标正负号的规定，当 $\delta_A$ 为正值时，由上式可知，$F_{RA}$ 与 $\delta_P$ 的正负号正好相反，$\delta_P$ 以向下为正，向上为负，因此，位移图在横坐标的上方时，$\delta_P$ 为负，影响线竖标为正。这恰好与在影响线中正值的竖标绘在基线上方相一致。

由上可知，作某一反力或内力 $X$ 的影响线，只需将与 $X$ 相应的联系去掉，并使所得体系沿 $X$ 的正方向发生单位位移，则由此得到的荷载作用点的竖向位移图即代表 $X$ 的影响线。这种绘影响线的方法称为机动法。机动法的优点在于不必经过具体计算就能快速绘出影响线的轮廓，这对设计工作很有帮助，同时亦便于对静力法所作影响线进行校核。

下面再以图 8 - 9（a）所示简支梁截面 $C$ 的弯矩和剪力影响线为例，来进一步说明机动法的

图 8 - 8

应用。作弯矩 $M_C$ 的影响线时，首先去掉与 $M_C$ 相应的联系，即将截面 $C$ 处改为铰结，并加一对力偶 $M_C$ 代替原有联系的作用。然后，使 $AC$、$BC$ 两刚片沿 $M_C$ 的正方向发生虚位移 ［图 8 - 9（b）］，并写出虚功方程：

$$M_C(\alpha + \beta) + F_P\delta_P = 0$$

得

$$M_C = -\frac{\delta_P}{\alpha + \beta}$$

式中 $\alpha + \beta$ 是 $AC$ 与 $BC$ 两刚片的相对转角。若令 $\alpha + \beta = 1$，则 $M_C = -\delta_P$，所得竖向虚位移图即为 $M_C$ 的影响线，见图 8 - 9（c）。图中由三角形几何关系，可以得到影响线各点的数值

$$C_1C = \frac{ab}{l}$$

这与用静力法所得的结果完全相同。

这里要说明的是，所谓令 $\alpha + \beta = 1$，并不是说在体系以虚位移时要使相对转角 $\alpha + \beta$ 等

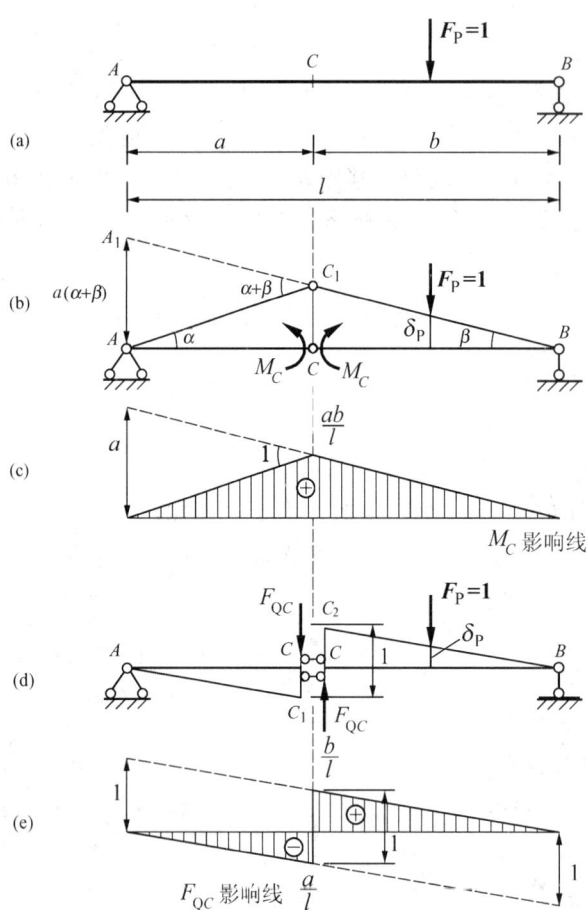

图 8 - 9

于 1 弧度。虚位移 $\alpha+\beta$ 应是微小值，从而在图 8 - 9（b）中可认为 $AA_1 = a(\alpha+\beta)$，然后需将此虚位移图的竖标除以 $\alpha+\beta$ 以求得 $M_C$ 的影响线，这样便有 $\dfrac{AA_1}{\alpha+\beta} = \dfrac{a(\alpha+\beta)}{\alpha+\beta} = a$。可见在图 8 - 9（b）中所谓令 $\alpha+\beta=1$，实际上只是相当于把图中微小虚位移图的竖标除以 $\alpha+\beta$，或者说乘以比例系数 $\dfrac{1}{\alpha+\beta}$（在前面图 8 - 8 中令 $\delta_A=1$ 也是同样的道理）。

若作剪力 $F_{QC}$ 的影响线，则应去掉与剪力 $F_{QC}$ 相应的联系，即将截面 C 处改为两根水平链杆相联（这样，此处便不能抵抗剪力但仍能承受弯矩和轴力），同时加上一对正向剪力 $F_{QC}$ 代替原有联系的作用，见图 8 - 9（d）。然后，使此体系沿 $F_{QC}$ 正向发生虚位移，由虚位移原理有

$$F_{QC}(CC_1+CC_2) + F_P\delta_P = 0$$

得

$$F_{QC} = -\frac{\delta_P}{CC_1+CC_2}$$

这里 $CC_1+CC_2$ 是截面 C 左右两侧的相对竖向位移。若令 $CC_1+CC_2=1$，则

$$F_{QC} = -\delta_P$$

所得竖向虚位移图即为 $F_{QC}$ 的影响线，见图 8 - 9（e）。由三角形几何关系得

$$CC_1 = \frac{a}{l}, \quad CC_2 = \frac{b}{l}$$

值得注意的是，AC 与 BC 两刚片间是用两根平行链杆相联，它们之间只能作相对的平行移动，故在其虚位移图中 $AC_1$ 和 $BC_2$ 应为两平行直线，亦即 $F_{QC}$ 影响线的左右两直线是互相平行的，且两直线的竖向距离为 1。

总结起来，机动法作静定内力或反力 X 影响线的步骤如下：

（1）撤去与所求影响线量值相对应的约束，并代之以正向约束力 X；

（2）使体系沿 X 的正方向发生单位虚位移，相应地，作出梁的虚位移图，这个虚位移图即为所求量值的影响线。

**二、机动法作多跨静定梁的影响线**

以下用机动法作图 8 - 10（a）所示多跨静定梁的 $M_K$、$F_{QK}$、$M_H$、$F_{QH}$ 和 $F_{RF}$ 的影响线。

1. $M_K$ 影响线

首先去掉与 $M_K$ 相应的联系，即将截面 K 处改为铰结，并加一对力偶 $M_K$ 代替原有联

系的作用。然后，使 $K$ 两侧沿 $M_K$ 的正方向发生相对转角 $\alpha+\beta$，相应地梁发生如图 8 - 10 （b）所示虚位移，令 $\alpha+\beta=1$，即得 $M_K$ 的影响线如图 8 - 10 （c）所示，各控制点的影响线纵标数值可按比例求出。

图 8 - 10

2. $F_{QK}$ 影响线

去掉与 $F_{QK}$ 相应的联系，即将截面 $K$ 处改为两根水平链杆相联，同时加上一对正向剪力 $F_{QK}$ 代替原有联系的作用，然后，使 $K$ 两侧沿 $F_{QK}$ 正向发生竖向错动，相应地整个梁发生如图 8 - 10 （d）所示虚位移，令 $KK_1+KK_2=1$，即得 $F_{QK}$ 的影响线如图 8 - 10 （e）所示。

3. $M_H$ 影响线

以下不再绘体系的虚位移图，直接作出影响线图形。

作法同 $M_K$ 影响线，在截面 $H$ 处加铰，并加一对力偶 $M_H$ 代替原有联系的作用。然后，使 $H$ 两侧沿 $M_H$ 的正方向发生单位相对转角，相应地梁上基本部分 $AC$ 不能发生虚位移，附属部分 $CE$、$EF$ 可发生虚位移。最后得到 $M_H$ 的影响线如图 8 - 10 （f）所示。

4. $F_{QH}$ 影响线

当 $H$ 点两侧截面沿 $F_{QH}$ 正向发生竖向单位位移时，基本部分 $AC$ 不能发生虚位移，$HE$ 段绕支座 $D$ 转动，$EF$ 段绕支座 $F$ 转动。得到 $F_{QH}$ 的影响线如图 8 - 10 （g）所示。

5. $F_{RF}$ 影响线

在静定多跨梁中，$EF$ 是 $AE$ 的附属部分。当撤去支杆 $F$ 时，$AE$ 段不能发生虚位移，因此，在 $AE$ 段 $F_{RF}$ 影响线恒等于零。使 $EF$ 段在 $F$ 点沿 $F_{RF}$ 正方向发生单位竖向虚位移，便得到 $F_{RF}$ 影响线如图 8 - 10 （h）所示。

由图 8 - 10 所示各影响线图形可以看出，在静定多跨梁中，基本部分的内力和反力的影响线是布满全梁的，而附属部分的内力和反力影响线则只在附属部分不为零，在基本部分恒等于零。

由本例可见，用机动法作静定多跨梁的影响线是十分简便的，读者可以试用静力法与其进行比较，用静力法解时，只需分清它的基本部分和附属部分及这些部分之间的传力关系，利用单跨静定梁的已知影响线即可绘出。

## 第五节　桁 架 的 影 响 线

现以图 8 - 11 （a）所示桁架为例说明用静力法绘制桁架杆件内力影响线的方法。设单位荷载沿桁架的下弦杆移动。

与图 8 - 11 （b）所示梁系的荷载传递方式相似，桁架上的荷载一般也是通过纵梁和横梁而作用于桁架的结点上。如本章第三节所述，桁架杆件内力的影响线在任意两个相邻结点之间也为一直线。下面结合图 8 - 11 说明桁架影响线的静力作法。

1. $F_{RA}$ 和 $F_{RB}$ 的影响线

$F_{RA}$ 和 $F_{RB}$ 的影响线与简支梁相同，如图 8 - 11 （c）、（d）所示。

2. 上弦杆轴力 $F_{Ncd}$ 的影响线

作截面 I - I，当 $F_P = 1$ 在截面 I - I 右侧各结点上时（$D$、$E$、$F$、$G$、$B$），取截面 I - I 左侧部分为隔离体，以 $D$ 为力矩中心，由力矩方程 $\sum M_D = 0$ 得

$$F_{RA} \cdot 2d + F_{Ncd} \cdot h = 0$$

$$F_{Ncd} = -\frac{2d}{h} F_{RA}$$

当 $F_P = 1$ 在截面 I - I 左侧各结点上时（$A$、$C$），取截面 I - I 右侧部分为隔离体，得

$$F_{RB} \cdot 4d + F_{Ncd} \cdot h = 0$$

$$F_{Ncd} = -\frac{4d}{h} F_{RB}$$

根据以上两式，可知，将 $R_B$ 的影响线竖标乘以 $-\dfrac{4d}{h}$，取 $A$、$C$ 两个结点之间的部分；将 $F_{RA}$ 的影响线竖标乘以 $-\dfrac{2d}{h}$，取 $D$、$B$ 两个结点之间的部分，而后将 $C$、$D$ 两个相邻结点的竖标顶点用直线相连，得到一个三角形图形，就是 $F_{Ncd}$ 的影响线，见图 8 - 11 （e）。

图 8 - 11

3. 下弦杆轴力 $F_{NDE}$ 的影响线

按照与上述相类似的方法，作截面 II-II，当 $F_P=1$ 在截面 II-II 右侧的各结点位置时，取截面 II-II 左侧部分为隔离体，以结点 $d$ 为力矩中心，由力矩方程 $\sum M_d=0$，可得

$$F_{RA} \cdot 2d - F_{NDE} \cdot h = 0$$

$$F_{NDE} = \frac{2d}{h}F_{RA}$$

当 $F_P=1$ 在截面 II-II 左侧的各结点位置时，取截面 II-II 右侧部分为隔离体，得

$$F_{RB} \cdot 4d - F_{NDE} \cdot h = 0$$

$$F_{NDE} = \frac{4d}{h} F_{RB}$$

由于桁架内力的影响线在相邻结点之间都是直线，利用以上两式及 $F_{RA}$、$F_{RB}$ 的影响线，得出 $AD$、$EB$ 部分的影响线后，$D$、$E$ 两个相邻结点的竖标顶点以直线相连，便可绘出 $F_{NDE}$ 的影响线如图 8 - 11（f）所示。

4. 斜杆 $cD$ 轴力的竖向分力 $Y_{cD}$ 的影响线

利用截面 I - I，分三段考虑。

当 $F_P = 1$ 在 $D$ 点以右时，取截面 I - I 以左部分为隔离体，

由 $\sum Y = 0$ 得

$$Y_{cD} = F_{RA}$$

当 $F_P = 1$ 在 $C$ 点以左时，取截面 I - I 以右部分为隔离体。

由 $\sum Y = 0$ 得

$$Y_{cD} = - F_{RB}$$

当 $F_P = 1$ 在 $C$、$D$ 两结点之间时，影响线为直线。利用以上三种情况及 $F_{RA}$、$F_{RB}$ 的影响线，可绘出 $Y_{cD}$ 的影响线如图 8 - 11（g）所示。

5. 竖杆轴力 $F_{NdD}$ 的影响线

利用截面 II - II，分三段考虑，利用投影方程 $\sum Y = 0$，求 $F_{NdD}$。

当 $F_P = 1$ 在 $E$ 点以右时，考虑截面 II - II 以左部分的平衡得

$$F_{NdD} = - F_{RA}$$

当 $F_P = 1$ 在 $D$ 点以左时，考虑截面 II - II 以右部分的平衡得

$$F_{NdD} = F_{RB}$$

当 $F_P = 1$ 在 $D$、$E$ 两结点之间时，影响线为直线。最后绘出 $F_{NdD}$ 的影响线如图 8 - 11（h）所示。

综上所述，若要作桁架某一杆件内力的影响线，只需将荷载 $F_P = 1$ 依次作用在下弦的各结点 $A$、$C$、$D$、$E$、$F$、$G$、$B$，而后利用桁架内力计算的截面法或结点法分别求出相应的该杆内力值，这些内力值即相当各个结点处的影响线竖标，将各竖标绘出，用直线相连，即得所求杆件内力的影响线。

在绘制桁架内力影响线时，应注意荷载 $F_P = 1$ 是沿上弦移动（上承）还是沿下弦移动（下承），因为在两种情况下所作出的影响线有时是不相同的。读者可以将图 8 - 11 例题中 $F_P = 1$ 上承情况下上述内力影响线求出并比较。

## 第六节　影 响 线 的 应 用

### 一、求位置已定的荷载作用下的量值

1. 集中荷载作用

设有一组荷载 $F_{P1}$、$F_{P2} \cdots F_{Pi} \cdots F_{Pn}$ 作用在结构的已知位置，并且结构某量值 $S$ 的影响线已绘出，如图 8 - 12 所示，根据影响线，可求出各荷载作用点处的纵标值分别为 $y_1$、$y_2 \cdots y_i \cdots y_n$，并以此进一步求由于这些集中荷载作用所产生的量值 $S$ 的大小。

图 8 - 12

图 8 - 13

我们知道，影响线的纵标 $y_i$ 代表移动荷载 $F_P=1$ 作用于该处时量值 $S$ 的大小，若荷载是任一荷载 $F_{Pi}$，则 $S$ 应为 $F_{Pi}y_i$。因此，当有若干集中荷载作用时，根据叠加原理，量值 $S$ 为

$$S = F_{P1}y_1 + F_{P2}y_2 + \cdots + F_{Pn}y_n = \sum F_{Pi}y_i \qquad (8-1)$$

值得指出，当若干个荷载作用在影响线某一段直线的范围内时，为简化计算，用合力来代替，而不会改变所求量值的数值（图 8 - 13）。为了证明此结论，可将影响线上此段直线延长使之与基线交于 $O$ 点，则有

$$S = F_{P1}y_1 + F_{P2}y_2 + \cdots + F_{Pn}y_n$$
$$= (F_{P1}x_1 + F_{P2}x_2 + \cdots + F_{Pn}x_n)\tan\alpha = \tan\alpha \sum F_{Pi}x_i$$

因 $\sum F_{Pi}x_i$ 为各力对 $O$ 点力矩之和，根据合力矩定理，它应等于合力 $F_{PR}$ 对 $O$ 点之矩，即

$$\sum F_{Pi}x_i = F_{PR}\bar{x}$$

故有

$$S = F_{PR}\bar{x}\tan\alpha = F_{PR}\bar{y}$$

式中 $\bar{y}$ 为合力 $F_{PR}$ 所对应的影响线纵标。结论证毕。

2. 分布荷载作用

如图 8 - 14 所示，若将分布荷载沿其长度分成许多无穷小的微段，则每一微段 $\mathrm{d}x$ 上的荷载 $q_x\mathrm{d}x$ 都可作为一集中荷载，区段 $ab$ 内的分布荷载所产生的量值 $S$ 为

$$S = \int_a^b q_x y\mathrm{d}x$$

若 $q_x$ 为均布荷载 $q$，则上式成为

$$S = q\int_a^b y\mathrm{d}x = qA_w \qquad (8-2)$$

式中 $A_w$ 表示影响线在均布荷载范围 $ab$ 内的面积。若在该范围内影响线有正有负，则 $A_w$ 应为正负面积的代数和（图 8 - 15）。影响线为正的部分 $A_w$ 为正；反之为负。

图 8 - 14

图 8 - 15

**二、最不利荷载位置**

在移动荷载作用下结构上的各种量值均将随荷载的位置而变化，而设计时必须求出各种量值的最大值（包括最大正值和最大负值，最大负值也称最小值），以作为设计的依据。为此，必须先确定使某一量值发生最大（或最小）值的荷载位置，即最不利荷载位置。只要所求量值的最不利荷载位置一经确定，则其最大（最小）值可利用影响线求量值的方法算出。本节将讨论如何利用影响线来确定最不利荷载位置。

1. 简单集中荷载

当荷载的情况比较简单时，最不利荷载位置凭直观即可确定。例如如图 8 - 16 所示只有一个集中荷载 $F_P$ 作用时，显然将 $F_P$ 置于 $S$ 影响线的最大纵标处即产生 $S_{max}$；而将 $F_P$ 置于 $S$ 影响线的最小纵标处即产生 $S_{min}$ 值。

2. 任意布置的均布荷载

有一些定位荷载如人群、堆货等荷载，是可以按任意方式分布的均布荷载。其最不利荷载位置为：将其布满对应影响线所有纵标为正号区域时，可产生最大正量值 $S_{max}$；将其布满对应影响线所有纵标为负号区域时，则产生最大负量值 $S_{min}$。

图 8 - 17 中梁截面 $C$ 产生剪力最大值 $F_{QCmax}$ 和最小值 $F_{QCmin}$ 时的最不利荷载位置，分别为图 8 - 17 （a）、（b）所示的荷载分布。

图 8 - 16

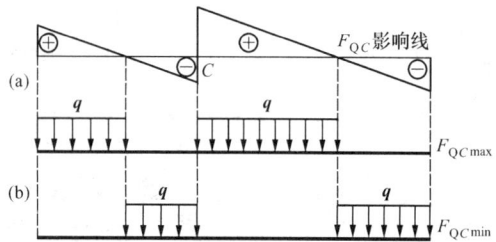

图 8 - 17

3. 系列集中荷载

有一些移动荷载如汽车、火车等荷载，可以简化为一系列彼此间距不变的系列集中荷载。当系列荷载移动到最不利位置时，所求的量值 $S$ 为最大，因而荷载由该位置不论再向左或再向右移动，$S$ 值都会减小。从讨论量值 $S$ 的增量入手来确定最不利荷载位置。仅考虑三角形分布的影响线。

如图 8 - 18 （a）、（b）分别表示一系列间距不变的移动集中荷载和某量值 $S$ 的影响线。

$$S = F_{P1}y_1 + F_{P2}y_2 + \cdots + F_{Pi}y_i + \cdots + F_{Pn}y_n$$

当荷载系列由左向右移动一小段距离 $\Delta x$ 时，各集中荷载对应的影响线的纵标将随之改变，其改变量分别为 $\Delta y_1$、$\Delta y_2$、$\cdots$、$\Delta y_n$。于是量值 $S$ 的增量 $\Delta S$ 为

$$\Delta S = F_{P1}\Delta y_1 + F_{P2}\Delta y_2 + \cdots + F_{Pi}\Delta y_i + \cdots + F_{Pn}\Delta y_n \qquad (8 - 3)$$

在影响线为同一直线的部分，各纵标的增量应相等。若规定荷载向右移动，$\Delta x$ 为正值，纵标增大时 $\Delta y$ 为正，减小时 $\Delta y$ 为负，则

$$\Delta y_1 = \Delta y_2 = \cdots = \Delta y_i = \Delta x \tan\alpha = \Delta x \frac{h}{a}$$

$$\Delta y_{i+1} = \Delta y_{i+2} = \cdots = \Delta y_n = -\Delta x \tan\beta = -\Delta x \frac{h}{b}$$

于是，$\Delta S$ 为

$$\Delta S = (F_{P1} + F_{P2} + \cdots + F_{Pi})\frac{h}{a}\Delta x - (F_{P(i+1)} + F_{P(i+2)} + \cdots + F_{Pn})\frac{h}{b}\Delta x \quad (8-4)$$

图 8 - 18                        图 8 - 19

现根据 $\Delta S$ 的增减来研究量值 $S$ 取得极值时的荷载位置。由于量值 $S$ 与荷载位置 $x$ 的函数关系表示为折线，根据高等数学的知识，$S$ 的极值应发生在 $\frac{\mathrm{d}S}{\mathrm{d}x}$ 变号的顶点处。若以 $\Delta S$ 来判断，则当 $\Delta S$ 变号时 $S$ 有极值。那么，究竟荷载处于什么位置才能使 $\Delta S$ 变号呢？由式 (8 - 4) 分析，当没有任何集中荷载由左边经过影响线的顶点移到右边时，$\Delta S$ 保持为常量；当有某个集中荷载由左边过度到右边时，$\Delta S$ 的值要发生变化，但不一定会改变正负号。只有某一集中荷载通过影响线顶点使 $\Delta S$ 变号，量值 $S$ 才有极值。这样的荷载称为临界荷载，用 $F_{Pcr}$ 表示。量值 $S$ 产生极大值或极小值（负的极大值）可以这样来判断：

（1）当 $\Delta S$ 由大于零变为小于零（或由大于零变为等于零，亦或由等于零变为小于零）时，$S$ 出现极大值。

（2）当 $\Delta S$ 由小于零变为大于零（或由小于零变为等于零，亦或由等于零变为大于零）时，$S$ 出现极小值。

寻求极大值的判别条件，令 $F_{Pi} = F_{Pcr}$，式 (8 - 4) 可写为

$$(F_{P1} + F_{P2} + \cdots + F_{Pcr})\frac{h}{a}\Delta x - (F_{P(cr+1)} + F_{P(cr+2)} + \cdots + F_{Pn})\frac{h}{b}\Delta x \geqslant 0$$

$$(F_{P1} + F_{P2} + \cdots + F_{P(cr-1)})\frac{h}{a}\Delta x - (F_{Pcr} + F_{P(cr+1)} + \cdots + F_{Pn})\frac{h}{b}\Delta x \leqslant 0$$

若以 $\sum F_P^L$ 和 $\sum F_P^R$ 分别表示 $F_{Pcr}$ 以左和 $F_{Pcr}$ 以右荷载之和，则上式可改写为

$$\left. \begin{array}{l} \dfrac{\sum F_P^L + F_{Pcr}}{a} \geqslant \dfrac{\sum F_P^R}{b} \\[3mm] \dfrac{\sum F_P^L}{a} \leqslant \dfrac{P_{cr} + \sum F_P^R}{b} \end{array} \right\} \quad (8-5)$$

上式为三角形影响线临界荷载判别式。对这两个不等式可以这样形象地理解：把临界荷载 $F_{Pcr}$ 归到顶点的哪一边，哪一边的"平均荷载就大些"，即临界荷载是"举足轻重"的。

注意：对于直角三角形影响线以及纵标有突变的影响线，判别式 (8 - 5) 将不再适用。

对于均步荷载跨过三角形影响线顶点的情况，可由 $\frac{\mathrm{d}S}{\mathrm{d}x} = 0$ 的条件来确定临界位置，此时有

$$\frac{F_P^L}{a} = \frac{F_P^R}{b} \quad (8-6)$$

即左、右两边的平均荷载应相等，如图 8 - 19 所示。

利用临界荷载判别式还需注意以下几点：

(1) 判别式（8 - 5）虽然是假定系列荷载由左向右移动推导出来的，但当荷载移动方向相反时，该式仍然适用。

(2) 利用判别式所求出的临界荷载可能不止一个，应分别算出对应的极值，通过比较，得到最大量值。

(3) 在荷载移动过程中，可能有的荷载移出结构，也可能有新的荷载移到结构上来。计算时只考虑作用在结构上的荷载。

**【例 8 - 2】** 试求图 8 - 20（a）所示简支梁在垂直吊车荷载作用下，跨中 $C$ 截面的最大弯矩。已知第一台吊车轮压为 $F_{P1} = F_{P2} = 195\text{kN}$，第二台吊车轮压为 $F_{P3} = F_{P4} = 325\text{kN}$。

图 8 - 20

**解** 作 $M_C$ 的影响线如图 8 - 20 所示。利用式（8 - 5）判断临界荷载。

当 $F_{P2}$ 作用于 $C$ 点时，有

$$\frac{195 + 195}{6} < \frac{325 \times 2}{6}$$

$$\frac{195}{6} < \frac{195 + 325 \times 2}{6}$$

故 $F_{P2}$ 不是临界荷载。

当 $F_{P3}$ 作用于 $C$ 点时，$F_{P1}$ 荷载移出结构，因此有

$$\frac{195 + 325}{6} > \frac{325}{6}$$

$$\frac{195}{6} < \frac{325 + 325}{6}$$

故 $F_{P3}$ 是临界荷载。

再经判别，$F_{P1}$ 虽然为临界荷载，但不可能产生 $M_C$ 最大值；$F_{P4}$ 不是临界荷载。

计算 $M_C$ 的最大值 $M_{C\max}$ 如下：

$$M_{C\max} = 195 \times 2.25 + 325 \times 3 + 325 \times 1.875 = 2023.13\text{kN} \cdot \text{m}$$

## 第七节 简支梁的内力包络图和绝对最大弯矩

在设计吊车梁等承受移动荷载的结构时，必须求出各截面上内力的最大值（最大正值和最大负值）。用第六节介绍的确定最不利荷载位置进而求某量值最大值的方法，可以求出简支梁任一截面的最大内力值。如果把梁上各截面内力的最大值按同一比例标在图上，用光滑曲线连接而成，这个图形称为内力包络图。梁的内力包络图有两种：弯矩包络图和剪力包络图。包络图表示各截面内力变化的极限值，是结构设计中的主要依据，在吊车梁和楼盖设计中应用很多。

图 8 - 21 所示为一吊车梁，承受两台吊车作用，吊车轮压如图 8 - 21（a）所示。不计吊车梁自重，现绘制其弯矩包络图。首先将梁分成若干等分，然后利用影响线计算每一分点截面的最大弯矩值，并在图上绘出纵标，最后将各纵标顶点连成一条曲线，就得到该梁的弯矩

包络图，如图 8-21（c）所示。同理，可利用
剪力影响线求出各截面的最大剪力和最小剪
力，将最大和最小剪力的纵标顶点分别用曲线
连接，就得到该梁的剪力包络图。由于每一截
面都将产生相应的最大剪力和最小剪力，故剪
力包络图有两根曲线。由本例可知，简支梁的
内力包络图与荷载情况有关，吊车的台数、规
格不同，同一吊车梁的内力包络图也将不同。

弯矩包络图中的最大纵标是该简支梁各截
面的所有最大弯矩中的最大值，称之为绝对最
大弯矩。它代表在确定的移动荷载作用下梁内
可能出现的弯矩最大值。绝对最大弯矩与两个
因素有关，即截面位置的变化和荷载位置的变
化，也就是说，截面位置与荷载位置都是未知
的。由于事先不能确定绝对最大弯矩所在截面
的位置，因此不能按照前述求最不利荷载位置
的方法来计算，应从另外的途径进行分析。

当梁上作用的移动荷载都是集中荷载时，
问题可以简化。如图 8-22 所示，我们知道，
梁在集中荷载组作用下，无论荷载在任何位
置，弯矩图的顶点总是在集中荷载作用点处。

图 8-21

因此，可以断定，绝对最大弯矩必定发生在某一集中荷载作用点处的截面上。剩下的问题只
是确定它究竟发生在哪一个荷载的作用点处及该点位置。为此，可采取如下办法解决，即先
任选一集中荷载，看荷载在什么位置时，该荷载作用点处截面的弯矩达到最大值。然后，按
同样方法，分别求出其他各荷载作用点处截面的最大弯矩，再加以比较，即可确定绝对最大
弯矩。

图 8-22

现在，首要问题在于，对于任一集中
荷载，如何确定荷载在什么位置时，该荷
载作用点处截面的弯矩最大且最大值是
多少。

如图 8-22 所示，试取某一集中荷载
$F_{Pk}$，它至左支座 $A$ 的距离为 $x$，而梁上荷
载的合力 $F_{PR}$ 作用线与 $F_{Pk}$ 作用线之间的距
离为 $a$，则左支座反力为

$$F_{RA} = \frac{F_{PR}}{l}(l-x-a)$$

$F_{Pk}$ 作用点截面的弯矩 $M_x$ 为

$$M_x = F_{RA}x - M_L = \frac{F_{PR}}{l}(l-x-a)x - M_L$$

式中 $M_L$ 表示 $F_{Pk}$ 以左梁上荷载对 $F_{Pk}$ 作用点的力矩总和，它是一个与 $x$ 无关的常数。当 $M_x$ 为极大时，根据极值条件

$$\frac{\mathrm{d}M_x}{\mathrm{d}x} = \frac{F_{PR}}{l}(l - 2x - a) = 0$$

得

$$x = \frac{l}{2} - \frac{a}{2} \qquad (8-7)$$

这表明，当 $F_{Pk}$ 与合力 $F_{PR}$ 的位置对称于梁的中点时，$F_{Pk}$ 之下截面的弯矩达到最大值，其值为

$$M_{\max} = \frac{F_{PR}}{l}\left(\frac{l}{2} - \frac{a}{2}\right)^2 - M_L \qquad (8-8)$$

若合力 $F_{PR}$ 位于 $F_{Pk}$ 的左边，则式（8-7）、式（8-8）中 $\frac{a}{2}$ 前的减号应改为加号。

利用上述结论，我们可将各个荷载作用点截面的最大弯矩找出，将它们加以比较而得出绝对最大弯矩。不过，当荷载数目较多时，仍然较为繁琐。实际计算时，绝对最大弯矩的临界荷载通常容易估计，而可不必多加比较。因为简支梁的绝对最大弯矩总是发生在梁的中点附近，故可设想，使梁中点截面产生最大弯矩的临界荷载，也就是发生绝对最大弯矩的临界荷载。经验证明，这种设想在通常情况下都是与实际相符的。

据此，计算绝对最大弯矩可按下述步骤进行：首先，确定使梁跨中截面发生最大弯矩的临界荷载 $F_{Pk}$；其次，应假设梁上荷载的个数并求其合力 $F_{PR}$；然后，移动荷载组，使 $F_{Pk}$ 与合力 $F_{PR}$ 对称于梁的中点分布，算出此时 $F_{Pk}$ 所在截面的弯矩，即得绝对最大弯矩。

注意：（1）在荷载移动过程中，有荷载移出简支梁或有新的荷载移到结构上时，应注意查对梁上荷载是否与求合力时相符，如不符，应再行安排，重新计算合力，直至相符。

（2）当假设不同的梁上荷载个数均能实现上述荷载布置时，则应将不同情况下 $F_{Pk}$ 截面的弯矩分别求出，然后选大者为绝对最大弯矩。

**【例 8-3】** 试求如图 8-23 所示简支梁的绝对最大弯矩并与跨中截面最大弯矩进行比较。

**解** （1）求出使跨中截面 $C$ 发生最大弯矩的临界荷载。绘出 $M_C$ 的影响线，由式（8-5）判别式可知，临界荷载为 120kN，$F_{Pk} = 120$kN。

$M_C$ 的最大值为

$$M_{C\max} = 120 \times 3 + 60 \times 1 = 420 \text{kN} \cdot \text{m}$$

（2）求绝对最大弯矩。发生绝对最大弯矩时有两个荷载在梁上，其合力为

$$F_{PR} = 120 \text{kN} + 60 \text{kN} = 180 \text{kN}$$

$F_{PR}$ 至临界荷载（120kN）的距离 $a$ 由合力矩定理（以 120kN 作用点为矩心）求得

$$a = \frac{60 \times 4}{180} = \frac{4}{3} = 1.33 \text{m}$$

使 $F_{Pk}$ 与 $F_{PR}$ 对称于梁的中点，荷载安排如图 8-23（c）所示，此时梁上荷载与求合力时相符。由式（8-8）算得绝对最大弯矩（即 $D$ 点弯矩）为

$$M_{max} = \frac{F_{PR}}{l}\left(\frac{l}{2}-\frac{a}{2}\right)^2 - M_L$$

$$= \frac{180}{12}\left(\frac{12}{2}-\frac{1.33}{2}\right)^2 - 0 = 426.7 \text{kN} \cdot \text{m}$$

绝对最大弯矩也可发生在 $E$ 点，荷载安排如图 8-23（d）所示

$$M_{max} = \frac{F_{PR}}{l}\left(\frac{l}{2}+\frac{a}{2}\right)^2 - M_L$$

$$= \frac{180}{12}\left(\frac{12}{2}+\frac{2.67}{2}\right)^2 - 120 \times 4 = 325.93 \text{kN} \cdot \text{m}$$

绝对最大弯矩也可能出现在三个荷载都在梁上的情况，荷载安排如图 8-23（e）所示

$$M_{max} = \frac{F_{PR}}{l}\left(\frac{l}{2}+\frac{a}{2}\right)^2 - M_L$$

$$= \frac{200}{12}\left(\frac{12}{2}+\frac{2}{2}\right)^2 - 120 \times 4 = 336.67 \text{kN} \cdot \text{m}$$

图 8-23

因此，取最大值

$$M_{max} = 426.7 \text{kN} \cdot \text{m}$$

绝对最大弯矩比跨中最大弯矩大 $1.6\%$，在实际工作中，有时可用跨中最大弯矩来近似代替绝对最大弯矩。

## 习 题

8-1 图 8-24（a）为一简支梁的弯矩图，图 8-24（b）为此简支梁某一截面的弯矩影响线，二者形状及纵标均完全相同。试指出图中 $y_1$ 和 $y_2$ 各代表的具体意义。

图 8-24 题 8-1 图

图 8-25 题 8-2 图

8-2 作图 8-25 所示悬臂梁结构的指定量值 $M_A$、$F_{QA}$、$M_C$、$F_{QC}$ 的影响线。

8-3 作图 8-26 所示梁结构的指定量值 $F_{RA}$、$M_C$、$F_{QC}$、$F_{QB}^L$、$F_{QB}^R$ 的影响线。

图 8-26 题 8-3 图

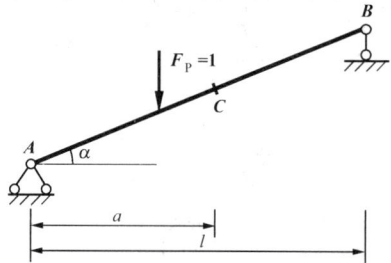

图 8-27 题 8-4 图

8-4 如图 8-27 所示，试作斜梁量值 $F_{RB}$、$M_C$、$F_{QC}$ 的影响线。

8-5 结构如图 8-28 所示，$F_P=1$ 在 $DE$ 部分移动，试作 $M_C$、$F_{QC}$ 的影响线。

8-6 结构如图 8-29 所示，$F_P=1$ 在 $AE$ 部分移动，试作 $F_{NBC}$、$M_D$、$F_{QD}$ 的影响线。

图 8-28 题 8-5 图

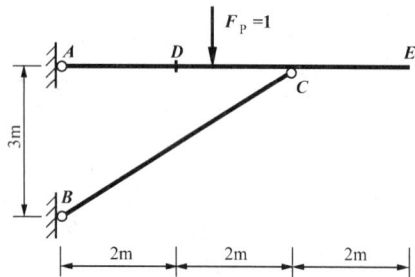

图 8-29 题 8-6 图

8-7 试用机动法作题 8-3～题 8-6 结构中指定量值的影响线。

8-8 试作图 8-30 所示结构中指定量值 $F_{RB}$、$M_C$、$F_{QC}^L$、$F_{QC}^R$、$M_D$、$F_{QD}$ 的影响线。

图 8 - 30　题 8 - 8 图

8 - 9　试作图 8 - 31 所示多跨静定梁结构中指定量值 $F_{RB}$、$M_K$、$F_{QK}$、$M_H$、$F_{QH}$ 的影响线。

图 8 - 31　题 8 - 9 图

8 - 10、8 - 11　试作图 8 - 32 和图 8 - 33 所示桁架中指定各杆的内力影响线。

图 8 - 32　题 8 - 10 图　　　　　　　　图 8 - 33　题 8 - 11 图

8 - 12　利用影响线求图 8 - 34 所示简支梁的支座反力 $F_{RA}$ 和截面 $C$ 的弯矩 $M_C$。

图 8 - 34　题 8 - 12 图　　　　　　　　图 8 - 35　题 8 - 13 图

8 - 13　试求图 8 - 35 所示简支梁在所给移动荷载作用下截面 $C$ 的最大弯矩。

8 - 14　试求图 8 - 36 所示简支梁在垂直吊车荷载作用下截面 $C$ 的最大弯矩、最大正剪力和最大负剪力。

8 - 15　试求图 8 - 37 所示简支梁在移动荷载作用下的绝对最大弯矩，并与跨中截面的最大弯矩作比较。

图 8 - 36　题 8 - 14 图　　　　　　　　图 8 - 37　题 8 - 15 图

# 第九章 矩 阵 位 移 法

## 第一节 概　　述

前面介绍的力法和位移法都是传统的结构力学基本方法，当计算简图较复杂、基本未知量数目较多时，需建立和求解多元代数方程组，用手工计算将是极为繁琐和困难的。随着电子计算机的出现和广泛应用，适合电算的分析方法——结构矩阵分析得到了迅速的发展。这一方法的基本原理与上述传统方法并无实质的区别，只是在处理手段上采用了矩阵这一数学工具。这是由于矩阵表达式结构紧凑、形式统一，便于编制计算机程序，适宜在计算机上进行自动化运算。杆件结构矩阵分析的基本思路为：

（1）把结构先分解为有限个较小的单元，即进行所谓的结构离散化。对于杆件结构，一般以一根杆件或一根杆件的一段作为一个单元。结构离散化的目的是分析每个单元的杆端力与杆端位移两者之间的关系，建立所谓单元刚度矩阵或单元柔度矩阵。这称为单元分析。

（2）把各单元集合成原来的结构，使各单元满足原结构的几何条件（包括支承条件、结点处的变形连续条件）和平衡条件，从而建立整个结构的刚度方程或柔度方程，以求解原结构的位移和内力。这称为整体分析。

与前面讲过的传统的力法和位移法相对应，在结构矩阵分析中也有矩阵力法和矩阵位移法，当以结构的多余未知力作为基本未知量时，称为矩阵力法（柔度法）；当以结构的结点位移作为基本未知量时，称为矩阵位移法（刚度法）。矩阵位移法的程序简单且通用性强，故应用最广。本章只介绍矩阵位移法。

## 第二节　单元刚度矩阵

如前所述，单元分析的任务在于建立杆端力与杆端位移之间的关系，即第五章中讨论过的转角位移方程，现在用矩阵形式来表达。

图 9 - 1

图 9 - 1 所示一等截面直杆，设其在整个结构中的编号为 $(e)$，它的两端结点分别用 $i$、$j$ 表示，取图示的 $\overline{O}\,\overline{x}\overline{y}$ 坐标系，其中 $\overline{x}$ 轴与单元的轴线重合，以 $i$ 为单元的始端，$j$ 为单元的末端，并以由 $i$ 到 $j$ 的方向为正；以 $\overline{x}$ 轴的正向逆时针转 $90°$ 为 $\overline{y}$ 轴的正向。这种就某一单元而建立的坐标系称为局部坐标系。

对于平面杆件单元，在一般情况下两端各有三个杆端力，即 $i$ 端的轴力 $\overline{F}_{Ni}^{e}$、剪力 $\overline{F}_{Qi}^{e}$ 和弯矩 $\overline{M}_{i}^{e}$ 及 $j$ 端的 $\overline{F}_{Nj}^{e}$、

$\overline{F}^e_{Qj}$、$\overline{M}^e_j$（这些符号上面的横线表示它们是局部坐标系中的量值，上标 $e$ 表示它们是属于单元 $e$ 的，下同）；与此相应有六个杆端位移分量，即 $\overline{u}^e_i$、$\overline{v}^e_i$、$\overline{\varphi}^e_i$ 和 $\overline{u}^e_j$、$\overline{v}^e_j$、$\overline{\varphi}^e_j$。它们的正负号采取如下规定：就单元 $(e)$ 而言，$\overline{u}^e$ 或 $\overline{F}^e_N$ 以沿 $\overline{x}$ 轴的正方向为正；$\overline{v}^e$ 或 $\overline{F}^e_Q$ 以沿 $\overline{y}$ 轴的正方向为正；$\overline{\varphi}^e$ 或 $\overline{M}^e$ 以逆时针方向为正。据此规定，图中所示的杆端位移和杆端力都是正的。

就图 9 - 1 所示的单元 $(e)$，建立由单元杆端位移确定杆端力的转换矩阵。为此，可先分别求出由各杆端位移单独引起的杆端力，如图 9 - 2(a) ～ (f) 所示。然后，根据叠加原理可写出：

图 9 - 2

$$
\left.
\begin{aligned}
\overline{F}^e_{Ni} &= \frac{EA}{l}\overline{u}^e_i - \frac{EA}{l}\overline{u}^e_j \\[4pt]
\overline{F}^e_{Qi} &= \frac{12EI}{l^3}\overline{v}^e_i + \frac{6EI}{l^2}\overline{\varphi}^e_i - \frac{12EI}{l^3}\overline{v}^e_j + \frac{6EI}{l^2}\overline{\varphi}^e_j \\[4pt]
\overline{M}^e_i &= \frac{6EI}{l^2}\overline{v}^e_i + \frac{4EI}{l}\overline{\varphi}^e_i - \frac{6EI}{l^2}\overline{v}^e_j + \frac{2EI}{l}\overline{\varphi}^e_j \\[4pt]
\overline{F}^e_{Nj} &= -\frac{EA}{l}\overline{u}^e_i + \frac{EA}{l}\overline{u}^e_j \\[4pt]
\overline{F}^e_{Qj} &= -\frac{12EI}{l^3}\overline{v}^e_i - \frac{6EI}{l^2}\overline{\varphi}^e_i + \frac{12EI}{l^3}\overline{v}^e_j - \frac{6EI}{l^2}\overline{\varphi}^e_j \\[4pt]
\overline{M}^e_j &= \frac{6EI}{l^2}\overline{v}^e_i + \frac{2EI}{l}\overline{\varphi}^e_i - \frac{6EI}{l^2}\overline{v}^e_j + \frac{4EI}{l}\overline{\varphi}^e_j
\end{aligned}
\right\}
\qquad (9-1)
$$

写成矩阵形式则有

$$
\begin{bmatrix} \bar{F}^e_{\mathrm{N}i} \\ \bar{F}^e_{\mathrm{Q}i} \\ \bar{M}^e_i \\ \cdots \\ \bar{F}^e_{\mathrm{N}j} \\ \bar{F}^e_{\mathrm{Q}j} \\ \bar{M}^e_j \end{bmatrix}
=
\begin{bmatrix}
\dfrac{EA}{l} & 0 & 0 & \vdots & -\dfrac{EA}{l} & 0 & 0 \\[2mm]
0 & \dfrac{12EI}{l^3} & \dfrac{6EI}{l^2} & \vdots & 0 & -\dfrac{12EI}{l^3} & \dfrac{6EI}{l^2} \\[2mm]
0 & \dfrac{6EI}{l^2} & \dfrac{4EI}{l} & \vdots & 0 & -\dfrac{6EI}{l^2} & \dfrac{2EI}{l} \\[2mm]
\cdots & \cdots & \cdots & \cdots & \cdots & \cdots & \cdots \\[2mm]
-\dfrac{EA}{l} & 0 & 0 & \vdots & \dfrac{EA}{l} & 0 & 0 \\[2mm]
0 & -\dfrac{12EI}{l^3} & -\dfrac{6EI}{l^2} & \vdots & 0 & \dfrac{12EI}{l^3} & -\dfrac{6EI}{l^2} \\[2mm]
0 & \dfrac{6EI}{l^2} & \dfrac{2EI}{l} & \vdots & 0 & -\dfrac{6EI}{l^2} & \dfrac{4EI}{l}
\end{bmatrix}
\begin{bmatrix} \bar{u}^e_i \\ \bar{v}^e_i \\ \bar{\varphi}^e_i \\ \cdots \\ \bar{u}^e_j \\ \bar{v}^e_j \\ \bar{\varphi}^e_j \end{bmatrix}
\tag{9-2}
$$

式 (9-2) 即为单元 (e) 的刚度方程，可简写成：

$$
\bar{\boldsymbol{F}}^e = \bar{\boldsymbol{k}}^e \bar{\boldsymbol{\delta}}^e \tag{9-3}
$$

式中：

$$
\bar{\boldsymbol{F}}^e =
\begin{bmatrix} \bar{F}^e_{\mathrm{N}i} \\ \bar{F}^e_{\mathrm{Q}i} \\ \bar{M}^e_i \\ \cdots \\ \bar{F}^e_{\mathrm{N}j} \\ \bar{F}^e_{\mathrm{Q}j} \\ \bar{M}^e_j \end{bmatrix}
\tag{9-4}
$$

$$
\bar{\boldsymbol{\delta}}^e =
\begin{bmatrix} \bar{u}^e_i \\ \bar{v}^e_i \\ \bar{\varphi}^e_i \\ \cdots \\ \bar{u}^e_j \\ \bar{v}^e_j \\ \bar{\varphi}^e_j \end{bmatrix}
\tag{9-5}
$$

分别称为单元的杆端力列向量和杆端位移列向量，而

$$
\bar{\boldsymbol{k}}^e =
\begin{array}{c}
\begin{array}{ccccccc} \bar{u}^e_i & \bar{v}^e_i & \bar{\varphi}^e_i & & \bar{u}^e_j & \bar{v}^e_j & \bar{\varphi}^e_j \end{array} \\
\begin{bmatrix}
\dfrac{EA}{l} & 0 & 0 & \vdots & -\dfrac{EA}{l} & 0 & 0 \\[2mm]
0 & \dfrac{12EI}{l^3} & \dfrac{6EI}{l^2} & \vdots & 0 & -\dfrac{12EI}{l^3} & \dfrac{6EI}{l^2} \\[2mm]
0 & \dfrac{6EI}{l^2} & \dfrac{4EI}{l} & \vdots & 0 & -\dfrac{6EI}{l^2} & \dfrac{2EI}{l} \\[2mm]
\cdots & \cdots & \cdots & \cdots & \cdots & \cdots & \cdots \\[2mm]
-\dfrac{EA}{l} & 0 & 0 & \vdots & \dfrac{EA}{l} & 0 & 0 \\[2mm]
0 & -\dfrac{12EI}{l^3} & -\dfrac{6EI}{l^2} & \vdots & 0 & \dfrac{12EI}{l^3} & -\dfrac{6EI}{l^2} \\[2mm]
0 & \dfrac{6EI}{l^2} & \dfrac{2EI}{l} & \vdots & 0 & -\dfrac{6EI}{l^2} & \dfrac{4EI}{l}
\end{bmatrix}
\begin{array}{l} \bar{F}^e_{\mathrm{N}i} \\ \bar{F}^e_{\mathrm{Q}i} \\ \bar{M}^e_i \\ \\ \bar{F}^e_{\mathrm{N}j} \\ \bar{F}^e_{\mathrm{Q}j} \\ \bar{M}^e_j \end{array}
\end{array}
\tag{9-6}
$$

　　称为单元刚度矩阵（简称单刚）。它的行数等于杆端力列向量的分量数，而列数等于杆端位移列向量的分量数，由于杆端力和相应的杆端位移数目相等，故 $\bar{k}^e$ 是方阵。为保证杆端力列向量和杆端位移列向量按规定的顺序排列，可在 $\bar{k}^e$ 的上方注明杆端位移分量，而在右方注明与之一一对应的杆端力分量。显然，单元刚度矩阵中每一元素的物理意义就是当其所在列对应的杆端位移分量等于 1（其余杆端位移分量均为零）时，所引起的其所在行对应的杆端力分量的数值。

　　单元刚度矩阵有如下重要性质：

　　（1）对称性。单元刚度矩阵 $\bar{k}^e$ 是一个对称矩阵，其元素 $k_{ij}=k_{ji}(i\neq j)$。由反力互等定理可得到证明。

　　（2）奇异性。单元刚度矩阵 $\bar{k}^e$ 是奇异矩阵，它的元素行列式等于零，即 $|\bar{k}^e|=0$。因此，其逆矩阵不存在。也就是说，如果给定了杆端位移 $\bar{\pmb\delta}^e$，由式（9-3）可以确定杆端力 $\bar{\pmb F}^e$；但给定了杆端力 $\bar{\pmb F}^e$，却不能由式（9-3）反求杆端位移 $\bar{\pmb\delta}^e$。从物理概念上来说，由于所讨论的是一个自由单元，两端没有任何支承约束，因此杆件除了由杆端力引起的轴向变形和弯曲变形外，还可以有任意的刚体位移，故由给定的 $\bar{\pmb F}^e$ 还不能求得 $\bar{\pmb\delta}^e$ 的唯一解，除非增加合适的约束条件。

　　对于只需考虑轴向杆端位移和轴向杆端力的单元，例如桁架中的杆单元，由式（9-2）可知，其单元刚度方程为

$$\begin{bmatrix}\bar{F}_{Ni}^e\\[2mm]\bar{F}_{Nj}^e\end{bmatrix}=\begin{bmatrix}\dfrac{EA}{l}&-\dfrac{EA}{l}\\[3mm]-\dfrac{EA}{l}&\dfrac{EA}{l}\end{bmatrix}\begin{bmatrix}\bar{u}_i^e\\[2mm]\bar{u}_j^e\end{bmatrix} \tag{9-7}$$

相应的单元刚度矩阵为

$$\bar{k}^e=\begin{matrix}\quad\bar{u}_i^e\qquad\ \ \bar{u}_j^e\quad\\[1mm]\begin{bmatrix}\dfrac{EA}{l}&-\dfrac{EA}{l}\\[3mm]-\dfrac{EA}{l}&\dfrac{EA}{l}\end{bmatrix}\begin{matrix}\bar{F}_{Ni}^e\\[3mm]\bar{F}_{Nj}^e\end{matrix}\end{matrix} \tag{9-8}$$

　　式（9-7）和式（9-8）可以看作一般单元在不考虑垂直于杆轴方向杆端线位移和角位移情况下，即 $\bar{v}_i^e=\bar{v}_j^e=\bar{\varphi}_i^e=\bar{\varphi}_j^e=0$ 时，得出的单元刚度方程和单元刚度矩阵。

　　此外，为了以后便于进行坐标转换，可以添上零元素的行和列，把它写成 $4\times4$ 的矩阵：

$$\bar{k}^e=\begin{matrix}\ \ \bar{u}_i^e\quad\ \ \bar{v}_i^e\qquad\ \ \bar{u}_j^e\quad\ \ \bar{v}_j^e\\[1mm]\begin{bmatrix}\dfrac{EA}{l}&0&\vdots&-\dfrac{EA}{l}&0\\[3mm]0&0&\vdots&0&0\\[1mm]\cdots&\cdots&\cdots&\cdots&\cdots\\[1mm]-\dfrac{EA}{l}&0&\vdots&\dfrac{EA}{l}&0\\[3mm]0&0&\vdots&0&0\end{bmatrix}\begin{matrix}\bar{F}_{Ni}^e\\[3mm]\bar{F}_{Qi}^e\\[1mm]\\[1mm]\bar{F}_{Nj}^e\\[3mm]\bar{F}_{Qj}^e\end{matrix}\end{matrix} \tag{9-9}$$

　　对于其他特殊的杆件单元，同样可由式（9-2）经过修改得到相应的单元刚度矩阵。

## 第三节　单元刚度矩阵的坐标转换

上述单元刚度方程和单元刚度矩阵是在局部坐标系 $\bar{x} \, \bar{o} \, \bar{y}$ 中建立起来的，对于一般杆系结构，分析时所划分的各单元其局部坐标系显然不相同，因此在研究结构的平衡条件和变形协调条件时，必须选定一个统一的坐标系 $xoy$，称为整体坐标系或结构坐标系。同时，还必须把在局部坐标系中建立的单元刚度矩阵转换为整体坐标系下的单元刚度矩阵。下面介绍坐标变换的方法。

如图 9 - 3 所示单元 $(e)$，$\bar{x} \, \bar{o} \, \bar{y}$ 为单元坐标系，$xoy$ 为整体坐标系。在单元坐标系 $\bar{x} \, \bar{o} \, \bar{y}$

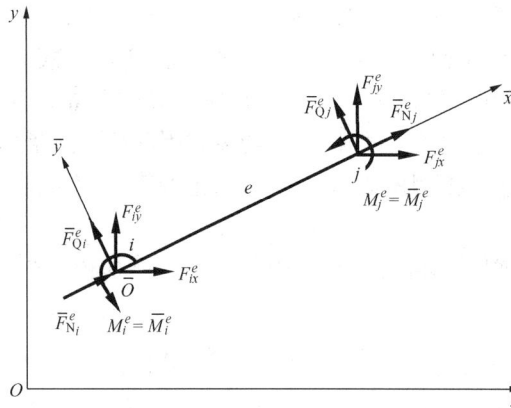

图 9 - 3

下，单元杆端力可表示为

$$\bar{\boldsymbol{F}}^e = \begin{bmatrix} \bar{F}_{Ni}^e & \bar{F}_{Qi}^e & \bar{M}_i^e & \bar{F}_{Nj}^e & \bar{F}_{Qj}^e & \bar{M}_j^e \end{bmatrix}^{\mathrm{T}} \tag{9-10}$$

在整体坐标系 $xoy$ 下的单元杆端力表示为

$$\boldsymbol{F}^e = \begin{bmatrix} F_{ix}^e & F_{iy}^e & M_i^e & F_{jx}^e & F_{jy}^e & M_j^e \end{bmatrix}^{\mathrm{T}} \tag{9-11}$$

设以 $x$ 轴逆时针转到与 $\bar{x}$ 轴重合时所成的角度 $\alpha$ 为正，由静力等效变换得

$$
\left.
\begin{aligned}
\bar{F}_{Ni}^e &= F_{ix}^e \cos\alpha + F_{iy}^e \sin\alpha \\
\bar{F}_{Qi}^e &= -F_{ix}^e \sin\alpha + F_{iy}^e \cos\alpha \\
\bar{M}_i^e &= M_i^e \\
\bar{F}_{Nj}^e &= F_{jx}^e \cos\alpha + F_{jy}^e \sin\alpha \\
\bar{F}_{Qj}^e &= -F_{jx}^e \sin\alpha + F_{jy}^e \cos\alpha \\
\bar{M}_j^e &= M_j^e
\end{aligned}
\right\}
\tag{9-12}
$$

将上式写成矩阵形式，可得

$$
\begin{bmatrix}
\bar{F}_{Ni}^e \\
\bar{F}_{Qi}^e \\
\bar{M}_i^e \\
\bar{F}_{Nj}^e \\
\bar{F}_{Qj}^e \\
\bar{M}_j^e
\end{bmatrix}
=
\begin{bmatrix}
\cos\alpha & \sin\alpha & 0 & 0 & 0 & 0 \\
-\sin\alpha & \cos\alpha & 0 & 0 & 0 & 0 \\
0 & 0 & 1 & 0 & 0 & 0 \\
0 & 0 & 0 & \cos\alpha & \sin\alpha & 0 \\
0 & 0 & 0 & -\sin\alpha & \cos\alpha & 0 \\
0 & 0 & 0 & 0 & 0 & 1
\end{bmatrix}
\begin{bmatrix}
F_{ix}^e \\
F_{iy}^e \\
M_i^e \\
F_{jx}^e \\
F_{jy}^e \\
M_j^e
\end{bmatrix}
\tag{9-13}
$$

或简写成：

$$\bar{F}^e = TF^e \tag{9-14}$$

其中

$$T = \begin{bmatrix} \cos\alpha & \sin\alpha & 0 & 0 & 0 & 0 \\ -\sin\alpha & \cos\alpha & 0 & 0 & 0 & 0 \\ 0 & 0 & 1 & 0 & 0 & 0 \\ 0 & 0 & 0 & \cos\alpha & \sin\alpha & 0 \\ 0 & 0 & 0 & -\sin\alpha & \cos\alpha & 0 \\ 0 & 0 & 0 & 0 & 0 & 1 \end{bmatrix} \tag{9-15}$$

称为坐标变换矩阵。它是一个正交阵，因而有

$$T^{-1} = T^{\mathrm{T}} \tag{9-16}$$

式（9-14）表明单元（e）在整体坐标系下的杆端力与在单元局部坐标系下的杆端力之间的变换关系。这一变换关系同样适用于杆端位移，即

$$\bar{\boldsymbol{\delta}}^e = T\boldsymbol{\delta}^e \tag{9-17}$$

其中

$$\boldsymbol{\delta}^e = \begin{bmatrix} u_i^e & v_i^e & \varphi_i^e & u_j^e & v_j^e & \varphi_j^e \end{bmatrix}^{\mathrm{T}} \tag{9-18}$$

称为整体坐标系下的杆端位移列向量。

将式（9-14）、式（9-17）代入式（9-3），有

$$TF^e = \bar{k}^e T\boldsymbol{\delta}^e$$

上式两边左乘 $T^{-1}$，并考虑到式（9-16），可得

$$F^e = T^{\mathrm{T}}\bar{k}^e T\boldsymbol{\delta}^e \tag{9-19}$$

令

$$k^e = T^{\mathrm{T}}\bar{k}^e T \tag{9-20}$$

则有

$$F^e = k^e\boldsymbol{\delta}^e \tag{9-21}$$

式（9-21）即整体坐标系下单元（e）的刚度方程。这里，$k^e$ 就是整体坐标系中的单元刚度矩阵，式（9-20）即为单元刚度矩阵由局部坐标系向整体坐标系转换的公式。

由于以后在整体分析中，是对结构的每个结点分别建立平衡方程，因此为了以后讨论方便，可将式（9-21）按单元的始末端结点 $i$、$j$ 进行分块，而写成如下形式：

$$\begin{bmatrix} F_i^e \\ F_j^e \end{bmatrix} = \begin{bmatrix} k_{ii}^e & k_{ij}^e \\ k_{ji}^e & k_{jj}^e \end{bmatrix} \begin{bmatrix} \boldsymbol{\delta}_i^e \\ \boldsymbol{\delta}_j^e \end{bmatrix} \tag{9-22}$$

式中

$$F_i^e = \begin{bmatrix} F_{ix}^e \\ F_{iy}^e \\ M_i^e \end{bmatrix}, \quad F_j^e = \begin{bmatrix} F_{jx}^e \\ F_{jy}^e \\ M_j^e \end{bmatrix}, \quad \boldsymbol{\delta}_i^e = \begin{bmatrix} u_i^e \\ v_i^e \\ \varphi_i^e \end{bmatrix}, \quad \boldsymbol{\delta}_j^e = \begin{bmatrix} u_j^e \\ v_j^e \\ \varphi_j^e \end{bmatrix} \tag{9-23}$$

分别为始端 $i$ 和末端 $j$ 的杆端力和杆端位移列向量。$k_{ii}^e$、$k_{ij}^e$、$k_{ji}^e$、$k_{jj}^e$ 为单元刚度矩阵 $k^e$ 的四个子块，即

$$i \qquad j$$

$$k^e = \begin{bmatrix} k^e_{ii} & k^e_{ij} \\ k^e_{ji} & k^e_{jj} \end{bmatrix} \begin{matrix} i \\ j \end{matrix} \qquad (9-24)$$

每个子块都是 3×3 阶方阵。

将式（9-6）、式（9-15）代入式（9-20），可得整体坐标系下的单元刚度矩阵：

$$k^e = \begin{bmatrix} k^e_{ii} \cdots k^e_{ij} \\ \vdots \quad \vdots \quad \vdots \\ k^e_{ji} \cdots k^e_{ij} \end{bmatrix} = \begin{bmatrix} \left(\dfrac{EA}{l}c^2+\dfrac{12EI}{l^3}s^2\right) & \left(\dfrac{EA}{l}-\dfrac{12EI}{l^3}\right)cs & -\dfrac{6EI}{l^2}s & \vdots & \left(-\dfrac{EA}{l}c^2-\dfrac{12EI}{l^3}s^2\right) & \left(-\dfrac{EA}{l}+\dfrac{12EI}{l^3}\right)cs & -\dfrac{6EI}{l^2}s \\ \left(\dfrac{EA}{l}-\dfrac{12EI}{l^3}\right)cs & \left(\dfrac{EA}{l}s^2+\dfrac{12EI}{l^3}c^2\right) & \dfrac{6EI}{l^2}c & \vdots & \left(-\dfrac{EA}{l}+\dfrac{12EI}{l^3}\right)cs & \left(-\dfrac{EA}{l}s^2-\dfrac{12EI}{l^3}c^2\right) & \dfrac{6EI}{l^2}c \\ -\dfrac{6EI}{l^2}s & \dfrac{6EI}{l^2}c & \dfrac{4EI}{l} & \vdots & \dfrac{6EI}{l^2}s & -\dfrac{6EI}{l^2}c & \dfrac{2EI}{l} \\ \cdots & \cdots & \cdots & \vdots & \cdots & \cdots & \cdots \\ \left(-\dfrac{EA}{l}c^2-\dfrac{12EI}{l^3}s^2\right) & \left(-\dfrac{EA}{l}+\dfrac{12EI}{l^3}\right)cs & \dfrac{6EI}{l^2}s & \vdots & \left(\dfrac{EA}{l}c^2+\dfrac{12EI}{l^3}s^2\right) & \left(\dfrac{EA}{l}-\dfrac{12EI}{l^3}\right)cs & \dfrac{6EI}{l^2}s \\ \left(-\dfrac{EA}{l}+\dfrac{12EI}{l^3}\right)cs & \left(-\dfrac{EA}{l}s^2-\dfrac{12EI}{l^3}c^2\right) & -\dfrac{6EI}{l^2}c & \vdots & \left(\dfrac{EA}{l}-\dfrac{12EI}{l^3}\right)cs & \left(\dfrac{EA}{l}s^2+\dfrac{12EI}{l^3}c^2\right) & -\dfrac{6EI}{l^2}c \\ -\dfrac{6EI}{l^2}s & \dfrac{6EI}{l^2}c & \dfrac{2EI}{l} & \vdots & \dfrac{6EI}{l^2}s & -\dfrac{6EI}{l^2}c & \dfrac{4EI}{l} \end{bmatrix}$$

$$(9-25)$$

式中：$c=\cos\alpha$，$s=\sin\alpha$。

不难看出，上述整体坐标系中的单元刚度矩阵 $k^e$ 是对称矩阵和奇异矩阵。

对于两端只承受轴力的单元，在整体坐标系中的杆端力和相应的杆端位移列向量分别为

$$F^e = \begin{bmatrix} F^e_i \\ F^e_j \end{bmatrix} = \begin{bmatrix} F^e_{ix} \\ F^e_{iy} \\ F^e_{jx} \\ F^e_{jy} \end{bmatrix}, \quad \delta^e = \begin{bmatrix} \delta^e_i \\ \delta^e_j \end{bmatrix} = \begin{bmatrix} u^e_i \\ v^e_i \\ u^e_j \\ v^e_j \end{bmatrix} \qquad (9-26)$$

杆件在局部坐标系中的单元刚度矩阵 $\bar{k}^e$ 如式（9-9）所示，而坐标转换矩阵

$$T = \begin{bmatrix} \cos\alpha & \sin\alpha & \vdots & 0 & 0 \\ -\sin\alpha & \cos\alpha & \vdots & 0 & 0 \\ \cdots & \cdots & \cdots & \cdots & \cdots \\ 0 & 0 & \vdots & \cos\alpha & \sin\alpha \\ 0 & 0 & \vdots & -\sin\alpha & \cos\alpha \end{bmatrix} \qquad (9-27)$$

将式（9-9）和式（9-27）代入式（9-20），可得轴力杆件的单元刚度矩阵为

$$k^e = \begin{bmatrix} k^e_{ii} & \vdots & k^e_{ij} \\ \cdots & \cdots & \cdots \\ k^e_{ji} & \vdots & k^e_{jj} \end{bmatrix} = \frac{EA}{l} \begin{bmatrix} \cos^2\alpha & \cos\alpha\sin\alpha & \vdots & -\cos^2\alpha & -\cos\alpha\sin\alpha \\ \cos\alpha\sin\alpha & \sin^2\alpha & \vdots & -\cos\alpha\sin\alpha & -\sin^2\alpha \\ \cdots & \cdots & \cdots & \cdots & \cdots \\ -\cos^2\alpha & -\cos\alpha\sin\alpha & \vdots & \cos^2\alpha & \cos\alpha\sin\alpha \\ -\cos\alpha\sin\alpha & -\sin^2\alpha & \vdots & \cos\alpha\sin\alpha & \sin^2\alpha \end{bmatrix} \qquad (9-28)$$

## 第四节　整 体 刚 度 矩 阵

本节将讨论矩阵位移法的第二步——整体分析。

在计算任何结构时，都应使它满足平衡条件和变形协调条件。矩阵位移法是在单元分析的基础上，利用结构的平衡条件和变形协调条件来获得结构刚度方程的，与此同时也就得出

了结构刚度矩阵。研究结构刚度矩阵的形成规律，便可得到直接形成结构刚度矩阵的方法。下面以图 9-4（a）所示刚架为例来说明。

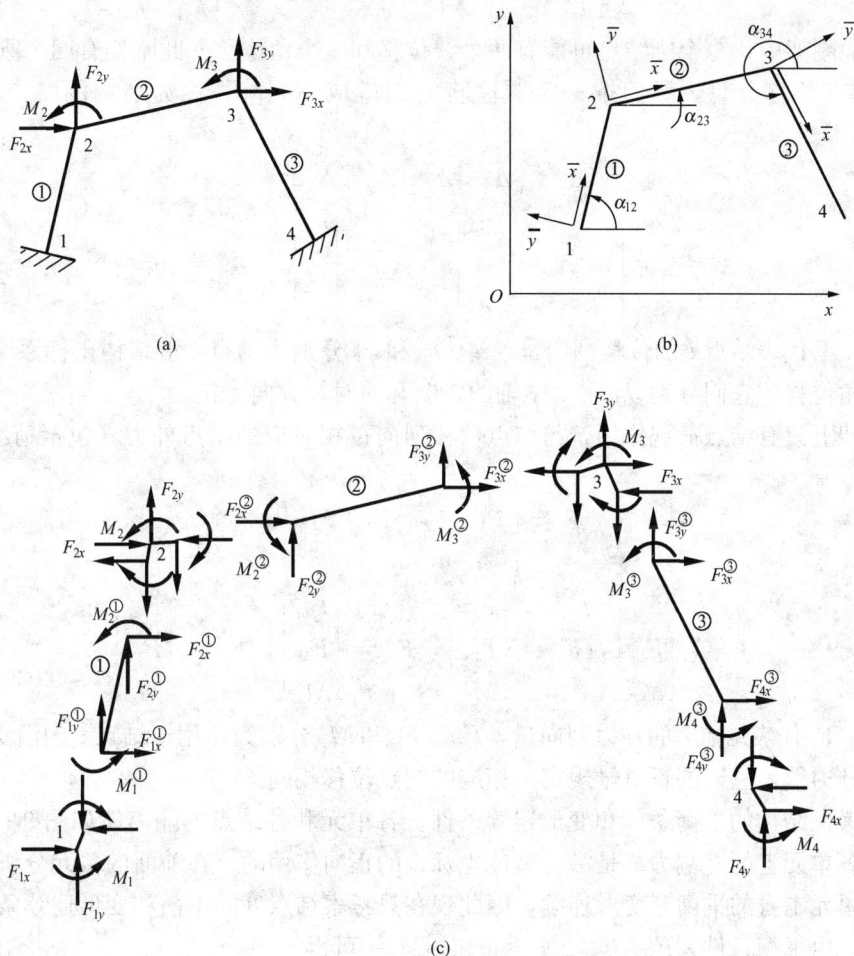

(a)

(b)

(c)

图 9-4

由于在整体分析中将涉及到许多单元及联结它们的结点，现对各单元和结点进行编号，用①、②、…表示单元号，用 1、2、…表示结点号，这里支座也视为结点。同时，选取整体坐标系和各单元的局部坐标系如图 9-4（b）所示，各单元的始、末两端 $i$、$j$ 的结点号码如表 9-1 所示。按式（9-24）表示的各单元刚度矩阵的四个子块应该为

表 9-1 各单元始末端的结点号码

| 单 元 | 始 末 端 结 点 号 | |
|---|---|---|
| | $i$ | $j$ |
| ① | 1 | 2 |
| ② | 2 | 3 |
| ③ | 3 | 4 |

$$\boldsymbol{k}^{①} = \begin{bmatrix} \boldsymbol{k}_{11}^{①} & \boldsymbol{k}_{12}^{①} \\ \boldsymbol{k}_{21}^{①} & \boldsymbol{k}_{22}^{①} \end{bmatrix} \begin{matrix} 1 \\ 2 \end{matrix}, \quad \boldsymbol{k}^{②} = \begin{bmatrix} \boldsymbol{k}_{22}^{②} & \boldsymbol{k}_{23}^{②} \\ \boldsymbol{k}_{32}^{②} & \boldsymbol{k}_{33}^{②} \end{bmatrix} \begin{matrix} 2 \\ 3 \end{matrix}, \quad \boldsymbol{k}^{③} = \begin{bmatrix} \boldsymbol{k}_{33}^{③} & \boldsymbol{k}_{34}^{③} \\ \boldsymbol{k}_{43}^{③} & \boldsymbol{k}_{44}^{③} \end{bmatrix} \begin{matrix} 3 \\ 4 \end{matrix} \tag{a}$$

在平面刚架中，每个刚结点可能有两个线位移和一个角位移。此刚架有四个刚结点，共有 12 个结点位移分量，我们按一定顺序将它们排成一列阵，称为结构的结点位移列向量，即：

$$\boldsymbol{\Delta} = \begin{bmatrix} \boldsymbol{\Delta}_1 & \boldsymbol{\Delta}_2 & \boldsymbol{\Delta}_3 & \boldsymbol{\Delta}_4 \end{bmatrix}^{\mathrm{T}}$$

$$\boldsymbol{\Delta}_1 = \begin{bmatrix} u_1 \\ v_1 \\ \varphi_1 \end{bmatrix}, \quad \boldsymbol{\Delta}_2 = \begin{bmatrix} u_2 \\ v_2 \\ \varphi_2 \end{bmatrix}, \quad \boldsymbol{\Delta}_3 = \begin{bmatrix} u_3 \\ v_3 \\ \varphi_3 \end{bmatrix}, \quad \boldsymbol{\Delta}_4 = \begin{bmatrix} u_4 \\ v_4 \\ \varphi_4 \end{bmatrix}$$

这里，$\boldsymbol{\Delta}_i$ 代表结点 $i$ 的位移列向量，$u_i$、$v_i$ 和 $\varphi_i$ 分别为结点 $i$ 沿结构坐标系 $x$、$y$ 轴的线位移和角位移，它们分别以沿 $x$、$y$ 轴的正向和逆时针方向为正。

设刚架上只有结点荷载作用，与结点位移列向量相对应的结点外力（包括荷载和反力）列向量为

$$\boldsymbol{F} = \begin{bmatrix} \boldsymbol{F}_1 & \boldsymbol{F}_2 & \boldsymbol{F}_3 & \boldsymbol{F}_4 \end{bmatrix}^{\mathrm{T}}$$

式中：

$$\boldsymbol{F}_1 = \begin{bmatrix} F_{1x} \\ F_{1y} \\ M_1 \end{bmatrix}, \quad \boldsymbol{F}_2 = \begin{bmatrix} F_{2x} \\ F_{2y} \\ M_2 \end{bmatrix}, \quad \boldsymbol{F}_3 = \begin{bmatrix} F_{3x} \\ F_{3y} \\ M_3 \end{bmatrix}, \quad \boldsymbol{F}_4 = \begin{bmatrix} F_{4x} \\ F_{4y} \\ M_4 \end{bmatrix}$$

这里，$\boldsymbol{F}_i$ 代表结点 $i$ 的外力列向量，$F_{ix}$、$F_{iy}$ 和 $M_i$ 分别为作用于结点 $i$ 的沿 $x$、$y$ 方向的外力和外力偶，它们的正负号规定与相应的结点位移相同。

现在考虑结构的平衡条件和变形连续条件。各单元和各结点的隔离体如图 9-4（c）所示，图中各单元上的杆端力都是沿着整体坐标系的正向作用的。在前面的单元分析中，已经保证了各单元本身的平衡和变形连续，因此现在只考察结点处的平衡和变形连续条件。以结点 2 为例，由平衡条件 $\sum F_x = 0$、$\sum F_y = 0$ 和 $\sum M = 0$ 可得：

$$\left. \begin{array}{l} F_{2x} = F_{2x}^{①} + F_{2x}^{②} \\ F_{2y} = F_{2y}^{①} + F_{2y}^{②} \\ M_2 = M_2^{①} + M_2^{②} \end{array} \right\}$$

写成矩阵形式有

$$\begin{bmatrix} F_{2x} \\ F_{2y} \\ M_2 \end{bmatrix} = \begin{bmatrix} F_{2x}^{①} \\ F_{2y}^{①} \\ M_2^{①} \end{bmatrix} + \begin{bmatrix} F_{2x}^{②} \\ F_{2y}^{②} \\ M_2^{②} \end{bmatrix}$$

上式左边即为结点 2 的荷载列向量 $\boldsymbol{F}_2$，右边二列则分别为单元①和单元②在 2 端的杆端力列向量 $\boldsymbol{F}_2^{①}$ 和 $\boldsymbol{F}_2^{②}$，故上式可简写为

$$\boldsymbol{F}_2 = \boldsymbol{F}_2^{①} + \boldsymbol{F}_2^{②} \tag{b}$$

根据式（9-22），上述杆端力列向量可以用杆端位移列向量表示：

$$\left. \begin{array}{l} \boldsymbol{F}_2^{①} = \boldsymbol{k}_{21}^{①} \boldsymbol{\delta}_1^{①} + \boldsymbol{k}_{22}^{①} \boldsymbol{\delta}_2^{①} \\ \boldsymbol{F}_2^{②} = \boldsymbol{k}_{22}^{②} \boldsymbol{\delta}_2^{②} + \boldsymbol{k}_{23}^{②} \boldsymbol{\delta}_3^{②} \end{array} \right\} \tag{c}$$

再根据结点处的变形连续条件，应该有

$$\left.\begin{aligned} \boldsymbol{\delta}_2^{①} &= \boldsymbol{\delta}_2^{②} = \boldsymbol{\Delta}_2 \\ \boldsymbol{\delta}_1^{①} &= \boldsymbol{\Delta}_1 \\ \boldsymbol{\delta}_3^{①} &= \boldsymbol{\Delta}_3 \end{aligned}\right\} \tag{d}$$

将式（c）和式（d）代入式（b），则得到以结点位移表示的结点 2 的平衡方程：

$$\boldsymbol{F}_2 = \boldsymbol{k}_{21}^{①}\boldsymbol{\Delta}_1 + (\boldsymbol{k}_{22}^{①} + \boldsymbol{k}_{22}^{②})\boldsymbol{\Delta}_2 + \boldsymbol{k}_{23}^{②}\boldsymbol{\Delta}_3 \tag{e}$$

同理，对于结点 1、3、4 都可以列出类似的方程。把四个结点的方程汇集在一起，可得

$$\left.\begin{aligned} \boldsymbol{F}_1 &= \boldsymbol{k}_{11}^{①}\boldsymbol{\Delta}_1 + \boldsymbol{k}_{12}^{①}\boldsymbol{\Delta}_2 \\ \boldsymbol{F}_2 &= \boldsymbol{k}_{21}^{①}\boldsymbol{\Delta}_1 + (\boldsymbol{k}_{22}^{①} + \boldsymbol{k}_{22}^{②})\boldsymbol{\Delta}_2 + \boldsymbol{k}_{23}^{②}\boldsymbol{\Delta}_3 \\ \boldsymbol{F}_3 &= \boldsymbol{k}_{32}^{②}\boldsymbol{\Delta}_2 + (\boldsymbol{k}_{33}^{②} + \boldsymbol{k}_{33}^{③})\boldsymbol{\Delta}_3 + \boldsymbol{k}_{34}^{③}\boldsymbol{\Delta}_4 \\ \boldsymbol{F}_4 &= \boldsymbol{k}_{43}^{③}\boldsymbol{\Delta}_3 + \boldsymbol{k}_{44}^{③}\boldsymbol{\Delta}_4 \end{aligned}\right\} \tag{9-29}$$

写成矩阵形式则为

$$\begin{bmatrix} \boldsymbol{F}_1 = \begin{bmatrix} F_{1x} \\ F_{1y} \\ M_1 \end{bmatrix} \\ \cdots \\ \boldsymbol{F}_2 = \begin{bmatrix} F_{2x} \\ F_{2y} \\ M_2 \end{bmatrix} \\ \cdots \\ \boldsymbol{F}_3 = \begin{bmatrix} F_{3x} \\ F_{3y} \\ M_3 \end{bmatrix} \\ \cdots \\ \boldsymbol{F}_4 = \begin{bmatrix} F_{4x} \\ F_{4y} \\ M_4 \end{bmatrix} \end{bmatrix} = \begin{bmatrix} \boldsymbol{k}_{11}^{①} & \vdots & \boldsymbol{k}_{12}^{①} & \vdots & 0 & \vdots & 0 \\ \cdots & \cdots & \cdots & \cdots & \cdots & \cdots & \cdots \\ \boldsymbol{k}_{21}^{①} & \vdots & \boldsymbol{k}_{22}^{①} + \boldsymbol{k}_{22}^{②} & \vdots & \boldsymbol{k}_{23}^{②} & \vdots & 0 \\ \cdots & \cdots & \cdots & \cdots & \cdots & \cdots & \cdots \\ 0 & \vdots & \boldsymbol{k}_{32}^{②} & \vdots & \boldsymbol{k}_{33}^{②} + \boldsymbol{k}_{33}^{③} & \vdots & \boldsymbol{k}_{34}^{③} \\ \cdots & \cdots & \cdots & \cdots & \cdots & \cdots & \cdots \\ 0 & \vdots & 0 & \vdots & \boldsymbol{k}_{43}^{③} & \vdots & \boldsymbol{k}_{44}^{③} \end{bmatrix} \begin{bmatrix} \boldsymbol{\Delta}_1 = \begin{bmatrix} u_1 \\ v_1 \\ \varphi_1 \end{bmatrix} \\ \cdots \\ \boldsymbol{\Delta}_2 = \begin{bmatrix} u_2 \\ v_2 \\ \varphi_2 \end{bmatrix} \\ \cdots \\ \boldsymbol{\Delta}_3 = \begin{bmatrix} u_3 \\ v_3 \\ \varphi_3 \end{bmatrix} \\ \cdots \\ \boldsymbol{\Delta}_4 = \begin{bmatrix} u_4 \\ v_4 \\ \varphi_4 \end{bmatrix} \end{bmatrix} \tag{9-30}$$

这就是用结点位移表示的所有结点的平衡方程，它表明了结点外力与结点位移之间的关系，通常称为结构的整体刚度方程。上式可简写为

$$\boldsymbol{F} = \boldsymbol{K}\boldsymbol{\Delta} \tag{9-31}$$

式中

$$\boldsymbol{K} = \begin{bmatrix} \boldsymbol{K}_{11} & \vdots & \boldsymbol{K}_{12} & \vdots & \boldsymbol{K}_{13} & \vdots & \boldsymbol{K}_{14} \\ \cdots & \cdots & \cdots & \cdots & \cdots & \cdots & \cdots \\ \boldsymbol{K}_{21} & \vdots & \boldsymbol{K}_{22} & \vdots & \boldsymbol{K}_{23} & \vdots & \boldsymbol{K}_{24} \\ \cdots & \cdots & \cdots & \cdots & \cdots & \cdots & \cdots \\ \boldsymbol{K}_{31} & \vdots & \boldsymbol{K}_{32} & \vdots & \boldsymbol{K}_{33} & \vdots & \boldsymbol{K}_{34} \\ \cdots & \cdots & \cdots & \cdots & \cdots & \cdots & \cdots \\ \boldsymbol{K}_{41} & \vdots & \boldsymbol{K}_{42} & \vdots & \boldsymbol{K}_{43} & \vdots & \boldsymbol{K}_{44} \end{bmatrix} = \begin{bmatrix} \boldsymbol{k}_{11}^{①} & \vdots & \boldsymbol{k}_{12}^{①} & \vdots & 0 & \vdots & 0 \\ \cdots & \cdots & \cdots & \cdots & \cdots & \cdots & \cdots \\ \boldsymbol{k}_{21}^{①} & \vdots & \boldsymbol{k}_{22}^{①} + \boldsymbol{k}_{22}^{②} & \vdots & \boldsymbol{k}_{23}^{②} & \vdots & 0 \\ \cdots & \cdots & \cdots & \cdots & \cdots & \cdots & \cdots \\ 0 & \vdots & \boldsymbol{k}_{32}^{②} & \vdots & \boldsymbol{k}_{33}^{②} + \boldsymbol{k}_{33}^{③} & \vdots & \boldsymbol{k}_{34}^{③} \\ \cdots & \cdots & \cdots & \cdots & \cdots & \cdots & \cdots \\ 0 & \vdots & 0 & \vdots & \boldsymbol{k}_{43}^{③} & \vdots & \boldsymbol{k}_{44}^{③} \end{bmatrix} \tag{9-32}$$

称为结构的整体刚度矩阵，也称结构的总刚度矩阵（简称总刚）。它的每个子块都是 $3\times3$ 阶方阵，故 $K$ 为 $12\times12$ 阶方阵，其中每一元素的物理意义就是当其所在列对应的结点位移分量等于 $1$（其余结点位移分量均为零）时，其所在行对应的结点外力分量所应有的数值。

整体刚度矩阵 $K$ 具有以下特性：

（1）对称性。

（2）奇异性。这是由于未考虑结构的支承约束条件，结构还可以有任意刚体位移，故其结点位移的解答不是唯一的。

现在来分析整体刚度矩阵的组成规律。

对照式（a）和式（9-32），不难看出，只需把每个单元刚度矩阵的四个子块按其两个下标号码逐一填写到整体刚度矩阵中相应的行和列的位置上去，就可得到整体刚度矩阵。简单地说就是：各单刚子块"对号入座"就形成总刚。一般说来，某单刚子块 $k_{ij}^e$ 应被送到总刚中第 $i$ 行 $j$ 列的位置上去。这种利用单刚子块对号入座而直接形成总刚的方法，称为直接刚度法。

在对号入座时，具有相同下标的各单刚子块，即在总刚中被送到同一位置上的各单刚子块就要叠加；而在没有单刚子块的位置上则为零子块。

为了讨论方便，将主对角线上的子块称为主子块，其余子块称为副子块；同交于一个结点的各杆件称为该结点的相关单元；而两个结点之间有杆件直接相连者称为相关结点。则

（1）总刚中的主子块 $K_{ii}$ 是由结点 $i$ 的各相关单元的主子块叠加求得，即 $K_{ii}=\sum k_{ii}^e$。

（2）总刚中的副子块 $K_{im}$，当 $i$、$m$ 为相关结点时即为联结它们的单元的相应副子块，即 $K_{im}=k_{im}^e$；当 $i$、$m$ 为非相关结点时即为零子块。

**【例 9-1】**　试求图 9-5（a）所示刚架的整体刚度矩阵。各杆材料及截面均相同，$E=200\text{GPa}$，$I=32\times10^{-5}\text{m}^4$，$A=1\times10^{-2}\text{m}^2$。

**解**　（1）将各单元、结点编号，并选取整体坐标系和各单元的局部坐标系如图所示，各单元始末端的结点编号为表 9-2 所列。

表 9-2　　　各单元始末端结点编号

| 单　元 | 始末端结点编号 | |
|:---:|:---:|:---:|
| | $i$ | $j$ |
| ① | 2 | 3 |
| ② | 1 | 2 |
| ③ | 4 | 3 |

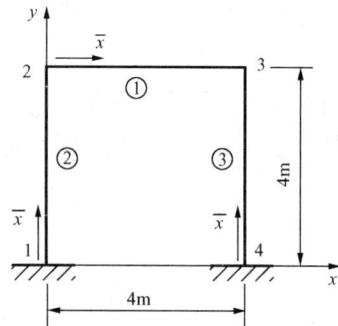

图 9-5

（2）各单元在整体坐标系中的单元刚度矩阵按式（9-25）计算。现将所需有关数据计算如下：

$$\frac{EA}{l}=\frac{(200\times10^6)\times(1\times10^{-2})}{4}=500\times10^3\text{kN/m}$$

$$\frac{12EI}{l^3} = \frac{12 \times (200 \times 10^6) \times (32 \times 10^{-5})}{4} = 12 \times 10^3 \, \text{kN/m}$$

$$\frac{6EI}{l^2} = 24 \times 10^3 \, \text{kN}$$

$$\frac{4EI}{l} = 64 \times 10^3 \, \text{kN} \cdot \text{m}$$

$$\frac{2EI}{l} = 32 \times 10^3 \, \text{kN} \cdot \text{m}$$

对于单元①，$\alpha = 0°$，$\cos\alpha = 1$，$\sin\alpha = 0$，可算得

$$\boldsymbol{k}^{①} = \begin{bmatrix} \boldsymbol{k}_{22}^{①} & \vdots & \boldsymbol{k}_{23}^{①} \\ \cdots & \cdots & \cdots \\ \boldsymbol{k}_{32}^{①} & \vdots & \boldsymbol{k}_{33}^{①} \end{bmatrix}$$

$$= 10^3 \times \begin{bmatrix} 500 & 0 & 0 & \vdots & -500 & 0 & 0 \\ 0 & 12 & 24 & \vdots & 0 & -12 & 24 \\ 0 & 24 & 64 & \vdots & 0 & -24 & 32 \\ \cdots & \cdots & \cdots & \cdots & \cdots & \cdots & \cdots \\ -500 & 0 & 0 & \vdots & 500 & 0 & 0 \\ 0 & -12 & -24 & \vdots & 0 & 12 & -24 \\ 0 & 24 & 32 & \vdots & 0 & -24 & 64 \end{bmatrix}$$

对于单元②和③，$\alpha = 90°$，$\cos\alpha = 0$，$\sin\alpha = 1$，可算得

$$\boldsymbol{k}^{②} = \begin{bmatrix} \boldsymbol{k}_{11}^{②} & \vdots & \boldsymbol{k}_{12}^{②} \\ \cdots & \cdots & \cdots \\ \boldsymbol{k}_{21}^{②} & \vdots & \boldsymbol{k}_{22}^{②} \end{bmatrix} = \boldsymbol{k}^{③} = \begin{bmatrix} \boldsymbol{k}_{44}^{③} & \vdots & \boldsymbol{k}_{43}^{③} \\ \cdots & \cdots & \cdots \\ \boldsymbol{k}_{34}^{③} & \vdots & \boldsymbol{k}_{44}^{③} \end{bmatrix}$$

$$= 10^3 \times \begin{bmatrix} 12 & 0 & -24 & \vdots & -12 & 0 & -24 \\ 0 & 500 & 0 & \vdots & 0 & -500 & 0 \\ -24 & 0 & 64 & \vdots & 24 & 0 & 32 \\ \cdots & \cdots & \cdots & \cdots & \cdots & \cdots & \cdots \\ -12 & 0 & 24 & \vdots & 12 & 0 & 24 \\ 0 & -500 & 0 & \vdots & 0 & 500 & 0 \\ -24 & 0 & 32 & \vdots & 24 & 0 & 64 \end{bmatrix}$$

（3）运用直接刚度法将以上各单刚子块对号入座即得总刚：

$$\boldsymbol{K} = \begin{bmatrix} \boldsymbol{k}_{11}^{②} & \vdots & \boldsymbol{k}_{12}^{②} & \vdots & 0 & \vdots & 0 \\ \cdots & \cdots & \cdots & \cdots & \cdots & \cdots & \cdots \\ \boldsymbol{k}_{21}^{②} & \vdots & \boldsymbol{k}_{22}^{②} + \boldsymbol{k}_{22}^{①} & \vdots & \boldsymbol{k}_{23}^{①} & \vdots & 0 \\ \cdots & \cdots & \cdots & \cdots & \cdots & \cdots & \cdots \\ 0 & \vdots & \boldsymbol{k}_{32}^{①} & \vdots & \boldsymbol{k}_{33}^{①} + \boldsymbol{k}_{33}^{③} & \vdots & \boldsymbol{k}_{34}^{③} \\ \cdots & \cdots & \cdots & \cdots & \cdots & \cdots & \cdots \\ 0 & \vdots & 0 & \vdots & \boldsymbol{k}_{43}^{③} & \vdots & \boldsymbol{k}_{44}^{③} \end{bmatrix} \begin{matrix} 1 \\ \\ 2 \\ \\ 3 \\ \\ 4 \end{matrix}$$

with column labels 1, 2, 3, 4 above.

$$=10^3\times\begin{bmatrix}
12 & 0 & -24 & -12 & 0 & -24 & & & & & & \\
0 & 500 & 0 & 0 & -500 & 0 & & 0 & & & 0 & \\
-24 & 0 & 64 & 24 & 0 & 32 & & & & & & \\
\cdots & \cdots & \cdots & \cdots & \cdots & \cdots & \cdots & \cdots & \cdots & \cdots & \cdots & \cdots \\
-12 & 0 & 24 & 512 & 0 & 24 & -500 & 0 & 0 & & & \\
0 & -500 & 0 & 0 & 512 & 24 & 0 & -12 & 24 & & 0 & \\
-24 & 0 & 32 & 24 & 24 & 128 & 0 & -24 & 32 & & & \\
\cdots & \cdots & \cdots & \cdots & \cdots & \cdots & \cdots & \cdots & \cdots & \cdots & \cdots & \cdots \\
& & & -500 & 0 & 0 & 512 & 0 & 24 & -12 & 0 & 24 \\
0 & & & 0 & -12 & -24 & 0 & 512 & -24 & 0 & -500 & 0 \\
& & & 0 & 24 & 32 & 24 & -24 & 128 & -24 & 0 & 32 \\
\cdots & \cdots & \cdots & \cdots & \cdots & \cdots & \cdots & \cdots & \cdots & \cdots & \cdots & \cdots \\
& & & & & & -12 & 0 & -24 & 12 & 0 & -24 \\
0 & & & & 0 & & 0 & -500 & 0 & 0 & 500 & 0 \\
& & & & & & 24 & 0 & 32 & -24 & 0 & 64
\end{bmatrix}$$

## 第五节 边界条件引入和非结点荷载的处理

通过前面的分析可知，整体刚度矩阵是奇异矩阵，其逆矩阵是不存在的，故须将边界支承条件引入整体刚度方程（式 9 - 31），并对非结点荷载进行处理，才能由刚度方程求出位移，从而进一步求出杆端内力及支座反力。

1. 边界条件的引入

对于未发生支座沉降的结点，其位移边界条件由支座的性质决定。例如：对于固定端结点，其 $u=0$、$v=0$、$\varphi=0$；对于固定铰结点，其 $u=0$、$v=0$。对于有支座沉降发生的情况，一般情况下其位移为已知值。

在上节中，我们已经建立了图 9 - 4 所示刚架的刚度方程即式（9 - 30），由于结点 1、4 均为固定端，故支承约束条件为

$$\begin{bmatrix}\boldsymbol{\Delta}_1\\\cdots\\\boldsymbol{\Delta}_4\end{bmatrix}=\begin{bmatrix}0\\\cdots\\0\end{bmatrix}\qquad(9-33)$$

代入式（9 - 30），由矩阵的乘法运算可得

$$\begin{bmatrix}\boldsymbol{F}_2\\\cdots\\\boldsymbol{F}_3\end{bmatrix}=\begin{bmatrix}\boldsymbol{k}_{22}^{①}+\boldsymbol{k}_{22}^{②} & \boldsymbol{k}_{23}^{②}\\\cdots & \cdots & \cdots\\\boldsymbol{k}_{32}^{②} & \boldsymbol{k}_{33}^{②}+\boldsymbol{k}_{33}^{③}\end{bmatrix}\begin{bmatrix}\boldsymbol{\Delta}_2\\\cdots\\\boldsymbol{\Delta}_3\end{bmatrix}\qquad(9-34)$$

和

$$\begin{bmatrix}\boldsymbol{F}_1\\\cdots\\\boldsymbol{F}_4\end{bmatrix}=\begin{bmatrix}\boldsymbol{k}_{12}^{①} & 0\\\cdots & \cdots & \cdots\\0 & \boldsymbol{k}_{43}^{③}\end{bmatrix}\begin{bmatrix}\boldsymbol{\Delta}_2\\\cdots\\\boldsymbol{\Delta}_3\end{bmatrix}\qquad(9-35)$$

式（9 - 34）就是引入支承条件后的结构刚度方程，可简写为

$$F = K\Delta \tag{9-36}$$

上式中的 $F$ 只包括已知结点荷载，$\Delta$ 只包括未知结点位移，此时的矩阵 $K$ 即为从结构的整体刚度矩阵中删去与已知结点位移对应的行和列而得到的。

引入支承条件后，整体刚度矩阵为非奇异矩阵，于是可由式（9-36）解出未知的结点位移 $\Delta$。结点位移一旦求出，便可由单元刚度方程计算各单元的内力。将式（9-21）中的杆端位移 $\delta^e$ 改用单元两端的结点位移 $\Delta^e$ 表示，则整体坐标系中的杆端力计算式为

$$F^e = k^e \Delta^e \tag{9-37}$$

再由式（9-14）可求得局部坐标系中的杆端力，即

$$\bar{F}^e = TF^e = Tk^e \Delta^e \tag{9-38}$$

### 2. 非结点荷载的处理

直至目前为止，我们所讨论的只是荷载作用在结点上的情况。在实际问题中，不可避免地会遇到非结点荷载。当结构跨间受到非结点荷载作用时，应先按静力等效原则将它移置到邻近的结点上，使之变成仅有结点荷载作用的结构，然后才能进行矩阵位移法分析。

首先，与位移法一样，加上附加链杆和刚臂阻止所有结点的线位移和角位移，此时各单元在非结点荷载作用下有固端力（固端弯矩、固端剪力），附加链杆和刚臂上有附加反力。由结点平衡可知，附加反力的数值等于汇交于该结点的各固端力的代数和。

其次，撤销附加链杆和刚臂，亦即将上述附加反力反号后作为荷载加于结点上，这些荷载称为原非结点荷载的等效结点荷载。

这样便达到了化为仅有结点荷载的目的。下面给出有关计算公式。设某单元 $e$ 在非结点荷载作用下，在其局部坐标系中的固端力为

$$\bar{F}^{Fe} = \begin{bmatrix} \bar{F}_i^{Fe} \\ \cdots \\ \bar{F}_j^{Fe} \end{bmatrix} = \begin{bmatrix} \bar{F}_{Ni}^{Fe} \\ \bar{F}_{Qi}^{Fe} \\ \bar{M}_i^{Fe} \\ \cdots \\ \bar{F}_{Nj}^{Fe} \\ \bar{F}_{Qj}^{Fe} \\ \bar{M}_j^{Fe} \end{bmatrix} \tag{9-39}$$

这里，上标"$F$"表示固端力。这些固端力可由表（9-3）查出。则在整体坐标系中的固端力应为

$$F^{Fe} = T^T \bar{F}^{Fe} = \begin{bmatrix} F_i^{Fe} \\ \cdots \\ F_j^{Fe} \end{bmatrix} = \begin{bmatrix} F_{ix}^{Fe} \\ F_{iy}^{Fe} \\ M_i^{Fe} \\ \cdots \\ F_{jx}^{Fe} \\ F_{jy}^{Fe} \\ M_j^{Fe} \end{bmatrix} \tag{9-40}$$

表 9 - 3　　　　　　　　　　　　　　　　　　等直杆单元的固端力

| 序号 | 荷　　载 | 固端力 | 始 端 $i$ | 末 端 $j$ |
|---|---|---|---|---|
| 1 | | $\overline{F}_N^F$ | $-\dfrac{F_1 b}{l}$ | $-\dfrac{F_1 a}{l}$ |
| | | $\overline{F}_Q^F$ | $-\dfrac{F_2 b^2 (l+2a)}{l^3}$ | $-\dfrac{F_2 a^2 (l+2b)}{l^3}$ |
| | | $\overline{M}^F$ | $-\dfrac{F_2 ab^2}{l^2}$ | $\dfrac{F_2 a^2 b}{l^2}$ |
| 2 | | $\overline{F}_N^F$ | $-\dfrac{pa(l+b)}{2l}$ | $-\dfrac{pa^2}{2l}$ |
| | | $\overline{F}_Q^F$ | $-\dfrac{qa(2l^3-2la^2+a^3)}{2l^3}$ | $-\dfrac{qa^3(2l-a)}{2l^3}$ |
| | | $\overline{M}^F$ | $-\dfrac{qa^2(6l^2-8la+3a^2)}{12l^2}$ | $\dfrac{qa^3(4l-3a)}{12l^2}$ |
| 3 | | $\overline{F}_N^F$ | $0$ | $0$ |
| | | $\overline{F}_Q^F$ | $\dfrac{6Mab}{l^3}$ | $-\dfrac{6Mab}{l^3}$ |
| | | $\overline{M}^F$ | $\dfrac{Mb(3a-l)}{l^2}$ | $\dfrac{Ma(3b-l)}{l^2}$ |
| 4 | | $\overline{F}_N^F$ | $\dfrac{EA\alpha(t_1+t_2)}{2}$ | $-\dfrac{EA\alpha(t_1+t_2)}{2}$ |
| | | $\overline{F}_Q^F$ | $0$ | $0$ |
| | | $\overline{M}^F$ | $\dfrac{EI\alpha(t_2-t_1)}{h}$ | $-\dfrac{EI\alpha(t_2-t_1)}{h}$ |

将它们反号并对号入座送到荷载列阵中，则成为等效结点荷载。任一结点 $i$ 上的等效结点荷载 $F_{Ei}$（下标"$E$"表示等效）为

$$\boldsymbol{F}_{Ei} = \begin{bmatrix} F_{Eix} \\ F_{Eiy} \\ M_{Ei} \end{bmatrix} = \begin{bmatrix} -\sum F_{ix}^{Fe} \\ -\sum F_{iy}^{Fe} \\ -\sum M_i^{Fe} \end{bmatrix} = -\sum \overline{\boldsymbol{F}}_i^{Fe} \tag{9-41}$$

再加上直接作用在结点 $i$ 上的荷载 $F_{Di}$（下标"$D$"表示直接），则 $i$ 点总的结点荷载为

$$\boldsymbol{F}_i = \boldsymbol{F}_{Di} + \boldsymbol{F}_{Ei} \tag{9-42}$$

$F_i$ 称为结点 $i$ 的综合结点荷载。整个结构的综合结点荷载列阵为

$$\boldsymbol{F} = \boldsymbol{F}_D + \boldsymbol{F}_E \tag{9-43}$$

式中 $F_D$ 是直接结点荷载列阵，$F_E$ 是等效结点荷载列阵。

## 第六节　矩阵位移法算例

通过上面的讨论，可将矩阵位移法的计算步骤归纳如下：

（1）整理原始数据，对各单元和结点进行编码，并确定每个单元的局部坐标系和结构的整体坐标系；

（2）计算局部坐标系中的单元刚度矩阵；

（3）计算整体坐标系中的单元刚度矩阵；

(4) 形成结构整体刚度矩阵；

(5) 计算固端力、等效结点荷载及综合结点荷载；

(6) 引入支承条件，形成刚度方程；

(7) 解算结构刚度方程，求出结点位移；

(8) 计算各单元杆端力。

**【例 9 - 2】** 试求图 9 - 6 所示刚架的内力。已知各杆材料及截面相同，$E=200\mathrm{GPa}$，$I=32\times10^{-5}\mathrm{m}^4$，$A=1\times10^{-2}\mathrm{m}^2$。

**解**　(1) 将单元、结点编号，确定坐标系，如图9 - 6所示。

(2) 求出各单元在局部坐标系中的单元刚度矩阵，见例 10 - 1。

(3) 求出各单元在整体坐标系中的单元刚度矩阵，见例 10 - 1。

(4) 将各单刚子块对号入座，形成结构整体刚度矩阵，见例 10 - 1。

(5) 计算非结点荷载作用下的各单元固端力、等效结点荷载及综合结点荷载。

查表 9 - 3 可知，各单元在其局部坐标系中的固端

力为

$$
\overline{\boldsymbol{F}}^{F①}=\begin{bmatrix}\overline{\boldsymbol{F}}^{F①}_2\\ \cdots\\ \overline{\boldsymbol{F}}^{F①}_3\end{bmatrix}=\begin{bmatrix}\overline{F}^{F①}_{N2}\\ \overline{F}^{F①}_{Q2}\\ \overline{M}^{F①}_2\\ \cdots\\ \overline{F}^{F①}_{N3}\\ \overline{F}^{F①}_{Q3}\\ \overline{M}^{F①}_3\end{bmatrix}=\begin{bmatrix}0\\ 50\\ 50\\ \cdots\\ 0\\ 50\\ -50\end{bmatrix}
$$

图 9 - 6

$$
\overline{\boldsymbol{F}}^{F②}=\begin{bmatrix}\overline{\boldsymbol{F}}^{F②}_1\\ \cdots\\ \overline{\boldsymbol{F}}^{F②}_2\end{bmatrix}=\begin{bmatrix}\overline{F}^{F②}_{N1}\\ \overline{F}^{F②}_{Q1}\\ \overline{M}^{F②}_1\\ \cdots\\ \overline{F}^{F②}_{N2}\\ \overline{F}^{F②}_{Q2}\\ \overline{M}^{F②}_2\end{bmatrix}=\begin{bmatrix}0\\ 60\\ 40\\ \cdots\\ 0\\ 60\\ -40\end{bmatrix}
$$

$$
\overline{\boldsymbol{F}}^{F③}=0
$$

由式 (9 - 40)，并将单元①的 $\alpha=0°$，单元②、③的 $\alpha=90°$ 代入计算，可得各单元在整体坐标系中的固端力为

$$
\boldsymbol{F}^{F①}=\begin{bmatrix}\boldsymbol{F}^{F①}_2\\ \cdots\\ \boldsymbol{F}^{F①}_3\end{bmatrix}=\begin{bmatrix}1&0&0&\vdots&&&\\ 0&1&0&\vdots&&0&\\ 0&0&1&\vdots&&&\\ \cdots&&&\vdots&\cdots&&\\ &&&\vdots&1&0&0\\ &0&&\vdots&0&1&0\\ &&&\vdots&0&0&1\end{bmatrix}\begin{bmatrix}0\\ 50\\ 50\\ \cdots\\ 0\\ 50\\ -50\end{bmatrix}=\begin{bmatrix}0\\ 50\\ 50\\ \cdots\\ 0\\ 50\\ -50\end{bmatrix}
$$

$$\boldsymbol{F}^{F②} = \begin{bmatrix} \boldsymbol{F}_2^{F②} \\ \cdots \\ \boldsymbol{F}_3^{F②} \end{bmatrix} = \begin{bmatrix} 0 & -1 & 0 & \vdots & & & \\ 1 & 0 & 0 & \vdots & & 0 & \\ 0 & 0 & 1 & \vdots & & & \\ \cdots & \cdots & \cdots & \cdots & \cdots & \cdots & \cdots \\ & & & \vdots & 0 & -1 & 0 \\ & 0 & & \vdots & 1 & 0 & 0 \\ & & & \vdots & 0 & 0 & 1 \end{bmatrix} \begin{bmatrix} 0 \\ 60 \\ 40 \\ \cdots \\ 0 \\ 60 \\ -40 \end{bmatrix} = \begin{bmatrix} -60 \\ 0 \\ 40 \\ \cdots \\ -60 \\ 0 \\ -40 \end{bmatrix}$$

$$\boldsymbol{F}^{F③} = 0$$

由式（9-41）可求出结点 2、3 上的等效结点荷载为

$$\boldsymbol{F}_{E2} = -(\boldsymbol{F}_2^{F①} + \boldsymbol{F}_2^{F②}) = -\begin{bmatrix} 0 \\ 50 \\ 50 \end{bmatrix} - \begin{bmatrix} -60 \\ 0 \\ -40 \end{bmatrix} = \begin{bmatrix} 60 \\ -50 \\ -10 \end{bmatrix}$$

$$\boldsymbol{F}_{E3} = -(\boldsymbol{F}_3^{F①} + \boldsymbol{F}_3^{F③}) = -\begin{bmatrix} 0 \\ 50 \\ -50 \end{bmatrix} - \begin{bmatrix} 0 \\ 0 \\ 0 \end{bmatrix} = \begin{bmatrix} 0 \\ -50 \\ 50 \end{bmatrix}$$

再由式（9-42）求得综合结点荷载为

$$\boldsymbol{F}_2 = \begin{bmatrix} 50 \\ 0 \\ 0 \end{bmatrix} + \begin{bmatrix} 60 \\ -50 \\ -10 \end{bmatrix} = \begin{bmatrix} 110 \\ -50 \\ -10 \end{bmatrix}$$

$$\boldsymbol{F}_3 = \begin{bmatrix} 0 \\ 0 \\ 0 \end{bmatrix} + \begin{bmatrix} 0 \\ -50 \\ 50 \end{bmatrix} = \begin{bmatrix} 0 \\ -50 \\ 50 \end{bmatrix}$$

结构的结点外力列向量为

$$\boldsymbol{F} = \begin{bmatrix} \boldsymbol{F}_1 \\ \cdots \\ \boldsymbol{F}_2 \\ \cdots \\ \boldsymbol{F}_3 \\ \cdots \\ \boldsymbol{F}_4 \end{bmatrix} = \begin{bmatrix} F_{1x} \\ F_{1y} \\ M_1 \\ \cdots \\ F_{2x} \\ F_{2y} \\ M_2 \\ \cdots \\ F_{3x} \\ F_{3y} \\ M_3 \\ \cdots \\ F_{4x} \\ F_{4y} \\ M_4 \end{bmatrix} = \begin{bmatrix} F_{1x} \\ F_{1y} \\ M_1 \\ \cdots \\ 110 \\ -50 \\ -10 \\ \cdots \\ 0 \\ -50 \\ 50 \\ \cdots \\ F_{4x} \\ F_{4y} \\ M_4 \end{bmatrix}$$

（6）引入支承条件，修改整体刚度方程。结构的原始刚度方程为

$$
\begin{bmatrix} F_{1x} \\ F_{1y} \\ M_1 \\ \cdots \\ 110 \\ -50 \\ -10 \\ \cdots \\ 0 \\ -50 \\ 50 \\ \cdots \\ F_{4x} \\ F_{4y} \\ M_4 \end{bmatrix} = 10^3 \times
\begin{bmatrix}
12 & 0 & -24 & \vdots & -12 & 0 & -24 & \vdots & & \vdots & & & \\
0 & 500 & 0 & \vdots & 0 & -500 & 0 & \vdots & & 0 & \vdots & & 0 & \\
-24 & 0 & 64 & \vdots & 24 & 0 & 32 & \vdots & & \vdots & & & \\
\cdots & \cdots & \cdots & & \cdots & \cdots & \cdots & & \cdots & \cdots & & \cdots & \cdots & \cdots \\
-12 & 0 & 24 & \vdots & 512 & 0 & 24 & \vdots & -500 & 0 & 0 & \vdots & & \\
0 & -500 & 0 & \vdots & 0 & 512 & 24 & \vdots & 0 & -12 & 24 & \vdots & & 0 \\
-24 & 0 & 32 & \vdots & 24 & 24 & 128 & \vdots & 0 & -24 & 32 & \vdots & & \\
\cdots & \cdots & \cdots & & \cdots & \cdots & \cdots & & \cdots & \cdots & \cdots & & \cdots & \cdots \\
& & & \vdots & -500 & 0 & 0 & \vdots & 512 & 0 & 24 & \vdots & -12 & 0 & 24 \\
0 & & & \vdots & 0 & -12 & -24 & \vdots & 0 & 512 & -24 & \vdots & 0 & -500 & 0 \\
& & & \vdots & 0 & 24 & 32 & \vdots & 24 & -24 & 128 & \vdots & -24 & 0 & 32 \\
\cdots & \cdots & \cdots & & \cdots & \cdots & \cdots & & \cdots & \cdots & \cdots & & \cdots & \cdots \\
& & & \vdots & & & & \vdots & -12 & 0 & -24 & \vdots & 12 & 0 & -24 \\
0 & & & \vdots & 0 & & & \vdots & 0 & -500 & 0 & \vdots & 0 & 500 & 0 \\
& & & \vdots & & & & \vdots & 24 & 0 & 32 & \vdots & -24 & 0 & 64
\end{bmatrix}
\begin{bmatrix} u_1 \\ v_1 \\ \varphi_1 \\ \cdots \\ u_2 \\ v_2 \\ \varphi_2 \\ \cdots \\ u_3 \\ v_3 \\ \varphi_3 \\ \cdots \\ u_4 \\ v_4 \\ \varphi_4 \end{bmatrix}
$$

结点 1、4 为固定端，故已知

$$
\boldsymbol{\Delta}_1 = \begin{bmatrix} u_1 \\ v_1 \\ \varphi_1 \end{bmatrix} = \begin{bmatrix} 0 \\ 0 \\ 0 \end{bmatrix}, \quad
\boldsymbol{\Delta}_4 = \begin{bmatrix} u_4 \\ v_4 \\ \varphi_4 \end{bmatrix} = \begin{bmatrix} 0 \\ 0 \\ 0 \end{bmatrix}
$$

在整体刚度矩阵中删去与上述零位移对应的行和列，同时在结点位移列向量和结点外力列向量中删去相应的行，便得到修改后的结构刚度方程为

$$
\begin{bmatrix} 110 \\ -50 \\ -10 \\ \cdots \\ 0 \\ -50 \\ 50 \end{bmatrix} = 10^3 \times
\begin{bmatrix}
512 & 0 & 24 & \vdots & -500 & 0 & 0 \\
0 & 512 & 24 & \vdots & 0 & -12 & 24 \\
24 & 24 & 128 & \vdots & 0 & -24 & 32 \\
\cdots & \cdots & \cdots & \cdots & \cdots & \cdots & \cdots \\
-500 & 0 & 0 & \vdots & 512 & 0 & 24 \\
0 & -12 & -24 & \vdots & 0 & 512 & -24 \\
0 & 24 & 32 & \vdots & 24 & -24 & 128
\end{bmatrix}
\begin{bmatrix} u_2 \\ v_2 \\ \varphi_2 \\ \cdots \\ u_3 \\ v_3 \\ \varphi_3 \end{bmatrix}
$$

（7）解方程，求得未知结点位移为

$$
\begin{bmatrix} u_2 \\ v_2 \\ \varphi_2 \\ \cdots \\ u_3 \\ v_3 \\ \varphi_3 \end{bmatrix} = 10^{-6} \times
\begin{bmatrix} 6318 \\ -23.38 \\ -1164 \\ \cdots \\ 6194 \\ -176.6 \\ -508.4 \end{bmatrix}
$$

（8）计算各单元杆端力。

单元①：

$$\overline{\boldsymbol{F}}^{①}=\overline{\boldsymbol{F}}^{F①}+\boldsymbol{Tk}^{①}\boldsymbol{\Delta}^{①}=\overline{\boldsymbol{F}}^{F①}+\boldsymbol{Tk}^{①}\begin{bmatrix}\boldsymbol{\Delta}_2\\\cdots\\\boldsymbol{\Delta}_3\end{bmatrix}$$

$$=\begin{bmatrix}0\\50\\50\\\cdots\\0\\50\\-50\end{bmatrix}+\boldsymbol{T}\times10^3\times\begin{bmatrix}500&0&0&\vdots&-500&0&0\\0&12&24&\vdots&0&-12&24\\0&24&64&\vdots&0&24&32\\\cdots&\cdots&\cdots&\cdots&\cdots&\cdots&\cdots\\-500&0&0&\vdots&500&0&0\\0&-12&-24&\vdots&0&12&-24\\0&24&32&\vdots&0&24&64\end{bmatrix}10^{-6}\times\begin{bmatrix}6318\\-23.38\\-1164\\\cdots\\6194\\-176.6\\-508.4\end{bmatrix}$$

$$=\begin{bmatrix}0\\50\\50\\\cdots\\0\\50\\-50\end{bmatrix}+\begin{bmatrix}1&0&0&\vdots&&&\\0&1&0&\vdots&&0&\\0&0&1&\vdots&&&\\\cdots&\cdots&\cdots&\cdots&\cdots&\cdots&\cdots\\&&&\vdots&1&0&0\\&0&&\vdots&0&1&0\\&&&\vdots&0&0&1\end{bmatrix}\begin{bmatrix}62.0\\-38.3\\-87.1\\\cdots\\-62.0\\38.3\\-66.1\end{bmatrix}=\begin{bmatrix}62.0\\11.7\\-37.1\\\cdots\\-62.0\\88.3\\-116.1\end{bmatrix}$$

单元②：

$$\overline{\boldsymbol{F}}^{②}=\overline{\boldsymbol{F}}^{F②}+\boldsymbol{Tk}^{②}\boldsymbol{\Delta}^{②}=\overline{\boldsymbol{F}}^{F②}+\boldsymbol{Tk}^{②}\begin{bmatrix}\boldsymbol{\Delta}_1\\\cdots\\\boldsymbol{\Delta}_2\end{bmatrix}$$

$$=\begin{bmatrix}0\\60\\40\\\cdots\\0\\60\\-40\end{bmatrix}+\boldsymbol{T}\times10^3\times\begin{bmatrix}12&0&-24&\vdots&-12&0&-24\\0&500&0&\vdots&0&-500&0\\-24&0&64&\vdots&24&0&32\\\cdots&\cdots&\cdots&\cdots&\cdots&\cdots&\cdots\\-12&0&24&\vdots&12&0&24\\0&-500&0&\vdots&0&500&0\\-24&24&32&\vdots&24&0&64\end{bmatrix}10^{-6}\times\begin{bmatrix}0\\0\\0\\\cdots\\6318\\-23.38\\-1164\end{bmatrix}$$

$$=\begin{bmatrix}0\\60\\40\\\cdots\\0\\60\\-40\end{bmatrix}+\begin{bmatrix}0&1&0&\vdots&&&\\-1&0&0&\vdots&&0&\\0&0&1&\vdots&&&\\\cdots&\cdots&\cdots&\cdots&\cdots&\cdots&\cdots\\&&&\vdots&0&1&0\\&0&&\vdots&-1&0&0\\&&&\vdots&0&0&1\end{bmatrix}\begin{bmatrix}-47.9\\11.7\\114.4\\\cdots\\47.9\\-11.7\\77.1\end{bmatrix}=\begin{bmatrix}11.7\\107.9\\154.4\\\cdots\\-11.7\\12.1\\37.1\end{bmatrix}$$

单元③：

$$\overline{\boldsymbol{F}}^{③}=\overline{\boldsymbol{F}}^{F③}+\boldsymbol{Tk}^{③}\boldsymbol{\Delta}^{③}=\overline{\boldsymbol{F}}^{F③}+\boldsymbol{Tk}^{③}\begin{bmatrix}\boldsymbol{\Delta}_4\\\cdots\\\boldsymbol{\Delta}_3\end{bmatrix}$$

$$
= \begin{bmatrix} 0 \\ 0 \\ 0 \\ \cdots \\ 0 \\ 0 \\ 0 \end{bmatrix} + \boldsymbol{T} \times 10^3 \times \begin{bmatrix} 12 & 0 & -24 & \vdots & -12 & 0 & -24 \\ 0 & 500 & 0 & \vdots & 0 & -500 & 0 \\ -24 & 0 & 64 & \vdots & 24 & 0 & 32 \\ \cdots & \cdots & \cdots & \cdots & \cdots & \cdots & \cdots \\ -12 & 0 & 24 & \vdots & 12 & 0 & 24 \\ 0 & -500 & 0 & \vdots & 0 & 500 & 0 \\ -24 & 24 & 32 & \vdots & 24 & 0 & 64 \end{bmatrix} 10^{-6} \times \begin{bmatrix} 0 \\ 0 \\ 0 \\ \cdots \\ 6194 \\ -176.6 \\ -508.4 \end{bmatrix}
$$

$$
= \begin{bmatrix} 0 & 1 & 0 & \vdots & & & \\ -1 & 0 & 0 & \vdots & & 0 & \\ 0 & 0 & 1 & \vdots & & & \\ \cdots & \cdots & \cdots & \cdots & \cdots & \cdots & \cdots \\ & & & \vdots & 0 & 1 & 0 \\ & 0 & & \vdots & -1 & 0 & 0 \\ & & & \vdots & 0 & 0 & 1 \end{bmatrix} \begin{bmatrix} -62.1 \\ 88.3 \\ 132.4 \\ \cdots \\ 62.1 \\ -88.3 \\ 116.1 \end{bmatrix} = \begin{bmatrix} 88.3 \\ 62.1 \\ 132.4 \\ \cdots \\ -88.3 \\ -62.1 \\ 116.1 \end{bmatrix}
$$

刚架的弯矩图如图 9-7 所示。

图 9-7

## 习　　题

9-1　试对图 9-8 所示刚架的结点和单元进行编号，并以子块的形式写出结构的总刚。

9-2　试以子块形式写出图 9-9 所示刚架总刚中的下列子块：$K_{55}$、$K_{58}$、$K_{53}$、$K_{12}$。

图 9-8　题 9-1图

图 9-9　题 9-2图

9-3　试用矩阵位移法计算图 9-10 所示连续梁的内力。$EI$＝常数。

9-4　试用矩阵位移法计算图 9-11 所示刚架的内力。$EI$＝常数。

9-5　试用矩阵位移法计算图 9-12 所示刚架的内力（考虑轴向变形），设 $A$＝0.5m²，$I = \dfrac{1}{24}$m⁴，$E$＝30GPa，各杆 $E$、$A$、$I$ 相同。

图 9 - 10  题 9 - 3 图

图 9 - 11  题 9 - 4 图

图 9 - 12  题 9 - 5 图

# 第十章 结构的动力计算

## 第一节 概 述

### 一、结构动力计算的特点

以前内容中,所研究的结构只承受静力荷载,属于结构静力学范围。本章主要研究动力荷载作用下结构的动位移和动内力等的计算原理和方法。所谓动力荷载,是指大小、方向或作用位置随时间而变化。如果只从荷载本身性质来看,绝大多数实际荷载都属于动荷载。但如果从荷载对结构所产生的影响来看,动荷载可分为两种,其一,荷载虽然随时间变化,但变化很慢,荷载对结构产生的影响与静荷载相比相差甚微,此时结构计算仍可按静力荷载作用下的结构计算问题来对待。其二,荷载随时间迅速变化,荷载对结构产生的影响与静荷载相比相差甚大,即荷载作用下引起的结构的加速度较大,由此产生的惯性力不容忽视,在这种情况下,结构计算问题属于动力计算问题。

与静力问题相比,在进行动力计算时,除了需要考虑惯性力外,还要取时间作为自变量。在动力问题中,内力与荷载不能构成静力平衡;但根据达朗培尔原理,则可以将动力问题转化为静力问题,只要于某一时刻在结构上加入假想的质点惯性力作为外力,结构即在形式上处于平衡状态。这样,就可应用静力学的原理和方法计算结构在该时刻的内力和位移。这里应指出,动力计算中的平衡是一种形式上的平衡,是一种动平衡,它有两个特点,第一,在所考虑的力系中包括惯性力;第二,考虑的是瞬间平衡,荷载、内力等都是时间的函数。

结构在动力荷载作用下发生振动。若起振之后再无外力的激振作用,则这种振动称为自由振动。反之,若结构在振动时经常受外部动力荷载(或称为干扰力)的作用,即称为强迫振动。例如,安装在楼板上的电动机在转动期间所引起的楼板振动即属于强迫振动。

由于动力荷载作用使结构产生的内力和位移,称为动内力和动位移,它们都是时间的函数。动内力和动位移统称为动力反应。学习结构的动力计算,就是要掌握强迫振动时动力反应的计算原理和方法,确定它们随时间改变的规律,从而求出它们的最大值以作为设计的依据。但是,结构的动力反应与结构本身的动力特性有密切关系,而在分析自由振动时所得到的结构的自振频率、振型和阻尼参数等正是反映结构动力特性的指标。因此,分析自由振动体系成为计算动力反应的前提和准备。在以后的讨论中,按照由简到繁的顺序,先研究单自由度体系的自由振动及强迫振动,再进一步研究多自由度和无限自由度体系的振动问题。

### 二、动力荷载的种类

工程实际中经常遇到的动力荷载主要有以下几类:

1. 周期荷载

这类荷载随时间作周期性变化。周期荷载中最简单且最常见的是简谐荷载,这种荷载随时间的变化规律可用正弦或余弦函数表示。当有旋转机件的设备安置于结构上时,由于质量有偏心而产生的离心力,它对结构的作用即属于此种荷载,荷载形式如图 10-1 所示,这种荷载通常也称为振动荷载。

**2. 冲击荷载**

这类荷载作用于结构的时间很短，荷载值急剧增大或急剧减小，它对结构的作用主要取决于它的冲量。如锻锤对基础的碰撞及各种爆炸荷载都属于这种荷载，荷载形式如图 10 - 2 所示。

图 10 - 1

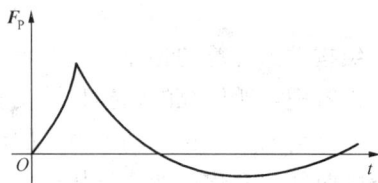

图 10 - 2

**3. 地震荷载**

地震时由于建筑物基础的运动而引起结构的振动，由此而产生的惯性力即为地震荷载（图 10 - 3）。

图 10 - 3

**4. 脉动风压**

实测资料表明，在一次大风过程中，当风力最强时，结构某一高度处的风压围绕其平均值变化。因此，可以将它分解为稳定风压和脉动风压。稳定风压对一般结构的作用可看作是静力荷载；而脉动风压则不同，它对高耸柔性的结构来说，其动力作用可以是相当大的，应看作动力荷载。

从荷载能否确定的角度看，动力可载又可分为确定性荷载与非确定性荷载两大类。确定性动力荷载的变化规律是完全可以确知的，无论这种变化是周期或非周期的，是简单还是复杂的，他们都可用确定性函数来描述。上述间谐性周期荷载和冲击荷载都属于此类。这类荷载也称为非随机荷载，而非确定性荷载则常称为随机荷载。非确定性荷载随时间的变化规律预先不能确定，而是一种随机过程。它虽然不能表示为时间的确定性函数，但受统计性规律的制约，需要用概率和数理统计的知识来加以分析，得出某些共同的规律，并以此作为设计结构的依据。上述地震荷载和脉动风压都是重要的随机荷载。

本章主要研究振动荷载下结构的动力计算问题。需要指出的是，一种荷载是否作为动力荷载并不是一成不变的，它与结构本身的动力特性有关。上面谈到，脉动风压对高耸柔性结构的动力作用不同于对一般结构。某种荷载对一些结构可以看作静力荷载，而对另一些结构则需看作动力荷载。一般说来，当振动荷载的周期为结构的自振周期五倍以上时，动力作用较小，这时的动力荷载可以看作静载以简化计算。

**三、结构的自由度**

前面已经指出，动力问题的特点是需要考虑质点的惯性力。所以在选取动力计算的计算

简图时，必须考虑质量的分布情况并计算质点的位移。在动力计算中，总是以质点的位移作
为基本未知量。所以，结构上全部质点有几个独立的
位移，就有几个独立的未知量。例如图 10 - 4 所示简
支梁在跨中固定着一个重量较大的物体 $W$，如果梁本
身的自重较小而可略去，并把重物简化为一个集中质
点，则得到图 10 - 4（b）所示的计算简图。如果不考
虑质点 $m$ 的转动和梁轴的伸缩，则质点 $m$ 的位置只
要用一个参数 $y$ 就能确定。

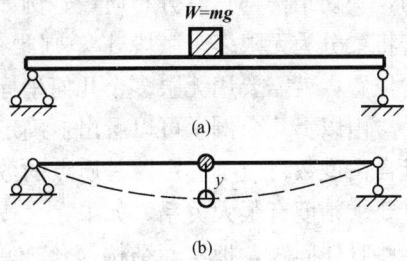

图 10 - 4

结构在振动过程中，确定全部质点于某一时刻的
位置所需要的独立几何参变量的数目，称为该结构振动的自由度，这些独立的几何参变量称
为结构的几何坐标。在进行结构动力计算时，首先就要确定结构的自由度和选择适当的几何
坐标。

在确定结构振动的自由度时，应注意不能根据结构有几个集中质点就判定它有几个自由
度，而应该由确定质点位置所需的独立参数数目来确定。例如图 10 - 5（a）所示结构，在
绝对刚性的杆件上附有三个集中质点，它们的位置只需一个参数，即杆件的转角 $\alpha$ 便能确
定，故其自由度为 1。又如图 10 - 5（b）所示简支梁上附有三个集中质量，若忽略梁本身的
质量，又不考虑梁的轴向变形和质点的转动，则其自由度为 3，因为尽管梁的变形曲线可以
有无限多种形式，但其上三个质点的位置却只需由挠度 $y_1$、$y_2$、$y_3$ 就可确定。又如图 10 - 5
（c）所示刚架虽然有一个集中质点，但其位置需由水平位移 $x$ 和竖直位移 $y$ 两个独立参数才
能确定，因此自由度为 2。

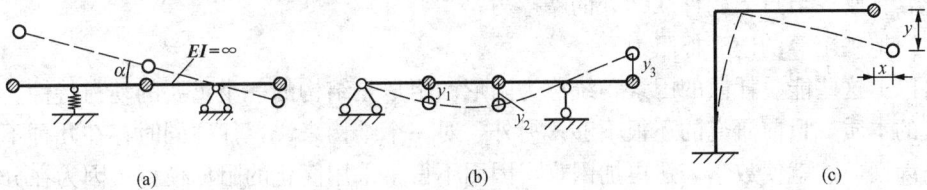

图 10 - 5

在确定刚架的自由度时，仍引用受弯直杆上任意两点之间的距离保持不变的假定。根据
这个假定并加入最少数量的链杆以限制刚架上所有质点的位置，则该刚架的自由度数目即等
于所加入链杆的数目。例如图 10 - 6 所示刚架上有四个集中质点，它最少需加入三根链杆便
可限制其全部质点的位置，故其自由度为 3。由此可见，自由度的数目不仅不完全取决于质
点的数目，而且也与结构是否静定或超静定无关。如果考虑到质点的转动惯性，则相应地还
要增加控制转动的约束，才能确定自由度数。

图 10 - 6

图 10 - 7

以上是对于具有离散质点的情况而言的。但是，实际结构中，质量的分布总是比较复杂的，一切结构都具有分布质量。例如图 10 - 7，图中所示一简支梁，其分布质量集度为 $m$，若将梁分为无限多个微段 $dx$，则梁有无限多个质量为 $mdx$ 的质点，而要完全确定这些质点的位置，就需要用无限多个几何坐标。所以，该结构有无限多个自由度。

由以上几个例子可以看出：确定结构的自由度，与体系是否静定或超静定并无关系，而且自由度数目也不一定就是质点的数目，既可以比它多，也可以比它少。结构的自由度与计算要求精度有很大关系，如果完全按实际结构计算，情况会变得非常复杂，因此，常常针对某些具体问题，把实际结构简化成单个或多个自由度的结构进行计算。结构简化的方法很多，以上只介绍了集中质量法。经过简化后，结构上只有若干个质点。这种作法比较简单而且物理意义明确，最为常用。此外尚有其他方法，因已超出本书范围，故不再介绍。

**四、体系振动的衰减现象　阻尼力**

与静力问题比较，在分析某些动力问题时，除了必须考虑质点的惯性力外，还需考虑表现体系的另一种重要动力特性的力——阻尼力。实际上，结构在自由振动时，振幅随时间逐渐减小，直至最后振幅为零时振动停止。这种现象称为自由振动的衰减。

因为在振幅位置结构的变形速度为零，故振幅位置的变形能即代表体系的全部机械能。振幅随时间减小这一现象就表明在振动过程中要产生能量的损耗。当初始能量完全耗尽时，振动即终止。不同材料、不同类型的结构，能量损耗情况也不相同。

引起能量损耗的原因，主要有以下几种：

(1) 结构材料的内摩擦阻力；

(2) 周围介质对振动的阻力；

(3) 支座、节点等构件联结处的摩擦力；

(4) 地基土等的内摩擦阻力。

将以上这些能量耗散的因素，统称为阻尼。阻尼是结构的一个重要的动力特性。关于阻尼因素的本质，目前研究的还很不够；另外，对一个结构来说，往往同时存在几种不同性质的阻尼因素，这就使数学表达更加困难，因而不得不采用简化的阻尼模型。因为在分析动力问题时，常常要先建立结构的运动方程，为了能反映运动过程中的能量损耗，在建立运动方程时，除了动力荷载、惯性力等以外，还需引入一个造成能量损耗的力，也就是阻尼力。

关于阻尼力的问题，有几种不同的阻尼理论。现只介绍其中一种最为广泛的理论，即粘滞阻尼理论（也称伏伊特理论）。这种理论假定，阻尼力与体系振动时的变形速度成正比，方向和运动方向相反。即

$$F_c = - c\dot{y} \tag{10 - 1}$$

式中：$F_c$ 为结构所受的阻尼力；$c$ 为阻尼系数；$\dot{y} = dy/dt$ 为速度。式中的负号表示阻尼力的方向恒与速度 $\dot{y}$ 的方向相反，它在结构振动时作负功，因而造成能量损耗。

## 第二节　单自由度体系的运动方程

建筑结构很多可以当作单自由度结构来研究，而所得结果基本上仍能反映其实际的动力性质。如图 10 - 8 (a) 所示的块式基础，它支承在弹性地基上，作竖向振动。如将基础作为刚体，可用弹簧表示地基的弹性，用一个集中质量代表基础的质量，这样，即简化为一单

自由度结构，如图 10 - 8（b）所示，对应的单自由度弹簧——质点计算模型如图10 - 8（c)所示。又如图 10 - 9（a）所示的水塔，其顶部水箱重量远大于支承部分的重量，因此，可以略去支架的质量，这样，仅认为在其顶端有一个能作水平运动的质点，可简化为图 10 - 9（b）所示的直立悬臂梁在顶端支承集中质量的单自由度结构，其计算模型如图 10 - 9（c）所示。

图 10 - 8

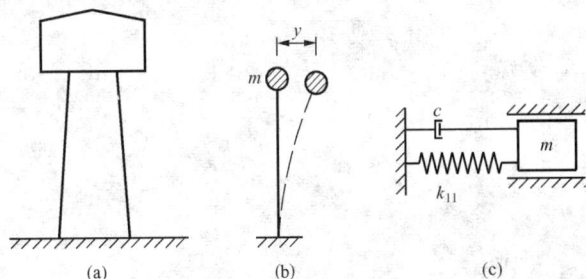

图 10 - 9

对于单自由度体系计算模型如图 10 - 8（c）、图 10 - 9（c）所示，设质点的质量为 $m$，模型中两光滑侧面的约束说明质点只能上下（或左右）移动。忽略弹簧的质量，设弹簧发生单位位移所需施加的静力为 $k_{11}$；而在单位静力作用下，设弹簧产生的位移为 $\delta_{11}$。$k_{11}$ 和 $\delta_{11}$ 分别称为弹簧的刚度和柔度；两者之间关系见下式：

$$k_{11} = \frac{1}{\delta_{11}} \tag{10 - 2}$$

为了体现阻尼的存在，可在模型中加入一阻尼器，其阻尼系数为 $c$。

在动力问题中，由于影响位移大小的惯性力是以未知位移对时间的导数来表达的，因此，一般先建立结构的运动微分方程（简称运动方程），再用它分析结构的运动状态。根据达朗培尔原理，假想地加上惯性力后，结构即在形式上处于平衡状态（常称为动力平衡），这时，问题的实质虽仍属动力学的，但可应用静力学的方法进行分析，所求得的位移和内力等都是时间的函数。

现在我们来建立单自由度体系在振动荷载 $F_P(t)$ 作用下的运动方程。在图 10 - 10（a）所示的弹簧——质点模型中，设 $y$ 表示块的总位移（包括质点的静位移 $y_s$ 和动位移 $y_d$），并以向下为正，速度和加速度也以向下为正。

**一、列动力平衡方程（刚度方程）**

取图 10 - 10（a）中的质点为隔离体，如图 10 - 10（b）所示，设质点在某一时刻 $t$ 的总位移为 $y$，作用于质点上的力有（各力皆以指向 $y$ 的正方向为正）：

（1）重力 $W$。

（2）振动荷载 $F_P(t)$。

（3）弹簧对质点的作用力 $F_e(t)$。它的实际方向永远与位移的方向相反，具有使质点返回原处的作用，又称为弹性恢复力，$F_e(t)$ 与 $y$ 之间的关系为 $F_e(t) = -k_{11}y$。

（4）阻尼力 $F_c(t)$。按照粘滞阻尼理论，取

$$F_c(t) = -\frac{\mathrm{d}y}{\mathrm{d}t} = -c\dot{y}$$

图 10 - 10

负号表示阻尼力的方向与速度的方向相反。

(5) 惯性力 $F_I(t)$

$$F_I(t) = -m \frac{\mathrm{d}^2 y}{\mathrm{d}t^2} = -m \ddot{y} \qquad (10-3)$$

负号表示惯性力的方向与加速度的方向相反。

由动力平衡方程，得

$$W + F_P(t) + F_e(t) + F_c(t) + F_I(t) = 0$$

$$m(\ddot{y}_s + \ddot{y}_d) + c(\dot{y}_s + \dot{y}_d) + k_{11}(y_s + y_d) = W + F_P(t) \qquad (a)$$

如图 10 - 10 (c) 所示，由于质点重量的静位移 $y_s$ 与重力 $W$ 的关系为 $W = k_{11} y_s$，此外，由于 $y_s$ 不随时间改变，而有 $\dot{y}_s = 0$ 和 $\ddot{y}_s = 0$。因此有

$$m \ddot{y}_d + c \dot{y}_d + k_{11} y_d = F_P(t) \qquad (b)$$

这与图 10 - 10 (d) 所示的力平衡状态是一致的，该式就是所求动位移的运动方程。

**二、列位移方程（柔度方程）**

在列位移方程时，应以弹簧为研究对象，分析它与质点联结点的位移。设在某一时刻 $t$，弹簧的端点 $N$ 承受的力为 $F'_e(t)$，如图 10 - 10 (e) 所示，它使 $N$ 点产生位移 $y(t)$。

按作用力与反作用力的关系，有 $F'_e(t) = -F_e(t)$，再根据上述的动力平衡方程可得

$$F'_e(t) = -F_e(t) = W + F_P(t) + F_c(t) + F_I(t) \qquad (c)$$

这一关系式表明，可以用 $W + F_P(t) + F_c(t) + F_I(t)$ 代替 $F'_e(t)$，而弹簧的实际变形和内力即可看作是由 $W + F_P(t) + F_c(t) + F_I(t)$ 所引起的。这样，可以不必将质块从结构中分离出来，而将质点的惯性力作用于质点处，连同所给荷载和阻尼力都看作为弹簧的外力，如图 10 - 10 (f) 所示，这样即可按静力问题进行计算，此时弹簧端点 $N$ 的位移为

$$y(t) = \delta_{11}[F_I(t) + F_c(t) + W + F_P(t)]$$

或

$$y_s + y_d = -\delta_{11} m(\ddot{y}_s + \ddot{y}_d) - \delta_{11} c(\dot{y}_s + \dot{y}_d) + \delta_{11} W + \delta_{11} F_P(t)$$

由于

$$y_s = \delta_{11} W, \dot{y}_s = \ddot{y}_s = 0$$

故上式可改写为

$$y_d = -\delta_{11} m \ddot{y}_d - \delta_{11} c \dot{y}_d + \delta_{11} F_P(t)$$

$$\delta_{11} m \ddot{y}_d + \delta_{11} c \dot{y}_d + y_d = \delta_{11} F_P(t) \qquad\qquad (d)$$

这也就是所求动位移的运动方程。若将 $\delta_{11} = 1/k_{11}$ 代入式（d）并整理，式（d）即变为式（b）。

式（d）和式（b）表明，在建立结构的运动方程时，如果以静平衡位置作为计算位移的起点，则所得动位移的微分方程便与重力无关。以后采取这种作法。并且为了方便，在式（d）和式（b）中略去表示动位移的附标"d"，而将公式写成

$$m \ddot{y} + c \dot{y} + k_{11} y = F_P(t) \qquad\qquad (10-4)$$

$$\delta_{11} m \ddot{y}_d + \delta_{11} c \dot{y}_d + y_d = \delta_{11} F_P(t) \qquad\qquad (10-5)$$

应该指出，根据这两个方程得到的位移为动位移，将它与静位移叠加，才能求得总位移。

对于如图 10-9 所示质点作水平运动的情况，由于重力 $W$ 并不在运动方向产生静位移，因此动位移也就是总位移。

## 第三节　单自由度体系的自由振动

单自由度体系的动力分析虽然比较简单，但是非常重要。因为：第一，很多实际的动力问题常可按单自由度体系进行计算，或进行初步的估算。第二，单自由度体系的动力分析是多自由度体系动力分析的基础。

### 一、无阻尼自由振动

在式（10-4）中，令 $F_P(t) = 0$，且 $c = 0$，则不考虑阻尼时自由振动方程可写成

$$m \ddot{y} + k_{11} y = 0 \qquad\qquad (10-6)$$

令

$$\omega^2 = \frac{k_{11}}{m} \qquad\qquad (a)$$

式中，$\omega$ 为结构的自振频率。

则式（10-6）可写成

$$\ddot{y} + \omega^2 y = 0 \qquad\qquad (10-7)$$

式（10-7）是一个二阶常系数的齐次线性微分方程，其通解形式为

$$y(t) = A_1 \cos\omega t + A_2 \sin\omega t \qquad\qquad (b)$$

取 $y$ 对时间 $t$ 的一阶导数，则得质点在任一时刻的速度

$$\dot{y}(t) = -\omega A_1 \sin\omega t + \omega A_2 \cos\omega t \qquad\qquad (c)$$

式中的待定常数 $A_1$ 和 $A_2$ 可由振动的初始条件来确定。当 $t = 0$ 时，质点的初始位移为 $y_0$，初始速度为 $\dot{y}_0$，即 $y(0) = y_0, \dot{y}(0) = \dot{y}_0$

由此解出

$$A_1 = y_0, A_2 = \frac{\dot{y}_0}{\omega}$$

因此

$$y = y_0 \cos\omega t + \frac{\dot{y}_0}{\omega} \sin\omega t \qquad\qquad (10-8)$$

由上式可见，结构的自由振动是由两部分所组成，一部分是单独由初始位移 $y_0$ 引起的，质点按 $y_0 \cos\omega t$ 的规律振动，如图 10-11（a）所示。另一部分是单独由初始速度引起的，

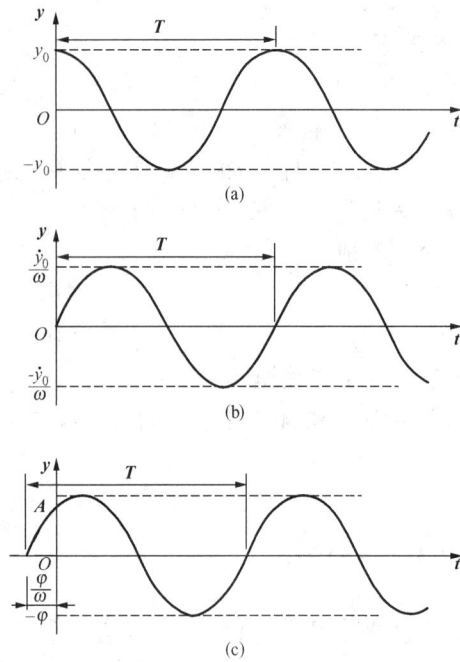

图 10 - 11

质点按 $\dfrac{\dot{y}_0}{\omega}\sin\omega t$ 的规律振动，如图 10 - 11（b）所示。

式（10 - 8）还可写成

$$y(t) = A\sin(\omega t + \varphi) \qquad (10 - 9)$$

其图形如图 10 - 11（c）所示，可见，这种振动是简谐振动。其中 $A$ 称为振幅，$\varphi$ 称为初始相位角。参数 $A$、$\varphi$ 与参数 $y_0$、$\dot{y}_0$ 之间的关系如下。

由式（10 - 9）得出

$$y(t) = A\sin\varphi\cos\omega t + A\cos\varphi\sin\omega t$$

再与式（10 - 8）比较，即得

$$y_0 = A\sin\varphi,\ \frac{\dot{y}_0}{\omega} = A\cos\varphi \qquad (10 - 10)$$

或

$$A = \sqrt{y_0^2 + \frac{\dot{y}_0^2}{\omega^2}},\ \tan\varphi = \frac{y_0}{\dot{y}_0/\omega} \qquad (10 - 11)$$

由式（10 - 9）不难看出，图 10 - 10（a）中的质点将在其静平衡位置上下往复作简谐振动，由于未考虑阻尼的影响，结构在自由振动开始时所具有的能量不会耗散，因此，运动将持续不断。由于 $\sin\omega t$ 和 $\cos\omega t$ 都是周期性函数，它们每经历一定时间就出现相同的数值，若给时间 $t$ 一个增量 $T = \dfrac{2\pi}{\omega}$，则位移 $y$ 和速度 $\dot{y}$ 的数值均不变，故 $T$ 称为周期，单位为 s。周期的倒数 $\dfrac{1}{T}$ 表示每秒钟内所完成的振动次数，用 $f$ 表示，也称为工程频率，其单位为 $s^{-1}$ 或 Hz。$\omega = \dfrac{2\pi}{T}$ 即为 $2\pi$ 秒内完成的振动次数，称为角频率或圆频率，又简称频率，其单位为 rad/s。$\omega$ 的值可由式（a）确定，或者用下列任一式均可确定。

$$\omega = \sqrt{\frac{k_{11}}{m}} = \sqrt{\frac{1}{m\delta_{11}}} = \sqrt{\frac{g}{W\delta_{11}}} = \sqrt{\frac{g}{\Delta_{st}}} \qquad (10 - 12)$$

式中，$g$ 表示重力加速度，$\Delta_{st}$ 表示由于重量 $mg$ 所产生的静力位移。由此可见，计算单自由度结构的自振频率 $\omega$ 时，需算出刚度 $k_{11}$ 或柔度 $\delta_{11}$ 或位移 $\Delta_{st}$，代入式（10 - 10）即可求得。一般来讲，若结构是静定结构，用 $\omega = \sqrt{\dfrac{1}{m\delta_{11}}}$ 较为简单；若结构是超静定结构，则用 $\omega = \sqrt{\dfrac{k}{m}}$ 较为简单。

由上述分析可以看出结构自振周期（或自振频率）的一些重要性质：

（1）自振周期与结构的质量和结构的刚度有关，而且只与这两者有关，与外界的干扰因素无关。干扰力的大小只能影响振幅的大小，而不能影响结构自振周期的大小。

（2）自振周期与质量的平方根成正比，质量越大，则周期越大（频率 $f$ 越小）；自振周期与刚度的平方根成反比，刚度越大，则周期越小（频率越大）。因此，愈改变结构的自振周期，只有从改变结构的质量或刚度着手。

（3）自振周期是结构动力性能的一个很重要的数量标志。两个外表相似的结构，如果周期相差很大，则动力性能相差很大；反之，两个外表看来并不相同的结构，如果其自振周期相似，则在动荷载作用下其动力性能基本一致。地震中常发现这样的现象，所以自振周期的计算十分重要。

**【例 10 - 1】** 图 10 - 12 所示为一等截面简支梁，截面抗弯刚度为 $EI$，跨度为 $l$。在梁的跨度中点有一个集中质量 $m$。如果忽略梁本身的质量，试求梁的自振周期 $T$ 和圆频率 $\omega$。

**解** 这是一个单自由度结构，对于简支梁跨中质量的竖向振动来说，柔度系数为

$$\delta_{11} = \frac{l^3}{48EI}$$

由式（10 - 12）得

$$\omega = \sqrt{\frac{1}{m\delta_{11}}} = \sqrt{\frac{48EI}{ml^3}}$$

$$T = \frac{2\pi}{\omega} = 2\pi\sqrt{\frac{ml^3}{48EI}}$$

图 10 - 12

**【例 10 - 2】** 图 10 - 13（a）所示为一门式刚架，柱的截面惯性矩为 $I_1$，横梁弯曲刚度 $EI = \infty$，抗拉刚度 $EA = \infty$，横梁与负荷的总质量为 $m$，柱的质量可以忽略不计。求刚架的水平自振频率。

**解** 这是一个单自由度结构，横梁上各质点的水平位移相等。

使结构如图 10 - 13（b）所示发生单位水平位移，得 $\overline{M}_1$ 图如图 10 - 13（c）所示，列剪力平衡方程如图 10 - 13（d）所示得

$$k_{11} = 24\frac{EI_1}{h^3}$$

代入式（10 - 12）得

图 10 - 13

$$\omega = \sqrt{\frac{k_{11}}{m}} = \sqrt{\frac{24EI_1}{mh^3}}$$

需指出，实际结构都存在阻尼，之所以要分析无阻尼的情况，一方面是因为按这种理想情况所得到的某些结果，可以相当精确地反映实际结构的一些动力特性；另一方面是可以与考虑阻尼的情况进行比较，以便更好地了解阻尼的作用。

**二、有阻尼的自由振动**

在式（10-4）中，令 $F_P(t) = 0$，即得有阻尼时单自由度体系自由振动的基本方程

$$m\ddot{y} + c\dot{y} + k_{11}y = 0 \tag{10-13}$$

上式可改写为

$$\ddot{y} + 2\xi\omega\dot{y} + \omega^2 y = 0 \tag{10-14}$$

其中

$$\omega = \sqrt{\frac{k_{11}}{m}} \tag{10-15}$$

$$\xi = \frac{c}{2m\omega} \tag{10-16}$$

式中，$\omega$ 是单自由度体系自振的圆频率，$\xi$ 是阻尼比，表示阻尼的一个主要参数，其物理意义及计算方法在下面进行阐述。

设微分方程式（10-14）的解为如下形式：

$$y(t) = Ce^{\lambda t}$$

并且，其特征方程为

$$\lambda^2 + 2\xi\omega\lambda + \omega^2 = 0$$

特征方程有两个根

$$\lambda = \omega(-\xi \pm \sqrt{\xi^2 - 1}) \tag{10-17}$$

根据 $\xi < 1$、$\xi = 1$、$\xi > 1$ 三种情况，可得出三种运动形态，现分述如下。

1. 考虑 $\xi < 1$ 的情况（小阻尼情况）

由式（10-17）得

$$\lambda = -\xi\omega \pm \omega\sqrt{1-\xi^2}\,i = -\xi\omega \pm i\omega'$$

其中
$$\omega' = \omega\sqrt{1-\xi^2} \tag{10-18}$$

此时，微分方程式（10-14）的解为

$$y = e^{-\xi\omega t}(C_1\cos\omega' t + C_2\sin\omega' t)$$

再引入初始条件，即得

$$y = e^{-\xi\omega t}\left(y_0\cos\omega' t + \frac{\dot{y}_0 + \xi\omega y_0}{\omega'}\sin\omega' t\right) \tag{10-19}$$

上式可写成

$$y = Ce^{-\xi\omega t}\sin(\omega' t + \varphi) \tag{10-20}$$

其中

$$C = \sqrt{y_0^2 + \frac{(\dot{y}_0 + \xi\omega y_0)^2}{\omega'^2}}, \tan\varphi = \frac{y_0\omega'}{\dot{y}_0 + \xi\omega y_0}$$

由式（10-19）或式（10-20）可画出小阻尼体系自由振动时的 $y$-$t$ 曲线，如图10-14所

示。这是一条逐渐衰减的波动曲
线。由图可以看出，在小阻尼体
系中阻尼对自振频率和振幅的
影响。

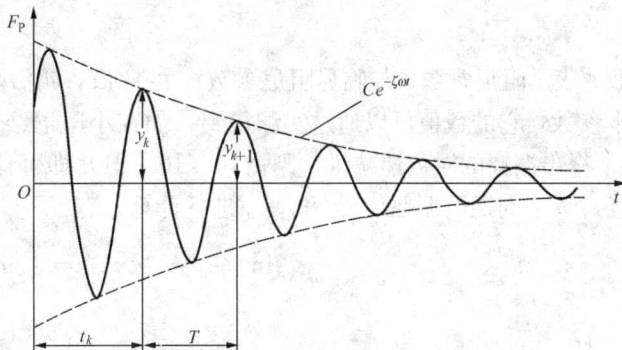

图 10 - 14

下面分析阻尼对自振频率和
振幅的影响。首先看阻尼对自振
频率的影响，在式（10 - 20）中，
$\omega'$ 是小阻尼结构的自振圆频率。
有阻尼和无阻尼的自振圆频率 $\omega'$
和 $\omega$ 之间的关系由式（10 - 18）给
出。由此可知，在 $\xi < 1$ 的小阻尼
情况下，$\omega'$ 恒小于 $\omega$，而且 $\omega'$ 随 $\xi$ 值的增大而减小。此外，在通常情况下，$\xi$ 是一个小数。对
一般的建筑结构来说，$\xi$ 的值很小，约在 0.01 和 0.1 之间，因此有阻尼频率 $\omega'$ 和无阻尼频率
$\omega$ 相差不大。在实际计算中，可近似地取 $\omega' = \omega$。

其次看阻尼对振幅的影响。在式（10 - 20）中，振幅为 $Ce^{-\xi\omega t}$，由此看出，由于阻尼的
影响，振幅随时间而逐渐衰减。还可看出，经过一个周期 $T'$ 后 $\left(T' = \dfrac{2\pi}{\omega}\right)$，相邻两个振幅
$y_{k+1}$ 与 $y_k$ 的比值为

$$\frac{y_{k+1}}{y_k} = \frac{e^{-\xi\omega(t_k + T')}}{e^{-\xi\omega t_k}} = e^{-\xi\omega T'}$$

$\xi$ 值愈大，则衰减速度愈快。由上式进一步推导得

$$\ln \frac{y_k}{y_{k+1}} = \xi\omega T' = \xi\omega \frac{2\pi}{\omega} \approx 2\pi\xi$$

所以

$$\xi \approx \frac{1}{2\pi} \cdot \ln \frac{y_k}{y_{k+1}} \tag{10 - 21}$$

式中，$\ln \dfrac{y_k}{y_{k+1}}$ 称作振幅的对数递减量。利用上式可根据实测所得的位移—时间曲线中的两个
相邻振幅来计算 $\xi$ 值。

2. 考虑 $\xi = 1$ 的情况

此时由式（10 - 17）得

$$\lambda = -\omega$$

因此，微分方程的解为

$$y = (C_1 + C_2 t)e^{-\omega t}$$

上式表明结构不再具有在静平衡位置上下振动的性质。

综合以上的讨论可知：当 $\xi < 1$ 时，结构在自由反应中是会引起振动的；而当阻尼增大
到 $\xi = 1$ 时，结构在自由反应中将不再引起振动，这时的阻尼常数称为临界阻尼常数，用 $c_c$
表示。在式（10 - 16）中令 $\xi = 1$，即得临界阻尼常数为

$$c_c = 2m\omega = 2\sqrt{mk} \tag{10 - 22}$$

由式（10 - 16）和式（10 - 22）得

$$\xi = \frac{c}{c_c} \tag{10-23}$$

参数 $\xi$ 表示阻尼常数 $c$ 与临界阻尼参数 $c_c$ 的比值，叫做阻尼比。阻尼比 $\xi$ 是反映阻尼情况的基本参数，它的数值可以通过实测得到。如在小阻尼结构中，若测得两个相邻振幅值 $y_k$ 和 $y_{k+1}$，得出振幅的对数递减量，则由式（10-21）即可计算出阻尼比 $\xi$ 的数值。同理，也可用经过 $n$ 个周期的振幅值 $y_k$ 和 $y_{k+n}$ 进行计算，有

$$\ln \frac{y_k}{y_{k+n}} = \xi \omega n T' = \xi \omega n \frac{2\pi}{\omega}$$

$$\xi = \frac{1}{2\pi n} \frac{\omega'}{\omega} \ln \frac{y_k}{y_{k+n}}$$

当 $\omega' \approx \omega$ 时，有

$$\xi \approx \frac{1}{2\pi n} \cdot \ln \frac{y_k}{y_{k+n}} \tag{10-24}$$

至于 $\xi > 1$ 的情形。结构在自由反应中仍不出现振动现象。由于在实际问题中很少遇到这种情况，故不作进一步讨论。

## 第四节　单自由度体系的强迫振动

### 一、单自由度体系在简谐荷载作用下的动力计算

现在讨论单自由度体系在简谐荷载作用下的强迫振动问题。简谐荷载可以用 $F_P \sin\theta t$ 或 $F_P \cos\theta t$ 表示，它们通常是由机械转动所产生的离心力的分量。其最大值 $F_P$ 称为荷载振幅，$\theta$ 称为荷载圆频率，即离心力旋转的角速度。我们研究简谐荷载，因为它比较常见，而且一般周期性荷载的作用，可以分解成多个简谐力作用的叠加。以下只讨论简谐力 $F_P \sin\theta t$ 的情况，但其分析方法同样适用于 $F_P \cos\theta t$ 的情况，并可得同样结论。

首先讨论有阻尼的情况，根据本章第二节内容，单自由度结构在简谐荷载 $F_P \sin\theta t$ 作用下的运动方程为

$$m\ddot{y} + c\dot{y} + k_{11}y = F_P \sin\theta t$$

$$\ddot{y} + 2\xi\omega\dot{y} + \omega^2 y = \frac{F_P}{m} \sin\theta t \tag{10-25}$$

其中 $\xi$ 为阻尼比。上式的通解可以分成两部分

$$y = \bar{y} + y*$$

齐次解 $\bar{y}$ 为

$$\bar{y} = e^{-\xi\omega t}(C_1 \cos\omega' t + C_2 \sin\omega' t)$$

现在用待定系数法求特解 $y*$。设

$$y^* = D_1 \cos\theta t + D_2 \sin\theta t$$

则

$$\dot{y}^* = -D_1 \theta \sin\theta t + D_2 \theta \cos\theta t$$

$$\ddot{y}^* = -D_1 \theta^2 \cos\theta t - D_2 \theta^2 \sin\theta t$$

将它们代入方程式（10-25）并整理，分别令等号两侧 $\cos\theta t$ 和 $\sin\theta t$ 的相应系数相等，得

$$(\omega^2 - \theta^2)D_1 + 2\xi\omega\theta D_2 = 0$$

$$-2\xi\omega\theta D_1 + (\omega^2 - \theta^2)D_2 = \frac{F_P}{m}$$

由以上两式可以解出

$$D_1 = -\frac{F_P}{m}\frac{2\xi\omega\theta}{(\omega^2-\theta^2)^2+4(\xi\omega)^2\theta^2}, D_2 = \frac{F_P}{m}\frac{\omega^2-\theta^2}{(\omega^2-\theta^2)^2+4(\xi\omega)^2\theta^2}$$

若将特解 $y^*$ 改写为

$$y^* = A\sin(\theta t - \varphi)$$

则

$$A = \sqrt{D_1^2 + D_2^2} = \frac{F_P}{m\sqrt{(\omega^2-\theta^2)^2+4(\xi\omega)^2\theta^2}} \tag{10-26}$$

$$\tan\varphi = \frac{2\xi\omega\theta}{\omega^2-\theta^2} \tag{10-27}$$

将以上特解 $y^*$ 与齐次解 $\bar{y}$ 相加，即得方程式（10-25）的解

$$y = e^{-\xi\omega t}(C_1\cos\omega't + C_2\sin\omega't) + \frac{F_P}{m\sqrt{(\omega^2-\theta^2)^2+4\xi^2\omega^2\theta^2}}\sin(\theta t - \varphi)$$

其中常数 $C_1$、$C_2$ 由初始条件确定。

设两个初始条件为：$t=0$ 时，$y=y_0$、$\dot{y}=\dot{y}_0$，则通解可改写为

$$y = e^{-\xi\omega t}y_0\cos\omega't + e^{-\xi\omega t}\left(\frac{\dot{y}_0}{\omega} + \frac{\xi\omega}{\omega}y_0\right)\sin\omega't + e^{-\xi\omega t}\frac{F_P\sin\varphi}{m\sqrt{(\omega^2-\theta^2)^2+4\xi^2\omega^2\theta^2}}\cos\omega't$$

$$-e^{-\xi\omega t}\frac{F_P\left(-\xi\frac{\omega}{\omega}\sin\varphi+\frac{\theta}{\omega}\cos\varphi\right)}{m\sqrt{(\omega^2-\theta^2)^2+4\xi^2\omega^2\theta^2}}\sin\omega't + \frac{F_P}{m\sqrt{(\omega^2-\theta^2)^2+4\xi^2\omega^2\theta^2}}\sin(\theta t - \varphi)$$

$$\tag{10-28}$$

在式（10-28）中，第一、二项是由初始条件决定的自由振动，当 $y_0$、$\dot{y}_0$ 全为零时，这两项即不存在；第三、四项也是频率为 $\omega'$ 的自由振动，但与初始条件无关，是伴随干扰力的作用而产生的，称为伴生自由振动；这四项都含有因子 $e^{-\xi\omega t}$，所以随时间的增长，都将很快衰减。第五项是不随时间衰减而按干扰力的频率进行的振动，称为纯强迫振动或稳态强迫振动。我们把振动开始的一段时间内几种振动同时存在的阶段称为过渡阶段；而把后面只剩下纯强迫振动的阶段称为平稳阶段。通常过渡阶段比较短，因而在实际问题中平稳阶段比较重要，故一般只着重讨论纯强迫振动，即式（10-28）除去前四项，这样可得

$$y = \frac{F_P}{m\sqrt{(\omega^2-\theta^2)^2+4\xi^2\omega^2\theta^2}}\sin(\theta t - \varphi) \tag{10-29}$$

下面分别就考虑和不考虑阻尼两种情况来讨论。

1. 不考虑阻尼的纯强迫振动

此时因 $\xi=0$（$c=0$），由式（10-29）可知纯强迫振动位移方程成为

$$y = \frac{F_P}{m(\omega^2-\theta^2)}\sin\theta t \tag{10-30}$$

因此，最大的动力位移（即振幅）为

$$A = \frac{F_P}{m(\omega^2-\theta^2)} = \frac{1}{1-\frac{\theta^2}{\omega^2}}\frac{F_P}{m\omega^2}$$

因 $\omega^2 = \dfrac{k_{11}}{m} = \dfrac{1}{m\delta_{11}}$，故 $m\omega^2 = \dfrac{1}{\delta_{11}}$，代入上式，得

$$A = \frac{1}{1 - \dfrac{\theta^2}{\omega^2}} F_P\delta_{11} = \frac{1}{1 - \dfrac{\theta^2}{\omega^2}} y_{st} = \mu_D y_{st} \tag{10-31}$$

式中 $y_{st} = F_P\delta_{11}$ 表示将振动荷载的幅值 $F_P$ 作为静力荷载作用于结构上时所引起的静力位移，而

$$\mu_D = \frac{1}{1 - \dfrac{\theta^2}{\omega^2}} = \frac{A}{y_{st}} \tag{10-32}$$

为最大的动力位移与静力位移之比值，称为位移动力系数。由上述公式可知，当 $\theta < \omega$ 时，$\mu_D$ 为正，动力位移与动力荷载同向；当 $\theta > \omega$ 时，$\mu_D$ 为负，动力位移与动力荷载反向。由式（10-32）可知，动力系数随比值 $\dfrac{\theta}{\omega}$ 而变化。当干扰力的频率 $\theta$ 接近于结构的自振频率 $\omega$ 时，动力系数就迅速增大，当二者无限接近时，理论上动力系数 $\mu_D$ 将成为无穷大，此时内力和位移都将无限增加。对结构来说，这种情形是危险的，在 $\theta = \omega$ 时所发生的振动现象称为共振。实际上由于阻尼的存在，共振时内力和位移虽然很大，但并不会趋于无穷大，尽管如此，内力和位移之值过大也是十分不利的，因此在设计中应尽量避免发生共振。

2. 考虑阻尼的纯强迫振动

利用 $m\omega^2 = \dfrac{1}{\delta_{11}}$ 和 $y_{st} = F_P\delta_{11}$，式（10-29）可以写成

$$y = \frac{y_{st}}{\sqrt{\left(1 - \dfrac{\theta^2}{\omega^2}\right)^2 + \dfrac{4\xi^2\theta^2}{\omega^2}}} \sin(\theta t - \varphi) \tag{10-33}$$

因此，振幅为

$$A = \frac{1}{\sqrt{\left(1 - \dfrac{\theta^2}{\omega^2}\right)^2 + \dfrac{4\xi^2\theta^2}{\omega^2}}} y_{st} = \mu_D y_{st} \tag{10-34}$$

式中

$$\mu_D = \frac{1}{\sqrt{\left(1 - \dfrac{\theta^2}{\omega^2}\right)^2 + \dfrac{4\xi^2\theta^2}{\omega^2}}} \tag{10-35}$$

为考虑阻尼的动力系数。由式（10-34）可知，振幅大小除与干扰力的幅值有关外，与放大系数 $\mu_D$ 也有密切关系。而由式（10-35）可知，放大系数则由干扰力频率、结构的自振频率及阻尼等所决定。图 10-15 中给出了动力系数 $\mu_D$ 与 $\dfrac{\theta}{\omega}$ 值的关系曲线。

下面讨论 $\dfrac{\theta}{\omega}$ 值不同的几种情况：

(1) $\theta \ll \omega$。

此时，$(\theta/\omega)^2$ 值接近于零，$\mu_D$ 值则略大于 1，这相当于结构刚度极大，或荷载随时间变化极为缓慢的情况。极限情形为 $\omega = \infty$ 或 $\theta = 0$，则 $\mu_D = 1$，这就意味着结构为刚体或荷载并不随时间而改变，因此也就不存在振动问题。由式（10-35）还可看出，此时根号内的第二

项也接近于零，这表明阻尼对放大系数和振幅的影响很小。

（2）$\theta \gg \omega$。

此时，$(\theta/\omega)^2$ 远大于 1，而式（10-35）中根号内的第二项又远小于第一项，所以 $\mu_D$ 值很小并可认为与阻尼无关。当 $\theta$ 远大于 $\omega$ 以致 $\mu_D \approx 0$ 时，结构可看作处于静止状态。

（3）$\theta \rightarrow \omega$。

$(\theta/\omega)^2$ 接近于 1，即干扰力频率接近结构自振频率，动力系数 $\mu_D$ 迅速增大。当 $\theta/\omega = 1$ 时，由于存在阻尼，$\mu_D$ 虽然不能成为无限大，但仍有很大的值，此时结构处于共振状态。此时，动力系数为

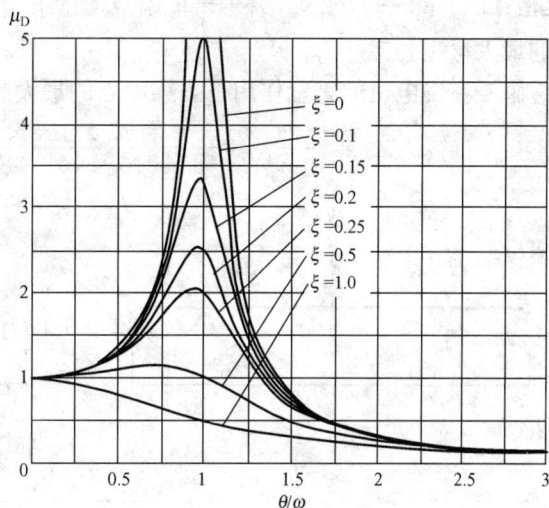

图 10-15

$$\mu_D = \frac{1}{2\xi} \qquad (10-36)$$

式（10-36）和图 10-15 表明，在靠近共振点范围内，阻尼比 $\xi$ 的数值对动力系数及振幅的大小有决定性的影响。通常将区间 $0.75 < \theta/\omega < 1.25$ 称为共振区。在共振区内，阻尼因素不能忽略，而且对 $\xi$ 值应该力求精确，因为若 $\xi$ 值有较小差异时，$\mu_D$ 值将会有明显的改变。在共振区外，为了简化，可以不考虑阻尼影响，这样偏于安全。

下面讨论位移和振动荷载之间的相位关系。

图 10-16

由式（10-27）可以看出，相位角 $\varphi$ 是阻尼比 $\xi$ 和比值 $\dfrac{\theta}{\omega}$ 的函数，它们之间的关系如图 10-16 所示。在不存在阻尼（$\xi = 0$）的理想情况下，若 $\dfrac{\theta}{\omega} < 1$，则 $\varphi = 0$，这表示位移与荷载或同时达到最大值或同时为零，即二者是同相位的。若 $\dfrac{\theta}{\omega} > 1$，则 $\varphi = \pi$，这表示当荷载由零到最大值时，位移则由零到最小值，即二者是反相位的。

在考虑阻尼的情况下，荷载与位移之间的相位差则永远不等于零。若 $\dfrac{\theta}{\omega} < 1$，则 $0 < \varphi < \dfrac{\pi}{2}$；若 $\dfrac{\theta}{\omega} > 1$，则 $\dfrac{\pi}{2} < \varphi < \pi$，当 $\dfrac{\theta}{\omega} = 1$ 时，则 $\varphi = \dfrac{\pi}{2}$。就是说，只要阻尼存在，那么结构的振动位移总是滞后于振动荷载。

【例 10-3】 重量 $G = 35\text{kN}$ 的发电机置于简支梁的中点上（图 10-17），梁的自重不计，并知梁的惯性矩 $I = 8.8 \times 10^{-5}\text{ m}^4$，$E = 210\text{ GPa}$，发电机转动时其离心力的垂直分力为

$F_P \sin\theta t$，且 $F_P = 10$ kN。若不考虑阻尼，试求当发电机每分钟的转数为 $n = 500$ r/min 时，梁的最大弯矩和挠度。

**解** 在发电机的重量作用下，梁中点的最大静力位移为

$$\Delta_{st} = \frac{Gl^3}{48EI} = \frac{35 \times 10^3 \times 4^3}{48 \times 210 \times 10^9 \times 8.8 \times 10^{-5}} = 2.53 \times 10^{-3}\,\text{m}$$

由单自由度频率公式（10 - 12）得

$$\omega = \sqrt{\frac{g}{\Delta_{st}}} = \sqrt{\frac{9.81}{2.53 \times 10^{-3}}} = 62.3\text{s}^{-1}$$

干扰力的频率为

$$\theta = \frac{2\pi n}{60} = \frac{2 \times 3.14 \times 500}{60} = 52.3\text{s}^{-1}$$

图 10 - 17

根据式（10 - 32）可求动力系数为

$$\mu_D = \frac{1}{1 - \dfrac{\theta^2}{\omega^2}} = \frac{1}{1 - \dfrac{52.3^2}{62.3^2}} = 3.4$$

故知由此干扰力影响所产生的内力和位移等于静力影响的 3.4 倍。据此求得梁中点的最大弯矩为

$$M_{max} = M_G + \mu_D M_{st}^P = \frac{35 \times 4}{4} + \frac{3.4 \times 10 \times 4}{4} = 69\text{kN} \cdot \text{m}$$

梁中点最大挠度为

$$y_{max} = \Delta_{st} + \mu_D y_{st}^P = \frac{Gl^3}{48EI} + \mu_D \frac{Pl^3}{48EI} = \frac{(35 + 3.4 \times 10) \times 10^3 \times 4^3}{48 \times 210 \times 10^9 \times 8.8 \times 10^{-5}} = 4.98\text{mm}$$

以上的分析都是干扰力 $F_P(t)$ 直接作用在质点 $m$ 上的情形。在实际问题中，也可能有干扰力 $F_P(t)$ 不直接作用在质点上的。例如图 10 - 18 所示简支梁，集中质量 $m$ 在点 1 处，而干扰力 $F_P(t)$ 则作用在点 2 处。建立质点 $m$ 的振动方程时，用柔度法较简便，现讨论如下。

设单位力作用在点 1 时使点 1 产生的位移为 $\delta_{11}$；单位力作用在点 2 时使点 1 产生的位移为 $\delta_{12}$，如图 10 - 18 （b）、（c）所示。

若在任一时刻质点 $m$ 处的位移为 $y$，则作用在质点 $m$ 上的惯性力为 $-m\ddot{y}$，在惯性力 $-m\ddot{y}$ 和干扰力 $F_P(t)$ 共同作用下，如图 10 - 18 （d）所示，质点 $m$ 的位移为

$$y = \delta_{11}(-m\ddot{y}) + \delta_{12}F_P(t)$$

即

$$m\ddot{y} + k_{11}y = \frac{\delta_{12}}{\delta_{11}}F_P(t) \qquad (10 - 37)$$

这就是当干扰力不直接作用在质点上时，质点 $m$ 的振动微分方程。由此可见，对于这种情况，本节前面导出的各个计算公式都是适用的，只不过须将公式中的 $F_P(t)$ 用 $\dfrac{\delta_{12}}{\delta_{11}}F_P(t)$ 来代替。

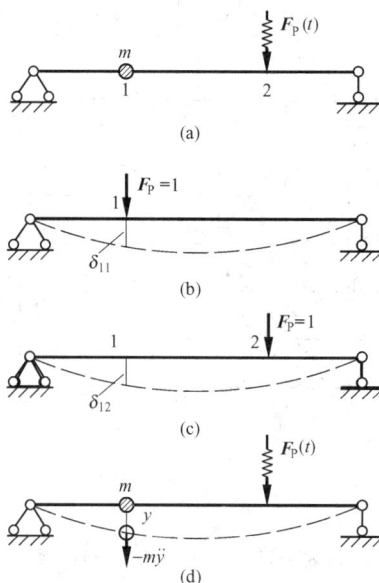

图 10 - 18

### 二、单自由度体系在任意荷载作用下的强迫振动

为了推导任意干扰力 $F_P(t)$ 作用下强迫振动的一般公式，先讨论瞬时冲量作用下的振动问题。所谓瞬时冲量，就是荷载 $F_P(t)$ 只在极短的时间 $\Delta t$ 内给予振动物体的冲量。如图 10 - 19（a）所示，设荷载的大小为 $F_P$，作用的时间为 $\Delta t$，则其冲量为 $I = F_P \Delta t$，即图中阴影线所表示的面积。

图 10 - 19

设在 $t = 0$ 时，有冲量 $I$ 作用于单自由度质点上，且假定冲击以前质点原来的初位移和初速度均为零，则在瞬时冲量作用下质点 $m$ 将获得初速度 $\dot{y}_0$，此时冲量 $I$ 全部转移给质点，使其增加动量，动量增值即为 $m\dot{y}_0$，故由 $I = m\dot{y}_0$ 可得

$$\dot{y}_0 = \frac{I}{m}$$

当质点获得初速度 $\dot{y}_0$ 后还未产生位移时，冲量即行消失，所以质点在这种冲击下将产生以初位移为零和初速度为 $\dot{y}_0$ 的自由振动，将 $y_0 = 0$ 和 $\dot{y}_0 = \dfrac{I}{m}$ 代入式（10 - 19），便得到瞬时冲量 $I$ 作用下质点 $m$ 的位移方程为

$$y = e^{-\xi\omega t}\left(\frac{\dot{y}_0}{\omega'}\sin\omega' t\right) = \frac{I}{m\omega'}e^{-\xi\omega t}\sin\omega' t$$

若瞬时冲量不是在 $t = 0$，而是在 $t = \tau$ 时加于质点上的，则其位移方程应为

$$y(t) = \frac{I}{m\omega'}e^{-\xi\omega(t-\tau)}\sin\omega'(t-\tau) \quad (t > \tau) \tag{10 - 38}$$

对于图 10 - 19（b）所示一般形式的干扰力 $F_P(t)$，可以认为它是一系列微小冲量 $F_P(\tau)d\tau$ 连续作用的结果，因此应有

$$y(t) = \frac{1}{m\omega'}\int_0^t F_P(\tau)e^{-\xi\omega(t-\tau)}\sin\omega'(t-\tau)d\tau \tag{10 - 39}$$

这就是单自由度体系当原来的初始位移和初始速度均为零时，在任意动力荷载作用下的质点位移公式。若不考虑阻尼，则有 $\xi = 0$，$\omega' = \omega$，于是

$$y(t) = \frac{1}{m\omega}\int_0^t F_P(\tau)\sin\omega(t-\tau)d\tau \tag{10 - 40}$$

式（10 - 39）及式（10 - 40）称为杜哈梅积分。这就是初始处于静止状态的单自由度体系在任意动荷载 $P(t)$ 作用下的位移公式。如初始位移 $y_0$ 和初始速度 $\dot{y}_0$ 不为零，则总位移应为

$$y(t) = y_0\cos\omega t + \frac{\dot{y}_0}{\omega}\sin\omega t + \frac{1}{m\omega}\int_0^t F_P(\tau)\sin\omega(t-\tau)d\tau \tag{10 - 41}$$

下面应用式（10 - 39）～式（10 - 41）来讨论两种动荷载的动力反应。

（1）突加荷载。

设结构原处于静止状态。在 $t = 0$ 时突然加上荷载 $F_P^0$，并一直作用在结构上。这种荷载称为突加荷载，其表示式为

$$F_P(t) = \begin{cases} 0 & (t < 0) \\ F_P^0 & (t \geqslant 0) \end{cases} \tag{a}$$

$F_P$-$t$ 曲线如图 10 - 20（a）所示。这是一个阶梯形曲线，在 $t = 0$ 处，曲线有间断点。

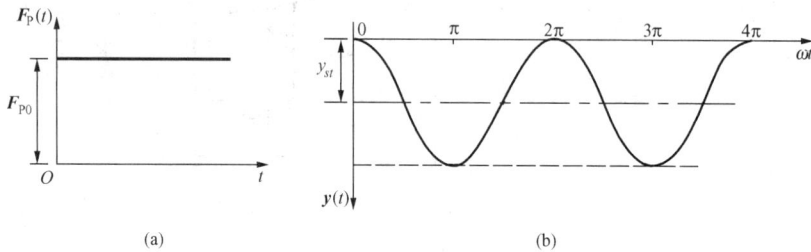

图 10 - 20

将式（a）代入式（10 - 40），可得动力位移为

当 $t > 0$ 时，

$$y(t) = \frac{1}{m\omega} \int_0^t F_P^0 \sin\omega(t-\tau) d\tau = \frac{F_P^0}{m\omega^2}(1 - \cos\omega t) = y_{st}(1 - \cos\omega t) \tag{b}$$

这里 $y_{st} = \dfrac{F_P^0}{m\omega^2} = F_P^0 \delta_{11}$，表示在静荷载 $F_P^0$ 作用下所产生的静位移。根据式（b）可作出动力位移图如图 10 - 20（b）所示。由图看出，质点是围绕其静力平衡位置 $y = y_{st}$ 作简谐振动，动力系数为

$$\mu_D = \frac{[y(t)]_{max}}{y_{st}} = 2$$

由此可见，突加荷载所引起的最大位移比相应的静位移增大一倍。

（2）短期荷载。

荷载 $F_P^0$ 在时刻 $t = 0$ 突然加上，在 $0 < t < u$ 时段内，荷载数值保持不变，在时刻 $t = u$ 荷载又突然消失。这种荷载可表示为

$$F_P(t) = \begin{cases} 0 & (t < 0) \\ F_P^0 & (0 < t < u) \\ 0 & (t > u) \end{cases} \tag{c}$$

图 10 - 21

$F_P$ - $t$ 曲线如图 10 - 21 所示。下面分两个阶段计算。

阶段 I（$0 < t \leqslant u$）：此阶段的荷载情况与突加情况相同，故动力位移可由式（b）得出

$$y(t) = y_{st}(1 - \cos\omega t) \tag{d}$$

阶段 II（$t > u$）：此阶段无荷载作用，因此结构作自由振动。以阶段 I 终了时刻（$t = u$）的位移 $y(u)$ 和速度 $\dot{y}(u)$ 作为初始位移和初始速度，即可得出动力位移公式。此外，动力位移也可直

接由式（10-40）来求。将荷载表示式代入后，即得

$$y(t) = \frac{1}{m\omega} \int_0^u F_P^0 \sin\omega(t-\tau)\mathrm{d}\tau = \frac{F_P^0}{m\omega^2}[\cos\omega(t-u) - \cos\omega t]$$

$$= 2y_{\mathrm{st}} \sin\frac{\omega u}{2} \sin\omega\left(t - \frac{u}{2}\right) \tag{e}$$

下面讨论结构的最大反应。分两种情况讨论。

第一种情况：$u > \dfrac{T}{2}$（加载持续时间大于半个自振周期）。这时最大反应发生在阶段 I，动力系数为（同上）

$$\mu_D = 2 \tag{f}$$

第二种情况：$u < \dfrac{T}{2}$。这时最大反应发生在阶段 II，由式（e）得知动力位移的最大值为

$$y_{\max} = y_{\mathrm{st}} \cdot 2\sin\frac{\omega u}{2}$$

因此，动力系数为

$$\mu_D = 2\sin\frac{\omega u}{2} = 2\sin\frac{\pi u}{T} \tag{g}$$

综合上两式（f）和（g）得

$$\mu_D = \begin{cases} 2\sin\dfrac{\pi u}{T} & \left(\dfrac{u}{T} < \dfrac{1}{2}\right) \\ 2 & \left(\dfrac{u}{T} > \dfrac{1}{2}\right) \end{cases}$$

由此可见，动力系数 $\mu_D$ 的数值取决于参数 $\dfrac{u}{T}$，即短期荷载的动力效果取决于加载持续时间的长短（与自振周期相比）。

在许多实际问题中，荷载的变化规律只能由实验数据表达，这时需要借助数值积分法进行求解。

## 第五节 多自由度体系的自由振动

在进行结构的动力分析时，为了保证所得结果的可靠性，有时需要选取较为复杂的计算简图，按多自由度体系进行计算。本节内容即为分析多自由度体系的自由振动问题，在分析中，不考虑阻尼的影响。通过上一节对单自由度体系的分析已经看到，阻尼对自振频率的影响很小。对于多自由度体系也有类似情况。下面先讨论两个自由度体系，然后再推广到多自由度体系。

### 一、两个自由度体系的自由振动

#### 1. 运动方程的建立

设有一两个自由度体系如图 10-22（a）所示，两个质点的质量分别为 $m_1$、$m_2$，梁的自重略去不计。设两个质点的位移分别为 $y_1(t)$ 和 $y_2(t)$，它们都从静平衡位置量起并以向下为正。与单自由度体系一样，我们通过列位移方程或列动力平衡方程来建立两个自由度体系的运动方程。

（1）列位移方程（柔度方程）

将惯性力 $-m_1 \ddot{y}_1$ 和 $-m_2 \ddot{y}_2$ 分别作用在质点 1、2 处，如图 10 - 22（b）所示。由于在自由振动时，梁在任一时刻 $t$ 的位移等于惯性力所产生的静位移。这样，利用叠加原理，有

$$\left.\begin{aligned} y_1 &= \delta_{11}(-m_1 \ddot{y}_1) + \delta_{12}(-m_2 \ddot{y}_2) \\ y_2 &= \delta_{21}(-m_1 \ddot{y}_1) + \delta_{22}(-m_2 \ddot{y}_2) \end{aligned}\right\} \tag{a}$$

或

$$\left.\begin{aligned} \delta_{11} m_1 \ddot{y}_1 + \delta_{12} m_2 \ddot{y}_2 + y_1 &= 0 \\ \delta_{21} m_1 \ddot{y}_1 + \delta_{22} m_2 \ddot{y}_2 + y_2 &= 0 \end{aligned}\right\} \tag{10 - 42}$$

式中 $\delta_{ij}$ 称为柔度影响系数，它表示沿 $y_j$ 方向施加单位力时，在 $y_i$ 方向所产生的位移，见图 10 - 22（c）、（d）。由位移互等定理，知 $\delta_{ij} = \delta_{ji}$。利用列位移方程求解的方法称为柔度法，方程式（10 - 42）称为柔度方程。

图 10 - 22

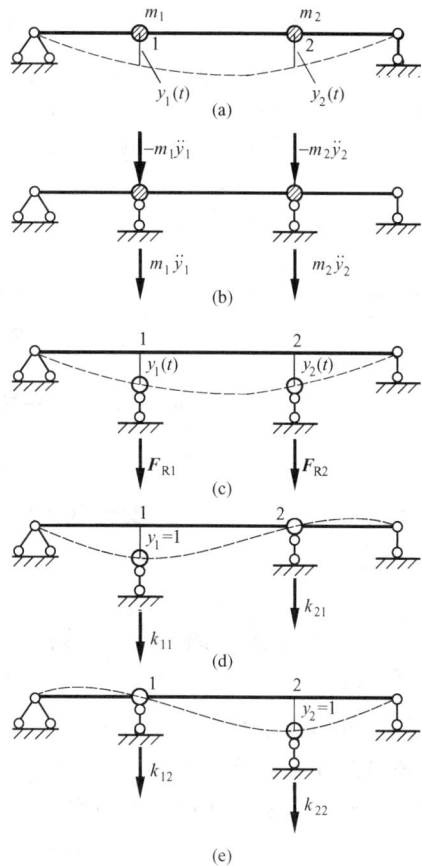

图 10 - 23

（2）列动力平衡方程（刚度方程）

列动力平衡方程时，可按照类似第七章位移法的步骤来处理。如图 10 - 23（a）所示无重量简支梁支承着两个质点，质量分别为 $m_1$、$m_2$。在质点 1、2 处沿位移方向加入附加链杆以阻止两个质点的位移，则在 1、2 质点惯性力 $-m_1 \ddot{y}_1$ 和 $-m_2 \ddot{y}_2$ 的作用下，各链杆反力即等于 $m_1 \ddot{y}_1$ 和 $m_2 \ddot{y}_2$，见图 10 - 23（b）。然后上下移动链杆，使梁的 1、2 质点发生与实际情

况相同的位移 $y_1(t)$ 和 $y_2(t)$，见图 10 - 23（c），此时，附加链杆上所需施加的力为 $F_{R1}$ 和 $F_{R2}$。若不考虑质点所受的阻尼力，则将上述图 10 - 23（b）、（c）所示两情况叠加，各附加链杆上的总反力应等于零，由此可分别列出两个质点的动力平衡方程。

$$\left.\begin{array}{l} m_1\,\ddot{y}_1 + F_{R1} = 0 \\ m_2\,\ddot{y}_2 + F_{R2} = 0 \end{array}\right\} \tag{b}$$

而 $F_{R1}$ 和 $F_{R2}$ 的大小取决于结构的刚度和质点的位移值，由叠加原理，可以写成

$$\left.\begin{array}{l} F_{R1} = k_{11}y_1 + k_{12}y_2 \\ F_{R2} = k_{21}y_1 + k_{22}y_2 \end{array}\right\} \tag{c}$$

式中各 $k_{ij}$ 称为刚度影响系数，它表示由于链杆 $j$ 发生单位位移（其余链杆的位移为零）在链杆 $i$ 中所引起的反力，物理意义见图 10 - 23（d）、（e）。由反力互等定理，知 $k_{ij} = k_{ji}$。将式（c）代入式（b）即得

$$\left.\begin{array}{l} k_{11}y_1 + k_{12}y_2 + m_1\,\ddot{y}_1 = 0 \\ k_{21}y_1 + k_{22}y_2 + m_2\,\ddot{y}_2 = 0 \end{array}\right\} \tag{10-43}$$

列动力平衡方程求解的方法称为刚度法，式（10-43）就是按刚度法建立的两个自由度无阻尼结构的自由振动微分方程，也称刚度方程。

2. 按刚度法求解频率和振型

设式（10-43）的解为

$$\left.\begin{array}{l} y_1(t) = A_1\sin(\omega t + \varphi) \\ y_2(t) = A_2\sin(\omega t + \varphi) \end{array}\right\} \tag{d}$$

式（d）所表示的运动具有以下特点：第一，在振动过程中，两个质点具有相同的频率 $\omega$ 和相同的相位角 $\varphi$，$A_1$ 和 $A_2$ 是位移幅值；第二，在振动过程中，两个质点的位移在数值上随时间而变化，但二者的比值始终保持不变，即

$$\frac{y_1(t)}{y_2(t)} = \frac{A_1}{A_2} = 常数$$

这种结构位移形状保持不变的振动形式可称为主振型或振型。

将式（d）代入式（10-43），消去公因子 $\sin(\omega t + \varphi)$ 后，得

$$\left.\begin{array}{l} (k_{11} - \omega^2 m_1)A_1 + k_{12}A_2 = 0 \\ k_{21}A_1 + (k_{22} - \omega^2 m_2)A_2 = 0 \end{array}\right\} \tag{10-44}$$

上式为 $A_1$、$A_2$ 的齐次方程，方程中，$A_1 = A_2 = 0$ 虽然是方程的解，但它实际上对应于没有发生振动的静止状态。为了得到 $A_1$、$A_2$ 不全为零的解答，应使方程组式（10-44）的系数行列式为零，即

$$D = \begin{vmatrix} k_{11} - \omega^2 m_1 & k_{12} \\ k_{21} & k_{22} - \omega^2 m_2 \end{vmatrix} = 0 \tag{10-45}$$

式（10-45）称为频率方程或特征方程，用它可求出频率 $\omega$。

将上式展开并整理得

$$(\omega^2)^2 - \left(\frac{k_{11}}{m_1} + \frac{k_{22}}{m_2}\right)\omega^2 + \frac{k_{11}k_{22} - k_{12}k_{21}}{m_1 m_2} = 0$$

上式是关于 $\omega^2$ 的二次方程，由此可解出 $\omega^2$ 的两个根为

$$\omega^2 = \frac{1}{2}\left(\frac{k_{11}}{m_1} + \frac{k_{22}}{m_2}\right) \pm \sqrt{\left[\frac{1}{2}\left(\frac{k_{11}}{m_1} + \frac{k_{22}}{m_2}\right)\right]^2 - \frac{k_{11}k_{22} - k_{12}k_{21}}{m_1 m_2}} \tag{10-46}$$

可以证明这两个根都是正值。由此可见，具有两个自由度的结构共有两个自振频率，其中较小的一个，设以 $\omega_1$ 表示，称为第一频率或基本频率；另一个以 $\omega_2$ 表示，称为第二频率。

求出自振频率 $\omega_1$、$\omega_2$ 之后，再来确定它们各自相应的振型。将第一频率 $\omega_1$ 代入式 (10-44)。由于行列式 $D=0$，方程组中的两个方程是线性相关的，实际上只有一个独立的方程。由式 (10-44) 的任一个方程可求出比值 $A_2/A_1$，这个比值所确定的振动形式就是与第一频率 $\omega_1$ 相对应的振型，称为第一振型或基本振型，公式如下

$$\rho_1 = \frac{A_2^{(1)}}{A_1^{(1)}} = \frac{\omega_1^2 m_1 - k_{11}}{k_{12}} \tag{10-47}$$

这里 $A_1^{(1)}$、$A_2^{(1)}$ 分别表示第一振型中质点 1、2 的振幅。将 $\omega_2$ 代入式 (10-44)，可以求得 $A_2/A_1$ 的另一个比值。这个比值所确定的另一个振动形式称为第二振型。

$$\rho_2 = \frac{A_2^{(2)}}{A_1^{(2)}} = \frac{\omega_2^2 m_1 - k_{11}}{k_{12}} \tag{10-48}$$

这里 $A_1^{(2)}$、$A_2^{(2)}$ 分别表示第二振型中质点 1、2 的振幅。

3. 按柔度法求解

若用柔度法求解，推导过程与上相似，因此不再复述，只给出主要公式。

对于两个自由度结构，关于位移幅值 $A_1$、$A_2$ 的齐次方程为

$$\left.\begin{array}{l}\left(m_1\delta_{11} - \dfrac{1}{\omega^2}\right)A_1 + m_2\delta_{12}A_2 = 0 \\[2mm] m_1\delta_{21}A_1 + \left(m_2\delta_{22} - \dfrac{1}{\omega^2}\right)A_2 = 0\end{array}\right\} \tag{10-49}$$

频率方程为

$$D = \begin{vmatrix} \left(m_1\delta_{11} - \dfrac{1}{\omega^2}\right) & m_2\delta_{12} \\[3mm] m_1\delta_{21} & \left(m_2\delta_{22} - \dfrac{1}{\omega^2}\right) \end{vmatrix} = 0 \tag{10-50}$$

将上式展开并整理得

$$m_1 m_2 (\delta_{11}\delta_{22} - \delta_{12}^2)(\omega^2)^2 - (m_1\delta_{11} + m_2\delta_{22})\omega^2 + 1 = 0$$

令

$$\lambda = \frac{1}{\omega^2} \tag{10-51}$$

上式可写成

$$\lambda^2 - (\delta_{11}m_1 + \delta_{22}m_2)\lambda + (\delta_{11}\delta_{22} - \delta_{12}^2)m_1 m_2 = 0$$

由此得出 $\lambda$ 的两个根为

$$\lambda = \frac{1}{2}(\delta_{11}m_1 + \delta_{22}m_2) \pm \frac{1}{2}\sqrt{(\delta_{11}m_1 + \delta_{22}m_2)^2 - 4(\delta_{11}\delta_{22} - \delta_{12}^2)m_1 m_2} \tag{10-52}$$

从而可以解出两个自振频率 $\omega_1$、$\omega_2$。然后求得结构的主振型。

$$\rho_1 = \frac{A_2^{(1)}}{A_1^{(1)}} = \frac{1/\omega_1^2 - \delta_{11}m_1}{\delta_{12}m_2} \tag{10-53}$$

$$\rho_2 = \frac{A_2^{(2)}}{A_1^{(2)}} = \frac{1/\omega_2^2 - \delta_{11}m_1}{\delta_{12}m_2} \tag{10-54}$$

多自由度体系如果按某个主振型自由振动时，由于它的振动形式保持不变，因此这个多

自由度体系实际上是像一个单自由度体系那样在振动。多自由度体系能够按某个主振型自由振动的条件是：初始位移和初始速度应当与此主振型相对应。

在一般情况下，两个自由度体系的自由振动可看作是两种频率及其主振型的组合振动，即

$$\left.\begin{array}{l} y_1(t) = A_1^{(1)}\sin(\omega_1 t + \varphi_1) + A_1^{(2)}\sin(\omega_2 t + \varphi_2) \\ y_2(t) = A_2^{(1)}\sin(\omega_1 t + \varphi_1) + A_2^{(2)}\sin(\omega_2 t + \varphi_2) \end{array}\right\} \tag{10-55}$$

式（10-55）就是运动方程（10-43）的全解。其中两对待定常数 $\varphi_1$ 和 $\varphi_2$ 可由初始条件来确定。

**【例 10-4】** 图 10-24（a）所示简支梁在跨度的三分之一处有两个大小相等的集中质量 $m$，试分析其自由振动。设梁的自重略去不计，$EI$ 为常数。

**解** 按柔度法计算。

（1）计算柔度系数 $\delta_{ij}$。

$$\delta_{11} = \delta_{22} = \frac{4}{243}\frac{l^3}{EI}$$

$$\delta_{12} = \delta_{21} = \frac{7}{486}\frac{l^3}{EI}$$

（2）计算自振频率。

将上面得到的各 $\delta_{ij}$ 值和 $m$ 值代入式（10-52），求得

$$\lambda_1 = \frac{1}{\omega_1^2} = \frac{5}{162}\frac{ml^3}{EI}$$

$$\lambda_2 = \frac{1}{\omega_2^2} = \frac{1}{486}\frac{ml^3}{EI}$$

图 10-24

于是得

$$\omega_1 = 5.69\sqrt{\frac{EI}{ml^3}}, \quad \omega_2 = 22\sqrt{\frac{EI}{ml^3}}$$

（3）分析主振型。

$$\rho_1 = \frac{1/\omega_1^2 - \delta_{11}m_1}{\delta_{12}m_2} = \left(\frac{5}{162}\frac{ml^3}{EI} - \frac{4}{243}\frac{ml^3}{EI}\right) \times \frac{486}{7}\frac{EI}{ml^3} = 1$$

这表明结构按第一频率振动时，两质点始终保持同向且相等的位移，其振型是正对称的，如图 10-24（b）所示。同理，由式（10-54）求得第二振型为

$$\rho_2 = \frac{1/\omega_2^2 - \delta_{11}m_1}{\delta_{12}m_2} = -1$$

可见，按第二频率振动时，两质点的位移是等值反向的，振型为反对称形状，如图 10-24（c）所示。由此例可以看出，若结构的刚度和质量分布都是对称的，则其主振型不是正对称便是反对称的。

**【例 10-5】** 图 10-25（a）所示两层刚架，其横梁为无限刚性。设质量集中在楼层上，第一、二层的质量分别为 $m_1$、$m_2$。层间侧移刚度分别为 $k_1$、$k_2$，即层间产生单位相对侧移时所需施加的力，如图 10-25（b）所示。试求刚架水平振动时的自振频率和主振型。

**解** 由图 10-25（c）、（d）可求出结构的刚度系数如下：

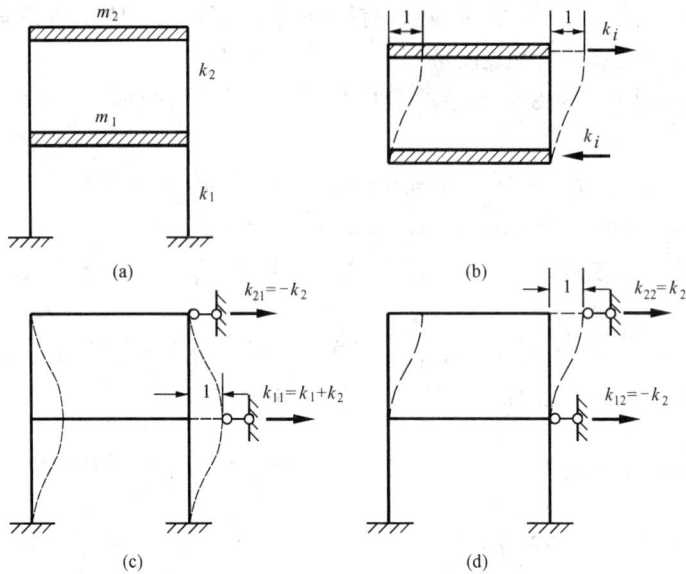

图 10 - 25

$$k_{11} = k_1 + k_2, k_{21} = -k_2$$
$$k_{12} = -k_2, k_{22} = k_2$$

将刚度系数代入式（10 - 45）并展开得

$$(k_1 + k_2 - \omega^2 m_1)(k_2 - \omega^2 m_2) - k_2^2 = 0 \tag{a}$$

分两种情况讨论：

（1）当 $m_1 = m_2 = m$，$k_1 = k_2 = k$ 时，此时式（a）为

$$(2k - \omega^2 m)(k - \omega^2 m) - k^2 = 0$$

由此求得

$$\omega_1^2 = \frac{3 - \sqrt{5}}{2} \frac{k}{m} = 0.38197 \frac{k}{m}$$

$$\omega_2^2 = \frac{3 + \sqrt{5}}{2} \frac{k}{m} = 2.61803 \frac{k}{m}$$

两个频率为

$$\omega_1 = 0.61803 \sqrt{\frac{k}{m}}, \omega_2 = 1.61803 \sqrt{\frac{k}{m}}$$

求主振型时，可由式（10 - 47）和式（10 - 48）求得振幅比值，从而绘出振型图。

第一主振型：$\rho_1 = \dfrac{\omega_1^2 m_1 - k_{11}}{k_{12}} = \dfrac{2k - 0.38197k}{k} = 1.618$

第二主振型：$\rho_1 = \dfrac{\omega_2^2 m_1 - k_{11}}{k_{12}} = \dfrac{2k - 2.61803k}{k} = -0.618$

两个主振型如图 10 - 26（a）、（b）所示。

（2）当 $m_1 = nm_2$，$k_1 = nk_2$ 时，此时式（a）为

$$[(n+1)k_2 - \omega^2 nm_2](k_2 - \omega^2 m_2) - k_2^2 = 0$$

由此求得

$$\omega_1^2 = \frac{1}{2}\left[\left(2+\frac{1}{n}\right)-\sqrt{\frac{4}{n}+\frac{1}{n^2}}\right]\frac{k_2}{m_2}$$

$$\omega_2^2 = \frac{1}{2}\left[\left(2+\frac{1}{n}\right)+\sqrt{\frac{4}{n}+\frac{1}{n^2}}\right]\frac{k_2}{m_2}$$

代入式（10-47）和式（10-48），可求
出主振型：

$$\rho_1 = \frac{1}{2}+\sqrt{n+\frac{1}{4}}, \rho_2 = \frac{1}{2}-\sqrt{n+\frac{1}{4}}$$

如 $n = 90$ 时

$$\rho_1 = \frac{10}{1}, \rho_2 = -\frac{9}{1}$$

图 10-26

由上可见，当上部质量和刚度很小时，顶部位移很大。建筑结构中，这种因顶部质量和
刚度突然变小，在振动中引起巨大反响的现象，有时称为鞭梢效应。地震灾害调查中发现，
屋顶的小阁楼、女儿墙等附属结构物破坏严重，就是因为顶部质量和刚度的突变，由鞭梢效
应引起的结果。

**二、多自由度体系的自由振动**

现在讨论多自由度体系的自由振动并采用矩阵表示形式。

1. 运动方程

设有一简支梁如图 10-27 所示，其上 $n$ 个点处的集中质量分别为 $m_1$、$m_2$、…、$m_i$、
…、$m_n$，梁的自重略去不计。这是一

图 10-27

具有 $n$ 个自由度的体系。以 $y_1$、
$y_2$、…、$y_i$、…、$y_n$ 分别代表这些
质点自静平衡位置量起的位移。它
们即是结构的 $n$ 个几何坐标。

（1）列动力平衡方程（刚度法）。

参照对两个自由度体系列动力平衡方程的作法，将式（10-43）加以扩展，即得 $n$ 个自
由度结构的动力平衡方程。

$$\left.\begin{array}{l}
m_1\ddot{y}_1 + k_{11}y_1 + k_{12}y_2 + \cdots + k_{1i}y_i + \cdots + k_{1n}y_n = 0\\
m_2\ddot{y}_2 + k_{21}y_1 + k_{22}y_2 + \cdots + k_{2i}y_i + \cdots + k_{2n}y_n = 0\\
\cdots\cdots\cdots\cdots\cdots\cdots\\
m_i\ddot{y}_i + k_{i1}y_1 + k_{i2}y_2 + \cdots + k_{ii}y_i + \cdots + k_{in}y_n = 0\\
\cdots\cdots\cdots\cdots\cdots\cdots\\
m_n\ddot{y}_n + k_{n1}y_1 + k_{n2}y_2 + \cdots + k_{ni}y_i + \cdots + k_{nn}y_n = 0
\end{array}\right\} \tag{10-56}$$

写成矩阵形式，为

$$M\ddot{Y}+KY = 0 \tag{10-57}$$

式（10-56）或式（10-57）就是按刚度法建立的多自由度体系的无阻尼自由振动微分
方程。

现将其中各矩阵说明如下：

① $$Y = [y_1\, y_2\cdots y_i\cdots y_n]^T \tag{10-58}$$

$Y$ 为一个 $n \times 1$ 阶的位移列阵，常称为位移向量。

$$\ddot{Y} = [\ddot{y}_1 \ddot{y}_2 \cdots \ddot{y}_i \cdots \ddot{y}_n]^T \tag{10-59}$$

$\ddot{Y}$ 称为加速度向量。

② 
$$K = \begin{bmatrix} k_{11} & k_{12} & \cdots & k_{1i} & \cdots & k_{1n} \\ k_{21} & k_{22} & \cdots & k_{2i} & \cdots & k_{2n} \\ \vdots & \vdots & & \vdots & & \vdots \\ k_{i1} & k_{i2} & \cdots & k_{ii} & \cdots & k_{in} \\ \vdots & \vdots & & \vdots & & \vdots \\ k_{n1} & k_{n2} & \cdots & k_{ni} & \cdots & k_{nn} \end{bmatrix} \tag{10-60}$$

$K$ 是刚度矩阵，它的各个元素即上述的刚度影响系数。根据反力互等定理，有 $k_{ij} = k_{ji}$，故 $K$ 是一个 $n \times n$ 阶的对称方阵。

③ 
$$M = \begin{bmatrix} m_1 & & & & & \\ & m_2 & & & 0 & \\ & & \ddots & & & \\ & & & m_i & & \\ & 0 & & & \ddots & \\ & & & & & m_n \end{bmatrix} \tag{10-61}$$

$M$ 是质量矩阵。图 10-27 所示的体系有 $n$ 个质点，每个质点只能沿一个方向运动。在计算中即以这个方向的线位移为几何坐标，于是得以上形式的质量矩阵，即 $M$ 为一对角矩阵，对角线上的第 $i$ 个元素就是质点 $i$ 的质量 $m_i$。这是因为质点 $i$ 沿几何坐标 $y_i$ 方向的加速度，只可能在该方向产生惯性力 $-m_i \ddot{y}_i$，从而只在相应的附加链杆内引起反力 $m_i \ddot{y}_i$。假使不符合上述条件，质量矩阵即不能用式（10-61）表示，例如某个质点有两个几何坐标 $y_i$、$y_{i+1}$，则在对角线上的第 $i$ 个和第 $i+1$ 个元素即都是该质点的质量。此外，有时 $M$ 还不是对角矩阵。

（2）列位移方程（柔度法）。

参照对两个自由度体系列位移方程的作法，将式（10-42）加以扩展，即得 $n$ 个自由度体系的位移方程：

$$\left. \begin{aligned} y_1 + \delta_{11} m_1 \ddot{y}_1 + \delta_{12} m_2 \ddot{y}_2 + \cdots + \delta_{1i} m_i \ddot{y}_i + \cdots + \delta_{1n} m_n \ddot{y}_n = 0 \\ y_2 + \delta_{21} m_1 \ddot{y}_1 + \delta_{22} m_2 \ddot{y}_2 + \cdots + \delta_{2i} m_i \ddot{y}_i + \cdots + \delta_{2n} m_n \ddot{y}_n = 0 \\ \cdots \\ y_i + \delta_{i1} m_1 \ddot{y}_1 + \delta_{i2} m_2 \ddot{y}_2 + \cdots + \delta_{ii} m_i \ddot{y}_i + \cdots + \delta_{in} m_n \ddot{y}_n = 0 \\ \cdots \\ y_n + \delta_{n1} m_1 \ddot{y}_1 + \delta_{n2} m_2 \ddot{y}_2 + \cdots + \delta_{ni} m_i \ddot{y}_i + \cdots + \delta_{nn} m_n \ddot{y}_n = 0 \end{aligned} \right\} \tag{10-62}$$

写成矩阵形式，有

$$\begin{bmatrix} y_1 \\ y_2 \\ \vdots \\ y_i \\ \vdots \\ y_n \end{bmatrix} + \begin{bmatrix} \delta_{11} & \delta_{12} & \cdots & \delta_{1i} & \cdots & \delta_{1n} \\ \delta_{21} & \delta_{22} & \cdots & \delta_{2i} & \cdots & \delta_{2n} \\ \vdots & \vdots & & \vdots & & \vdots \\ \delta_{i1} & \delta_{i2} & & \delta_{ii} & & \delta_{in} \\ \vdots & \vdots & & \vdots & & \vdots \\ \delta_{n1} & \delta_{n2} & & \delta_{ni} & & \delta_{nn} \end{bmatrix} \begin{bmatrix} m_1 & & & & & \\ & m_2 & & & 0 & \\ & & \ddots & & & \\ & & & m_i & & \\ & 0 & & & \ddots & \\ & & & & & m_n \end{bmatrix} \begin{bmatrix} \ddot{y}_1 \\ \ddot{y}_2 \\ \vdots \\ \ddot{y}_i \\ \vdots \\ \ddot{y}_n \end{bmatrix} = \begin{bmatrix} 0 \\ 0 \\ \vdots \\ 0 \\ \vdots \\ 0 \end{bmatrix}$$

或简写成

$$\boldsymbol{Y} + \boldsymbol{\delta M \ddot{Y}} = \boldsymbol{0} \tag{10-63}$$

式中，$\boldsymbol{\delta}$ 为结构的柔度矩阵，根据位移互等定理，它也是对称矩阵。

式（10-62）或式（10-63）就是按柔度法建立的多自由度体系的无阻尼自由振动微分方程。

若对式（10-63）左乘以 $\boldsymbol{\delta}^{-1}$，则有

$$\boldsymbol{\delta}^{-1}\boldsymbol{Y} + \boldsymbol{M\ddot{Y}} = \boldsymbol{0}$$

因为柔度矩阵和刚度矩阵互为逆阵，即 $\boldsymbol{\delta}^{-1} = \boldsymbol{K}$，所以式（10-63）与式（10-56）实质相同。一般而言，当结构是静定结构时，宜采用柔度法；当结构为超静定结构时，刚度系数比柔度系数较易求得，宜采用刚度法。

2. 求解频率和主振型

以下主要讨论按刚度法建立的振动微分方程的求解。参照两个自由度体系的情况，设式（10-56）有以下特解：

$$y_i = A_i \sin(\omega t + \varphi) \quad (i = 1, 2, \cdots, n) \tag{e}$$

亦即设所有质点都按同一频率同一相位作同步简谐振动，但各质点的振幅值各不相同。将式（e）代入式（10-56）并消去公因子 $\sin(\omega t + \varphi)$ 可得

$$(\boldsymbol{K} - \omega^2\boldsymbol{M})\boldsymbol{A} = \boldsymbol{0} \tag{10-64}$$

式中

$$\boldsymbol{A} = (A_1 \quad A_2 \cdots \quad A_n)^{\mathrm{T}}$$

$\boldsymbol{A}$ 为振幅列向量，$\boldsymbol{I}$ 为单位矩阵。

式（10-64）为振幅 $A_1, A_2, \cdots, A_n$ 的齐次方程，称为振幅方程组。当 $A_1, A_2, \cdots, A_n$ 全为零时该式满足，但体系处于不振动状态。只有当 $A_1, A_2, \cdots, A_n$ 不全为零时，体系才能振动，此时方程组的系数行列式等于零，即

$$|\boldsymbol{K} - \omega^2\boldsymbol{M}| = \boldsymbol{0} \tag{10-65}$$

式（10-65）就是 $n$ 个自由度体系的频率方程。将行列式展开，可得到一个含 $\omega^2$ 的 $n$ 次代数方程，由此可得出 $\omega^2$ 的 $n$ 个正实根，从而得出 $n$ 个自振频率 $\omega_1, \omega_2, \cdots, \omega_n$，若按它们的数值由小到大依次排列，则分别称为第一，第二，$\cdots$，第 $n$ 频率，并总称为结构自振的频谱。

将 $n$ 个自振频率中的任一个 $\omega_k$ 代入式（e），即得特解为

$$y_i^{(k)} = A_i^{(k)} \sin(\omega_k t + \varphi_k) \quad (i = 1, 2, \cdots, n) \tag{10-66}$$

此时各质点按同一频率 $\omega_k$ 作同步简谐振动，但各质点的位移相互间的比值

$$y_1^{(k)} : y_2^{(k)} : \cdots : y_n^{(k)} = A_1^{(k)} : A_2^{(k)} : \cdots : A_n^{(k)}$$

将不随时间而变化，就是说在任何时刻结构的振动都保持同一形状，整个结构就像一个单自由度体系一样在振动。我们把多自由度体系按任一自振频率 $\omega_k$ 进行的简谐振动称为主振动，而其相应的特定振动形式称为主振型或简称振型。

将 $\omega_k$ 值代回振幅方程式（10-64）中得

$$(\boldsymbol{K} - \omega_k^2\boldsymbol{M})\boldsymbol{A}^{(k)} = \boldsymbol{0} \quad (k = 1, 2, \cdots, n) \tag{10-67}$$

由于其系数行列式必须为零，所以上式 $n$ 个方程中只有 $(n-1)$ 个是独立的，因而不能求得 $A_1^{(k)}, A_2^{(k)}, \cdots, A_n^{(k)}$ 的确定值，但可确定各质点振幅间的相对比值，这便确定了振型。

式（10-67）中的

$$\boldsymbol{A}^{(k)} = (A_1^{(k)} \quad A_2^{(k)} \quad \cdots \quad A_i^{(k)} \quad \cdots \quad A_n^{(k)})^{\mathrm{T}}$$

称为振型向量。通常可假设第一个元素的 $A_1^{(k)} = 1$，然后求出相应其余各元素的值，这样相应的振型成为规准化振型。

　　一个体系有 $n$ 个自由度，便有 $n$ 个自振频率，相应地有 $n$ 个主振型，它们都是振动微分方程的特解。这些主振动的线性组合，就构成振动微分方程的通解：

$$y_i = A_i^{(1)}\sin(\omega_1 t + \varphi_1) + A_i^{(2)}\sin(\omega_2 t + \varphi_2) + \cdots + A_i^{(n)}\sin(\omega_n t + \varphi_n)$$

$$= \sum_{k=1}^{n} A_i^{(k)}\sin(\omega_k t + \varphi_k) \tag{10-68}$$

即在一般情况下，各质点的振动将是由 $n$ 个不同频率的主振动分量叠加而成。各主振动分量的振幅 $A_i^{(k)}$ 及初相角 $\varphi_k$ 将取决于初始条件。这样，在式（10-68）中，$n$ 个 $A_i^{(k)}$ 再加上 $n$ 个初相角 $\varphi_k$，共有 $2n$ 个待定常数，它们可由 $n$ 个质点的初位移和初速度共 $2n$ 个初始条件确定。显然，初始条件不同，$A_i^{(k)}$ 及 $\varphi_k$ 值将随之不同。然而自振频率和振型却与初始条件无关，并且与外因干扰也无关。由式（10-65）可知，自振频率和振型只取决于结构的质量分布和刚度系数，因而它们反映着结构本身固有的动力特性。在多自由度体系的动力计算中，确定自振频率及振型将是首要任务，多自由度体系自振频率不止一个，其个数与自由度的个数相等。自振频率可由频率方程（特征方程）求出。每个自振频率有自己相应的主振型。

　　3. 按柔度法求解

　　以上是按刚度法求解。若按柔度法求解，推导过程与上相似。也可以利用柔度矩阵与刚度矩阵互为逆阵的关系，将前述求频率和振型的公式加以变换即可。用 $\boldsymbol{\delta}$ 左乘式（10-64）得

$$(\boldsymbol{I} - \omega^2 \boldsymbol{\delta M})\boldsymbol{A} = 0$$

即

$$\left(\boldsymbol{\delta M} - \frac{1}{\omega^2}\boldsymbol{I}\right)\boldsymbol{A} = 0 \tag{10-69}$$

这便是按柔度法求解的振幅方程。因 $\boldsymbol{A}$ 不能全为零，故可得频率方程为

$$\left|\boldsymbol{\delta M} - \frac{1}{\omega^2}\boldsymbol{I}\right| = 0 \tag{10-70}$$

将其展开，可解出 $\frac{1}{\omega^2}$ 的 $n$ 个正实根，从而得出 $n$ 个自振频率 $\omega_1, \omega_2, \cdots, \omega_n$。再将它们逐一代回振幅方程（10-69）得

$$\left(\boldsymbol{\delta M} - \frac{1}{\omega_k^2}\boldsymbol{I}\right)\boldsymbol{A}^{(k)} = 0 \quad (k = 1, 2, \cdots, n) \tag{10-71}$$

便可确定相应的主振型。

　　【例 10-6】　图 10-28（a）所示三层刚架，刚架的质量都集中在楼板上，刚度可视为无穷大，各层的侧移刚度（即该层柱子上、下端发生单位相对位移时，该层各柱剪力之和）分别为 $k$、$\frac{k}{3}$、$\frac{k}{5}$。试求该刚架的自振频率和主振型。

　　解　（1）求自振频率。

　　结构的自由度为 3，以各层的水平位移为几何坐标。频率方程为

$$|\boldsymbol{K} - \omega^2 \boldsymbol{M}| = 0$$

图 10 - 28

首先建立刚度矩阵和质量矩阵。在各楼层处加水平链杆，并分别使各楼层产生一单位位移，由各层的剪力平衡条件，可以求得各刚度影响系数如图 10 - 28（b）～（d）所示。于是得刚度矩阵为

$$\boldsymbol{K} = \begin{bmatrix} k_{11} & k_{12} & k_{13} \\ k_{21} & k_{22} & k_{23} \\ k_{31} & k_{32} & k_{33} \end{bmatrix} = \frac{k}{15} \begin{bmatrix} 20 & -5 & 0 \\ -5 & 8 & -3 \\ 0 & -3 & 3 \end{bmatrix} \tag{a}$$

质量矩阵为

$$\boldsymbol{M} = \begin{bmatrix} m_1 & 0 & 0 \\ 0 & m_2 & 0 \\ 0 & 0 & m_3 \end{bmatrix} = m \begin{bmatrix} 2 & 0 & 0 \\ 0 & 1 & 0 \\ 0 & 0 & 1 \end{bmatrix} \tag{b}$$

令

$$\eta = \frac{15m}{k}\omega^2 \tag{c}$$

则

$$\boldsymbol{K} - \omega^2 \boldsymbol{M} = \frac{k}{15} \begin{bmatrix} 20-2\eta & -5 & 0 \\ -5 & 8-\eta & -3 \\ 0 & -3 & 3-\eta \end{bmatrix} \tag{d}$$

将式（d）代入频率方程，展开得

$$2\eta^3 - 42\eta^2 + 225\eta - 225 = 0 \tag{e}$$

解出得 $\eta$ 的三个根为

$$\eta_1 = 1.293, \eta_2 = 6.680, \eta_3 = 13.027$$

由式（c）得

$$\omega_1^2 = 0.0862\frac{k}{m}, \omega_2^2 = 0.4453\frac{k}{m}, \omega_3^2 = 0.8685\frac{k}{m}$$

因此，三个自振频率为

$$\omega_1 = 0.2936\sqrt{\frac{k}{m}}, \omega_2 = 0.6673\sqrt{\frac{k}{m}}, \omega_3 = 0.9319\sqrt{\frac{k}{m}}$$

（2）求主振型。

主振型由式（10－67）来确定。在规准化振型中设第一个元素 $A_1^{(i)} = 1$。

先求第一主振型。将 $\eta_1 = 1.293$ 代入式（d），得

$$K - \omega_1^2 M = \frac{k}{15}\begin{bmatrix} 17.414 & -5 & 0 \\ -5 & 6.707 & -3 \\ 0 & -3 & 1.707 \end{bmatrix} \tag{f}$$

即

$$\begin{bmatrix} 17.414 & -5 & 0 \\ -5 & 6.707 & -3 \\ 0 & -3 & 1.707 \end{bmatrix}\begin{bmatrix} A_1^{(1)} \\ A_2^{(1)} \\ A_3^{(1)} \end{bmatrix} = \begin{bmatrix} 0 \\ 0 \\ 0 \end{bmatrix} \tag{g}$$

为了求 $A_2^{(1)}$、$A_3^{(1)}$，可利用式（g）中的任两个方程，即

$$\left.\begin{array}{l} 17.414A_1^{(1)} - 5A_2^{(1)} + 0 = 0 \\ 0 - 3A_2^{(1)} + 1.707A_3^{(1)} = 0 \end{array}\right\} \tag{h}$$

由于 $A_1^{(1)} = 1$，根据式（h）解得

$$A_2^{(1)} = 3.483, A_3^{(1)} = 6.121$$

所以

$$A^{(1)} = (1 \quad 3.483 \quad 6.121)^{\mathrm{T}}$$

求第二、第三规准化振型。仿照以上作法可得

$$A^{(2)} = (1 \quad 1.328 \quad -1.082)^{\mathrm{T}}, A^{(3)} = (1 \quad -1.211 \quad 0.362)^{\mathrm{T}}$$

三个振型的大致形状如图 10－29 所示。

图 10 － 29

### 三、主振型的正交性

对于同一体系来说，它的不同的两个固有振型之间，存在着一个重要的特性，即主振型的正交性。在分析体系的动力反应时，常用到这个特性。

设 $\omega_i$ 和 $\omega_j$ 分别为图 10－27 所示 $n$ 个自由度结构的任意两个自振频率，与这两个频率相

应的振型分别如图 10 - 30（a）、（b）所示，并且在图中标出了两个振型向量 $A^{(i)}$ 和 $A^{(j)}$ 的各个元素。当体系按某一频率作简谐振动时，该频率与相应的振型向量应满足式（10 - 64），即

$$(K - \omega^2 M)A = 0$$

可改写为

$$KA = \omega^2 MA$$

对于图 10 - 30（a）、（b）所示的两种状态，可得

$$KA^{(i)} = \omega_i^2 MA^{(i)} \qquad (a)$$

对应 $\omega_i$ 的振型向量 $A^{(i)}$

(a)

对应 $\omega_j$ 的振型向量 $A^{(j)}$

(b)

图 10 - 30

$$KA^{(j)} = \omega_j^2 MA^{(j)} \qquad (b)$$

对式（a）两边左乘以 $A^{(j)}$ 的转置矩阵 $(A^{(j)})^\mathrm{T}$，对式（b）两边左乘以 $(A^{(i)})^\mathrm{T}$，则有

$$(A^{(j)})^\mathrm{T} KA^{(i)} = \omega_i^2 (A^{(j)})^\mathrm{T} MA^{(i)} \qquad (c)$$

$$(A^{(i)})^\mathrm{T} KA^{(j)} = \omega_j^2 (A^{(i)})^\mathrm{T} MA^{(j)} \qquad (d)$$

对式（d）两边转置，由于 $K$ 和 $M$ 均为对称矩阵，故 $K^\mathrm{T} = K, M^\mathrm{T} = M$，有

$$(A^{(j)})^\mathrm{T} KA^{(i)} = \omega_j^2 (A^{(j)})^\mathrm{T} MA^{(i)} \qquad (e)$$

将式（c）与式（e）相减得

$$(\omega_i^2 - \omega_j^2)(A^{(j)})^\mathrm{T} MA^{(i)} = 0$$

因 $\omega_i \neq \omega_j$，于是应有

$$(A^{(j)})^\mathrm{T} MA^{(i)} = 0 (i \neq j) \qquad (10 - 72)$$

同理，则有

$$(A^{(j)})^\mathrm{T} KA^{(i)} = 0 (i \neq j) \qquad (10 - 73)$$

式（10 - 72）和式（10 - 73）分别表明不同主振型对于质量矩阵和刚度矩阵的正交特性。振型的正交性是体系动力学的一个重要概念，除上述推导过程外，还可以利用功的互等定理予以推导，此处从略。下面简单地叙述一下它的物理意义。设 $A^{(i)}$ 和 $A^{(j)}$ 分别为一多自由度体系的两个振型向量，体系分别按这两个振型作简谐振动时的位移表达式可记为

$$Y^{(i)} = A^{(i)} \sin(\omega_i t + \varphi_i)$$

$$Y^{(j)} = A^{(j)} \sin(\omega_j t + \varphi_j)$$

在某一时刻 $t$，相应于振型 $A^{(i)}$ 自由振动的各质点处的惯性力为 $\omega_i^2 MA^{(i)} \sin(\omega_i t + \varphi_i)$。

在时间段 $dt$ 内，相应于振型 $A^{(j)}$ 自由振动的各质点位移为

$$\frac{dY^{(j)}}{dt} dt = \omega_j A^{(j)} \cos(\omega_j t + \varphi_j) dt$$

因此，在时间段 $dt$ 内，振型 $i$ 的惯性力在振型 $j$ 的位移上所作功为

$$dT = \omega_i^2 \omega_j (A^{(j)})^\mathrm{T} MA^{(i)} \sin(\omega_i t + \varphi_i) \cos(\omega_j t + \varphi_j) dt \qquad (10 - 74)$$

由正交关系式（10 - 72）可知，$dT = 0$。故表明体系按某一振型振动时，在振动过程中其惯性力不会在其他振型上做功。这样它的能量便不会转移到别的振型上去，从而激起按其他振型的振动，因此，各振型可以单独出现。

振型正交性是体系本身所固有而与外干扰无关的一种特性。后面将会看到，利用这一特性，多自由度体系的动力计算可以得到很大简化。另外，也可利用它作为检查所得振型是否正确的一个准则。

【例 10 - 7】 验算［例 10 - 6］中所得振型的正交性。

**解** 由例 10 - 6 的计算结果得

$$A^{(1)} = \left\{\begin{matrix} 1 \\ 3.483 \\ 6.121 \end{matrix}\right\}, A^{(2)} = \left\{\begin{matrix} 1 \\ 1.328 \\ -1.082 \end{matrix}\right\}, A^{(3)} = \left\{\begin{matrix} 1 \\ -1.211 \\ 0.362 \end{matrix}\right\}$$

刚度矩阵和质量矩阵分别见［例 10 - 6］中式（a）和式（b）。

验算 $(A^{(1)})^T K A^{(2)}$：

$$(A^{(1)})^T K A^{(2)} = \begin{bmatrix} 1 & 3.483 & 6.121 \end{bmatrix} \frac{k}{15} \begin{bmatrix} 20 & -5 & 0 \\ -5 & 8 & -3 \\ 0 & -3 & 3 \end{bmatrix} \left\{\begin{matrix} 1 \\ 1.328 \\ -1.082 \end{matrix}\right\}$$

$$= \frac{k}{15} \begin{bmatrix} 1 & 3.483 & 6.121 \end{bmatrix} \left\{\begin{matrix} 13.36 \\ 8.87 \\ -7.23 \end{matrix}\right\} = \frac{k}{15} \times (-0.00062) \approx 0$$

验算 $(A^{(2)})^T M A^{(3)}$：

$$(A^{(2)})^T M A^{(3)} = \begin{bmatrix} 1 & 1.328 & -1.082 \end{bmatrix} m \begin{bmatrix} 2 & 0 & 0 \\ 0 & 1 & 0 \\ 0 & 0 & 1 \end{bmatrix} \left\{\begin{matrix} 1 \\ -1.211 \\ 0.362 \end{matrix}\right\}$$

$$= m \begin{bmatrix} 1 & 1.328 & -1.082 \end{bmatrix} \left\{\begin{matrix} 2 \\ -1.211 \\ 0.362 \end{matrix}\right\} = m \times (0.000108) \approx 0$$

再验算其他正交性要求，也能满足。

## 第六节 多自由度体系在简谐荷载作用下的强迫振动

与单自由度体系一样，在动力荷载作用下多自由度体系的强迫振动开始也存在一个过渡阶段。由于实际上阻尼的存在，不久即进入平稳阶段。我们将只讨论平稳阶段的纯强迫振动，本节研究体系承受简谐荷载，且各荷载的频率和相位都相同的情况。

由于阻尼力的机理相当复杂，如何恰当地计算它对体系的动力反应的影响，有些问题有待进一步研究，因此，这里不再考虑阻尼因素。在简谐荷载作用下，设不考虑阻尼影响，应用直接法进行动力计算很方便。下面介绍直接法。

在分析强迫振动时，采取一般常用的列动力平衡方程的作法。这时，与上一节建立自由振动的运动方程不同的是还要加上动力荷载的作用。下面只介绍干扰力均作用在质点处的情况。

图 10 - 31 (a) 示一具有 $n$ 个集中质量 $m_1$、$m_2$、…、$m_i$、…、$m_n$ 的结构，它承受动力荷载 $F_{P1}(t)$、$F_{P2}(t)$、…、$F_{Pi}(t)$、…、$F_{Pn}(t)$。在时刻 $t$，各质点的位移为 $y_1(t)$、$y_2(t)$、…、$y_i(t)$、…、$y_n(t)$。和上节作法相同，先在各质点处加入附加链杆阻止所有质

点的位移，如图 10-31（b）所示，则在各质点的惯性力 $-m_i \ddot{y}_i$ 和动力荷载 $F_{Pi}(t)$ 作用下，各链杆的反力即等于 $m_i \ddot{y}_i - F_{Pi}(t)$。然后移动链杆，使结构的 $n$ 个质点产生与实际情况相同的位移 $y_1(t)$、$y_2(t)$、$\cdots$、$y_n(t)$，见图 10-31（c），此时各链杆上所需施加的力为 $F_{Ri}$。若不考虑各质点所受的阻尼力，则将上述两种情况即图 10-29（b）和图 10-29（c）叠加，各附加链杆的总反力应等于零。因此，可对每个质点列出其动力平衡方程。以质点 $m_i$ 为例，有

$$m_i \ddot{y}_i - F_{Pi}(t) + F_{Ri} = 0 \quad \text{(a)}$$

而 $F_{Ri}$ 的大小取决于结构的刚度和质点的位移值，由叠加原理，可以写成

图 10-31

$$F_{Ri} = k_{i1}y_1 + k_{i2}y_2 + \cdots + k_{ii}y_i + \cdots + k_{ij}y_j + \cdots + k_{in}y_n \quad \text{(b)}$$

其物理意义与图 10-23（d）、(e) 所示两个质点相类似。将式（b）代入式（a）得

$$m_i \ddot{y}_i + k_{i1}y_1 + k_{i2}y_2 + \cdots + k_{ii}y_i + \cdots + k_{ij}y_j + \cdots + k_{in}y_n = F_{Pi}(t)$$

写成矩阵形式，得

$$\boldsymbol{M}\ddot{\boldsymbol{Y}} + \boldsymbol{K}\boldsymbol{Y} = \boldsymbol{F}_{P}(t) \quad \text{(10-75)}$$

其中 $\boldsymbol{M}$、$\boldsymbol{K}$、$\boldsymbol{Y}$、$\ddot{\boldsymbol{Y}}$ 的意义和组成同前。

$$\boldsymbol{F}_{P}(t) = \begin{bmatrix} F_{P1}(t) & F_{P2}(t) & \cdots & F_{Pi}(t) & \cdots & F_{Pn}(t) \end{bmatrix}^{T}$$

设各干扰力为简谐力，且频率 $\theta$ 和相位都相同，则在稳态阶段，各质点也按频率 $\theta$ 作简谐振动，于是有

$$\boldsymbol{F}_{P}(t) = \boldsymbol{F}_{P}\sin\theta t \quad \text{(c)}$$

$$\boldsymbol{Y} = \boldsymbol{A}\sin\theta t \quad \text{(d)}$$

其中

$$\boldsymbol{A} = \begin{bmatrix} A_1 & A_2 & \cdots & A_i & \cdots & A_n \end{bmatrix}^{T}$$

$$\boldsymbol{F}_{P} = \begin{bmatrix} F_{P1} & F_{P2} & \cdots & F_{Pi} & \cdots & F_{Pn} \end{bmatrix}^{T}$$

$\boldsymbol{A}$、$\boldsymbol{F}_{P}$ 分别为与 $n$ 个几何坐标相应的位移幅值向量与荷载幅值向量。将式（d）代入式（10-75）并消去 $\sin\theta t$ 得

$$(\boldsymbol{K} - \theta^2\boldsymbol{M})\boldsymbol{A} = \boldsymbol{F}_{P} \quad \text{(10-76)}$$

式（10-76）的系数行列式可用 $D_0$ 表示，即

$$\boldsymbol{D}_0 = |\boldsymbol{K} - \theta^2\boldsymbol{M}| \quad \text{(e)}$$

若 $\boldsymbol{D}_0 \neq 0$，则由式（10-76）便可得出各质点的振幅值。然后代入式（d）即得各质点的位移方程，并可求得各质点的惯性力：

$$F_I = -M\ddot{Y} = \theta^2 MA\sin\theta t = F_I^0 \sin\theta t \tag{f}$$

式中 $F_I$ 是惯性力向量，$F_I^0 = \theta^2 MA$ 为惯性力幅值向量，利用此关系又可将式（10 - 76）改写为

$$(KM^{-1} - \theta^2 I)F_I^0 = \theta^2 F_P \tag{10 - 77}$$

式中 $I$ 是单位矩阵。由上式即可直接求解惯性力幅值。前已指出，由于位移、惯性力均与干扰力同时达到最大值，故可将惯性力和干扰力的最大值当作静力荷载作用于结构，以计算最大动力位移和内力。

式（e）中，若 $D_0 = 0$，由多自由度结构自由振动的频率方程式（10 - 65）得知，如 $\theta = \omega$，则 $D_0 = 0$，这时，式（10 - 76）的位移解趋于无穷大。由此看出，当荷载频率 $\theta$ 与结构的任一自振频率 $\omega_i$ 相等时，就可能出现共振现象。一般动荷载作用下，$n$ 个自由度结构可以出现 $n$ 个共振点，各对应一个自振频率。

对于两个自由度结构，在动力荷载作用下的振动方程为

$$\left.\begin{array}{l} m_1\ddot{y}_1 + k_{11}y_1 + k_{12}y_2 = F_{P1}\sin\theta t \\ m_2\ddot{y}_2 + k_{21}y_1 + k_{22}y_2 = F_{P2}\sin\theta t \end{array}\right\} \tag{10 - 78}$$

上式为一非齐次线性常微分方程组，其通解所包含的自由振动部分，由于阻尼作用，将很快衰减掉。现只讨论在达到稳态阶段后所余下的纯强迫振动，亦即按频率 $\theta$ 作简谐振动的部分，设它的表达式为

$$y_1(t) = A_1\sin\theta t, y_2(t) = A_2\sin\theta t \tag{g}$$

将式（g）代入式（10 - 78），消去公因子 $\sin\theta t$ 并整理，得

$$\left.\begin{array}{l} (k_{11} - m_1\theta^2)A_1 + k_{12}A_2 = F_{P1} \\ k_{21}A_1 + (k_{22} - m_2\theta^2)A_2 = F_{P2} \end{array}\right\}$$

解得位移幅值为

$$A_1 = \frac{\begin{vmatrix} F_{P1} & k_{12} \\ F_{P2} & k_{22} - m_2\theta^2 \end{vmatrix}}{\begin{vmatrix} k_{11} - m_1\theta^2 & k_{12} \\ k_{21} & k_{22} - m_2\theta^2 \end{vmatrix}} \tag{10 - 79}$$

$$A_2 = \frac{\begin{vmatrix} k_{11} - m_1\theta^2 & F_{P1} \\ k_{21} & F_{P2} \end{vmatrix}}{\begin{vmatrix} k_{11} - m_1\theta^2 & k_{12} \\ k_{21} & k_{22} - m_2\theta^2 \end{vmatrix}} \tag{10 - 80}$$

将式（10 - 79）、式（10 - 80）的位移幅值代入式（g），即得任意时刻 $t$ 的位移。

式（10 - 79）和式（10 - 80）的分母写成矩阵形式为

$$|K - \theta^2 M|$$

与频率方程式（10 - 65）比较，可以看出，当 $\theta \to \omega_1$ 或 $\theta \to \omega_2$ 时，式（10 - 79）和式（10 - 80）的分母趋近于零。因此，若结构上作用的荷载并非某种特殊荷载，不能使式（10 - 79）和式（10 - 80）的分子也恰好为零，则振幅 $A_1$、$A_2$ 将趋于无限大。实际上，由于阻尼的存在，振幅虽然不可能达到无限大，但仍是很大的。由此可知，在一般荷载下，两个自由度结构可以有两个共振点，各对应一个自振频率。

【例 10 - 8】 图 10 - 32 所示两层刚架，其横梁为无限刚性。设质量集中在楼层上，第

一、二层的质量均为 $m$，层间侧移刚度均为 $k$，现刚架在底层横梁上作用简谐荷载 $F_{P1}(t) = F_P\sin\theta t$，试求第一、二层横梁的振幅 $A_1$、$A_2$。

**解** 刚度系数为

$$k_{11} = 2k, k_{12} = k_{21} = -k, k_{22} = k$$

荷载幅值为

$$F_{P1} = F_P \quad F_{P2} = 0$$

代入式（10-79）和式（10-80）即得

图 10-32

$$A_1 = \cfrac{\begin{vmatrix} F_{P1} & k_{12} \\ F_{P2} & k_{22} - m_2\theta^2 \end{vmatrix}}{\begin{vmatrix} k_{11} - m_1\theta^2 & k_{12} \\ k_{21} & k_{22} - m_2\theta^2 \end{vmatrix}} = \cfrac{F_P(k - m\theta^2)}{(2k - \theta^2 m)(k - \theta^2 m) - k^2}$$

$$A_2 = \cfrac{\begin{vmatrix} k_{11} - m_1\theta^2 & F_{P1} \\ k_{21} & F_{P2} \end{vmatrix}}{\begin{vmatrix} k_{11} - m_1\theta^2 & k_{12} \\ k_{21} & k_{22} - m_2\theta^2 \end{vmatrix}} = \cfrac{kF_P}{(2k - \theta^2 m)(k - \theta^2 m) - k^2}$$

## 第七节 振型分解法

### 一、正则坐标

在以上的讨论中，采用了质点的位移作为坐标即几何坐标。这样，对于 $n$ 个自由度体系所得到的 $n$ 个运动方程，一般都包含一个以上的未知质点位移，即这些方程互相耦联，因此必须联立求解。从矩阵角度来看，对于只有集中质量的体系，质量矩阵 $\boldsymbol{M}$ 是对角矩阵，但刚度矩阵 $\boldsymbol{K}$ 一般不是对角矩阵，因此方程组是耦联的。当体系受到任意动力荷载时，求解联立微分方程组是很困难的。下面将看到，通过适当的坐标变换，将几何坐标换成同样数目的其他适当的坐标，即可将联立方程组变为若干独立的方程，而使每个方程只含有一个未知数，这样，即可分别独立求解，从而使计算得到简化。正则坐标就是满足这样条件的坐标。通过正则坐标变换，利用主振型的正交性，多自由度体系的动力计算问题将简化为若干单自由度体系的计算问题。

前面所建立的多自由度体系的振动微分方程，是以各质点的位移 $y_1$，$y_2$，$\cdots$，$y_n$ 为对象来求解的，位移向量

$$\boldsymbol{Y} = (y_1 \quad y_2 \quad \cdots \quad y_i \quad \cdots \quad y_n)^{\mathrm{T}}$$

称为几何坐标。为了解除方程组的耦联，可进行如下的坐标变换：将体系已标准化的 $n$ 个主振型向量表示为 $\boldsymbol{\Phi}^{(1)}$，$\boldsymbol{\Phi}^{(2)}$，$\cdots$，$\boldsymbol{\Phi}^{(n)}$ 并作为基底，把几何坐标 $\boldsymbol{Y}$ 表示为基底的线性组合，即

$$\boldsymbol{Y} = \alpha_1\boldsymbol{\Phi}^{(1)} + \alpha_2\boldsymbol{\Phi}^{(2)} + \cdots + \alpha_i\boldsymbol{\Phi}^{(k)} + \cdots + \alpha_n\boldsymbol{\Phi}^{(n)} \tag{10-81}$$

这也就是将位移向量 $\boldsymbol{Y}$ 按各主振型进行分解。上式的展开形式为

$$
\begin{bmatrix} y_1 \\ y_2 \\ \vdots \\ y_i \\ \vdots \\ y_n \end{bmatrix} = \alpha_1 \begin{bmatrix} \Phi_1^{(1)} \\ \Phi_2^{(1)} \\ \vdots \\ \Phi_i^{(1)} \\ \vdots \\ \Phi_n^{(1)} \end{bmatrix} + \alpha_2 \begin{bmatrix} \Phi_1^{(2)} \\ \Phi_2^{(2)} \\ \vdots \\ \Phi_i^{(2)} \\ \vdots \\ \Phi_n^{(2)} \end{bmatrix} + \cdots + \alpha_i \begin{bmatrix} \Phi_1^{(k)} \\ \Phi_2^{(k)} \\ \vdots \\ \Phi_i^{(k)} \\ \vdots \\ \Phi_n^{(k)} \end{bmatrix} + \cdots + \alpha_n \begin{bmatrix} \Phi_1^{(n)} \\ \Phi_2^{(n)} \\ \vdots \\ \Phi_i^{(n)} \\ \vdots \\ \Phi_n^{(n)} \end{bmatrix}
$$

$$
= \begin{bmatrix} \Phi_1^{(1)} & \Phi_1^{(2)} & \cdots & \Phi_1^{(k)} & \cdots & \Phi_1^{(n)} \\ \Phi_2^{(1)} & \Phi_2^{(2)} & \cdots & \Phi_2^{(k)} & \cdots & \Phi_2^{(n)} \\ \vdots & \vdots & \ddots & \vdots & & \vdots \\ \Phi_i^{(1)} & \Phi_i^{(2)} & & \Phi_i^{(k)} & & \Phi_i^{(n)} \\ \vdots & \vdots & & \vdots & \ddots & \vdots \\ \Phi_n^{(1)} & \Phi_n^{(2)} & \cdots & \Phi_n^{(k)} & \cdots & \Phi_n^{(n)} \end{bmatrix} \begin{bmatrix} \alpha_1 \\ \alpha_2 \\ \vdots \\ \alpha_i \\ \vdots \\ \alpha_n \end{bmatrix} \tag{10-82}
$$

可简写为
$$Y = \Phi \alpha \tag{10-83}$$
这样就把几何坐标 $Y$ 变换成数目相同的另一组新坐标
$$\alpha = (\alpha_1 \quad \alpha_2 \quad \cdots \quad \alpha_i \quad \cdots \quad \alpha_n)^{\mathrm{T}}$$
$\alpha$ 称为正则坐标。
$$\Phi = (\Phi^{(1)} \quad \Phi^{(2)} \quad \cdots \quad \Phi^{(k)} \quad \cdots \quad \Phi^{(n)}) \tag{10-84}$$
$\Phi$ 称为主振型矩阵，它就是几何坐标和正则坐标之间的转换矩阵。

**二、按振型分解法计算强迫振动**

1. 正则坐标方程的推导

上一节我们导出多自由度体系的无阻尼强迫振动的动力平衡方程，见式（10-75）
$$M\ddot{Y} + KY = F_{\mathrm{P}}(t)$$
将式（10-83）及其导数 $\ddot{Y} = \Phi\ddot{\alpha}$ 代入式（10-75）得
$$M\Phi\ddot{\alpha} + K\Phi\alpha = F_{\mathrm{P}}(t)$$
将上式左乘 $\Phi^{\mathrm{T}}$，得到
$$\Phi^{\mathrm{T}}M\Phi\ddot{\alpha} + \Phi^{\mathrm{T}}K\Phi\alpha = \Phi^{\mathrm{T}}F_{\mathrm{P}}(t) \tag{10-85}$$
利用主振型的正交性，很容易证明上式中的 $\Phi^{\mathrm{T}}M\Phi$ 和 $\Phi^{\mathrm{T}}K\Phi$ 都是对角矩阵。证明如下，由矩阵的乘法得

$$
\Phi^{\mathrm{T}}M\Phi = \begin{bmatrix} (\Phi^{(1)})^{\mathrm{T}} \\ (\Phi^{(2)})^{\mathrm{T}} \\ \vdots \\ (\Phi^{(n)})^{\mathrm{T}} \end{bmatrix} M (\Phi^{(1)} \quad \Phi^{(2)} \quad \cdots \quad \Phi^{(n)})
$$

$$
= \begin{bmatrix} (\Phi^{(1)})^{\mathrm{T}}M\Phi^{(1)} & (\Phi^{(1)})^{\mathrm{T}}M\Phi^{(2)} & \cdots & (\Phi^{(1)})^{\mathrm{T}}M\Phi^{(n)} \\ (\Phi^{(2)})^{\mathrm{T}}M\Phi^{(1)} & (\Phi^{(2)})^{\mathrm{T}}M\Phi^{(2)} & \cdots & (\Phi^{(2)})^{\mathrm{T}}M\Phi^{(n)} \\ \vdots & \vdots & & \vdots \\ (\Phi^{(n)})^{\mathrm{T}}M\Phi^{(1)} & (\Phi^{(n)})^{\mathrm{T}}M\Phi^{(2)} & \cdots & (\Phi^{(n)})^{\mathrm{T}}M\Phi^{(n)} \end{bmatrix} \tag{a}
$$

由正交关系即式（10 - 72）可知，上式右端矩阵中所有非主对角线上的元素均为零，即 $(\boldsymbol{\Phi}^{(i)})^{\mathrm{T}}\boldsymbol{M}\boldsymbol{\Phi}^{(j)}=0$（$i\neq j$），因而只剩下主对角线上的元素。令

$$\overline{M}_i = (\boldsymbol{\Phi}^{(i)})^{\mathrm{T}}\boldsymbol{M}\boldsymbol{\Phi}^{(i)} \tag{10 - 86}$$

称为相应于第 $i$ 个主振型的广义质量。于是式（a）矩阵可写成

$$\boldsymbol{\Phi}^{\mathrm{T}}\boldsymbol{M}\boldsymbol{\Phi} = \begin{bmatrix} \overline{M}_1 & & & 0 \\ & \overline{M}_2 & & \\ & & \ddots & \\ 0 & & & \overline{M}_n \end{bmatrix} = \overline{\boldsymbol{M}} \tag{10 - 87}$$

$\overline{\boldsymbol{M}}$ 称为广义质量矩阵，它是一个对角矩阵。

同理，可以证明 $\boldsymbol{\Phi}^{\mathrm{T}}\boldsymbol{K}\boldsymbol{\Phi}$ 也是对角矩阵，可将其写为

$$\boldsymbol{\Phi}^{\mathrm{T}}\boldsymbol{K}\boldsymbol{\Phi} = \begin{bmatrix} \overline{K}_1 & & & 0 \\ & \overline{K}_2 & & \\ & & \ddots & \\ 0 & & & \overline{K}_n \end{bmatrix} = \overline{\boldsymbol{K}} \tag{10 - 88}$$

其中，对角线上的任一元素为

$$\overline{K}_i = (\boldsymbol{\Phi}^{(i)})^{\mathrm{T}}\boldsymbol{K}\boldsymbol{\Phi}^{(i)} \tag{10 - 89}$$

称为相应于第 $i$ 个主振型的广义刚度，$\overline{\boldsymbol{K}}$ 称为广义刚度矩阵。

将式（10 - 85）右端记为 $\overline{\boldsymbol{F}}_{\mathrm{P}}(t)$，即

$$\overline{\boldsymbol{F}}_{\mathrm{P}}(t) = \boldsymbol{\Phi}^{\mathrm{T}}\boldsymbol{F}_{\mathrm{P}}(t) = \begin{bmatrix} (\boldsymbol{\Phi}^{(1)})^{\mathrm{T}}\boldsymbol{F}_{\mathrm{P}}(t) \\ (\boldsymbol{\Phi}^{(2)})^{\mathrm{T}}\boldsymbol{F}_{\mathrm{P}}(t) \\ \vdots \\ (\boldsymbol{\Phi}^{(n)})^{\mathrm{T}}\boldsymbol{F}_{\mathrm{P}}(t) \end{bmatrix} = \begin{bmatrix} \overline{F}_{\mathrm{P}1}(t) \\ \overline{F}_{\mathrm{P}2}(t) \\ \vdots \\ \overline{F}_{\mathrm{P}n}(t) \end{bmatrix} \tag{10 - 90}$$

其中，任一元素

$$\overline{F}_{\mathrm{P}i}(t) = (\boldsymbol{\Phi}^{(i)})^{\mathrm{T}}\boldsymbol{F}_{\mathrm{P}}(t) \tag{10 - 91}$$

称为相应于第 $i$ 个主振型的广义荷载，$\overline{\boldsymbol{F}}_{\mathrm{P}}(t)$ 则称为广义荷载向量。

由前第 5 节，将 $\boldsymbol{A}$ 换为 $\boldsymbol{\Phi}$，即

$$(\boldsymbol{\Phi}^{(j)})^{\mathrm{T}}\boldsymbol{K}\boldsymbol{\Phi}^{(i)} = \omega_i^2(\boldsymbol{\Phi}^{(j)})^{\mathrm{T}}\boldsymbol{M}\boldsymbol{\Phi}^{(i)}$$

令 $j=i$，将式（10 - 86）和式（10 - 89）代入可得

$$\overline{K}_i = \omega_i^2\overline{M}_i$$

或写成

$$\omega_i = \sqrt{\frac{\overline{K}_i}{\overline{M}_i}} \tag{10 - 92}$$

这就是自振频率与广义刚度和广义质量间的关系式，它与单自由度体系的频率公式具有相似的形式。

根据上述推导，式（10 - 85）成为

$$\overline{\boldsymbol{M}}\ddot{\alpha} + \overline{\boldsymbol{K}}\alpha = \overline{\boldsymbol{F}}(t) \tag{10 - 93}$$

由于 $\overline{\boldsymbol{M}}$ 和 $\overline{\boldsymbol{K}}$ 都是对角矩阵，故此时方程组已解除耦联，而成为 $n$ 个独立方程：

$$\overline{M}_i\ddot{\alpha}_i + \overline{K}_i\alpha_i = \overline{F}_i(t) \quad (i = 1,2,\cdots,n) \tag{b}$$

由式（b）可得

$$\ddot{\alpha}_i + \omega_i^2 \alpha_i = \frac{\overline{F}_i(t)}{\overline{M}_i} \quad (i = 1, 2, \cdots, n) \tag{10-94}$$

2. 求正则坐标微分方程的解

由于式（10-94）与单自由度体系的强迫振动方程式（10-25）略去阻尼后的形式相同，因而可按同样方法求解。方程式（10-94）的解可用杜哈梅积分求得，在初位移和初速度为零的情况下，参照式（10-40）有

$$\alpha_i(t) = \frac{1}{\overline{M}_i \omega_i} \int_0^t \overline{F}_{Pi}(\tau) \sin\omega_i(t-\tau) d\tau \quad (i = 1, 2, \cdots, n) \tag{10-95}$$

这样，就把 $n$ 个自由度体系的计算问题简化为 $n$ 个单自由度计算问题。在分别求得各正则坐标 $\alpha_1$，$\alpha_2$，$\cdots$，$\alpha_n$ 的解答之后，再代入式（10-81）或式（10-83）即可得到各几何坐标 $y_1$，$y_2$，$\cdots$，$y_n$。以上解法的关键之处在于将位移 $Y$ 分解为各主振型的叠加，故称为振型分解法或振型叠加法。

3. 按振型分解法计算动力反应的步骤

综上所述，可将振型分解法计算动力反应的步骤归纳如下：

（1）在自由振动下，根据计算简图计算各刚度系数，形成刚度矩阵和质量矩阵。然后求得自振频率 $\omega_i$ 和振型 $\Phi^{(i)}$（$i=1$，2，$\cdots$，$n$）。

（2）按下式计算各广义质量和广义荷载：

$$\overline{M}_i = (\Phi^{(i)})^{\mathrm{T}} \boldsymbol{M} \Phi^{(i)}$$

$$\overline{F}_{Pi}(t) = (\Phi^{(i)})^{\mathrm{T}} \boldsymbol{F}_P(t)$$

（3）建立正则坐标的振动微分方程并求解。

$$\ddot{\alpha}_i + \omega_i^2 \alpha_i = \frac{\overline{F}_i(t)}{\overline{M}_i} \quad (i = 1, 2, \cdots, n)$$

与单自由度问题一样求解，得到 $\alpha_1$，$\alpha_2$，$\cdots$，$\alpha_n$。

（4）计算几何坐标。

由坐标变换

$$\boldsymbol{Y} = \boldsymbol{\Phi} \boldsymbol{\alpha}$$

求出各质点位移 $y_1$，$y_2$，$\cdots$，$y_n$，这里需指出，在一般荷载作用下，任一时刻的位移主要是由相应于前几个振型的分量所组成，而高振型的影响则较小。因此，在按上式计算时，我们可根据所需要的精度计算到某个振型为止，更高振型则不予考虑。

（5）求出位移后，可计算其他动力反应（加速度、惯性力、动内力等）。

【例 10-9】 例 10-4 中的结构在质点 2 处受有突加荷载

$$F_P(t) = \begin{cases} 0 & (t < 0) \\ F_P & (t \geqslant 0) \end{cases}$$

作用，如图 10-33（a）所示，试求两质点的位移和梁的弯矩。

**解** （1）由［例 10-4］知，结构的两个自振

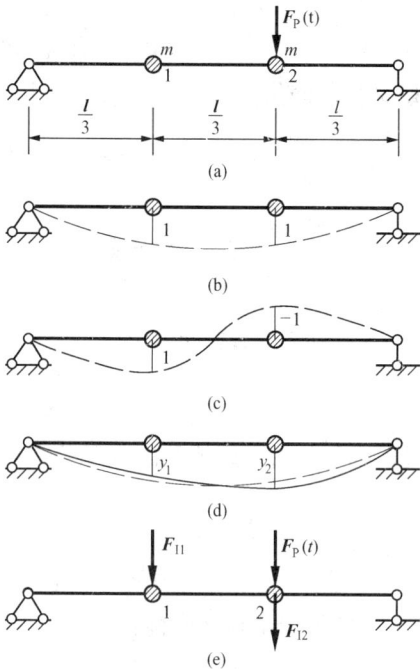

图 10-33

频率及振型如图 10 - 33 (b)、(c) 所示为

$$\omega_1 = 5.69\sqrt{\frac{EI}{ml^3}}, \quad \omega_2 = 22.05\sqrt{\frac{EI}{ml^3}}$$

$$\Phi^{(1)} = \begin{pmatrix} 1 \\ 1 \end{pmatrix}, \quad \Phi^{(2)} = \begin{pmatrix} 1 \\ -1 \end{pmatrix}$$

(2) 广义质量为

$$\overline{M}_1 = (\Phi^{(1)})^{\mathrm{T}} \boldsymbol{M} \Phi^{(1)} = (1 \quad 1)\begin{pmatrix} m & 0 \\ 0 & m \end{pmatrix}\begin{pmatrix} 1 \\ 1 \end{pmatrix} = 2m$$

$$\overline{M}_2 = (\Phi^{(2)})^{\mathrm{T}} \boldsymbol{M} \Phi^{(2)} = (1 \quad -1)\begin{pmatrix} m & 0 \\ 0 & m \end{pmatrix}\begin{pmatrix} 1 \\ -1 \end{pmatrix} = 2m$$

广义荷载为

$$\overline{F}_{\mathrm{P1}}(t) = (\Phi^{(1)})^{\mathrm{T}} \boldsymbol{F}_{\mathrm{P}}(t) = (1 \quad 1)\begin{pmatrix} 0 \\ F_{\mathrm{P}}(t) \end{pmatrix} = F_{\mathrm{P}}(t)$$

$$\overline{F}_{\mathrm{P2}}(t) = (\Phi^{(2)})^{\mathrm{T}} \boldsymbol{F}_{\mathrm{P}}(t) = (1 \quad -1)\begin{pmatrix} 0 \\ F_{\mathrm{P}}(t) \end{pmatrix} = -F_{\mathrm{P}}(t)$$

(3) 求正则坐标。由式 (10 - 95) 有

$$\alpha_1(t) = \frac{1}{\overline{M}_1 \omega_1}\int_0^t \overline{F}_{\mathrm{P1}}(\tau)\sin\omega_1(t-\tau)\mathrm{d}\tau = \frac{1}{2m\omega_1}\int_0^t F_{\mathrm{P}}\sin\omega_1(t-\tau)\mathrm{d}\tau = \frac{F_{\mathrm{P}}}{2m\omega_1^2}(1-\cos\omega_1 t)$$

$$\alpha_2(t) = \frac{1}{\overline{M}_2 \omega_2}\int_0^t \overline{F}_{\mathrm{P2}}(\tau)\sin\omega_2(t-\tau)\mathrm{d}\tau = \frac{1}{2m\omega_2}\int_0^t -F_{\mathrm{P}}\sin\omega_2(t-\tau)\mathrm{d}\tau = -\frac{F_{\mathrm{P}}}{2m\omega_2^2}(1-\cos\omega_2 t)$$

(4) 求位移。由式 (10 - 82) 有

$$\begin{pmatrix} y_1 \\ y_2 \end{pmatrix} = \begin{pmatrix} 1 & 1 \\ 1 & -1 \end{pmatrix}\begin{bmatrix} \alpha_1 \\ \alpha_2 \end{bmatrix}$$

得

$$y_1 = \alpha_1 + \alpha_2 = \frac{F_{\mathrm{P}}}{2m\omega_1^2}\big[(1-\cos\omega_1 t) - 0.0667(1-\cos\omega_2 t)\big]$$

$$y_2 = \alpha_1 - \alpha_2 = \frac{F_{\mathrm{P}}}{2m\omega_1^2}\big[(1-\cos\omega_1 t) + 0.0667(1-\cos\omega_2 t)\big]$$

两质点位移图大致形状如图 10 - 33 (d) 所示。由上式可见，第二振型所占分量比第一振型小得多。一般说，多自由度体系的动力位移主要是由前几个较低频率的振型组成，更高的振型则影响很小，可略去不计。还应注意，第一振型与第二振型频率不同，它们并不是同时达到最大值，故求最大位移时不能简单地把两个分量的最大值叠加。

(5) 求弯矩。两质点的惯性力分别为

$$F_{\mathrm{I1}} = -m_1 \ddot{y}_1 = -\frac{F_{\mathrm{P}}}{2}(\cos\omega_1 t - \cos\omega_2 t)$$

$$F_{\mathrm{I2}} = -m_2 \ddot{y}_2 = -\frac{F_{\mathrm{P}}}{2}(\cos\omega_1 t + \cos\omega_2 t)$$

然后由图 10 - 33 (e) 便可求得梁的动力弯矩。例如截面 1 的弯矩为

$$M_1(t) = F_{\mathrm{I1}}\frac{2}{9}l + \big[F_{\mathrm{P}}(t) + F_{\mathrm{I2}}\big]\frac{1}{9}l = \frac{F_{\mathrm{P}}l}{6}\big[(1-\cos\omega_1 t) - \frac{1}{3}(1-\cos\omega_2 t)\big]$$

## 第八节  计算频率的近似法

由以上讨论可知，随着体系自由度的增多，计算自振频率的工作量也随之加大。但是，在许多工程实际问题中，较为重要的通常只是体系前几个较低的自振频率。这是因为频率越高，则振动速度越大，因而介质的阻尼影响也就越大，相应于高频率的振动形式也就愈不易出现。基于这种原因，用近似法计算体系的较低频率以简化计算就成为必要了。

下面着重介绍两个计算频率的近似方法，能量法和集中质量法。

### 一、能量法

体系在振动时，具有两种形式的能量，一种是由于具有质量和速度而构成的动能，另一种是由于体系变形而存储的应变能。此外，由于干扰力的作用而不断地输入能量，而由于克服阻尼影响则不断消耗能量。体系就是在这些能量变化过程中进行振动的。

根据能量守恒原理，体系在无阻尼自由振动中的任何时刻，其动能 $T$ 和应变能 $V_\varepsilon$ 之和应等于常量，即

$$T(t) + V_\varepsilon(t) = 常量$$

当体系处于最大振幅位置上时，其动能等于零，而应变能具有最大值 $V_{\varepsilon\max}$；当体系处于静力平衡位置的瞬间，其动能 $T$ 具有最大值 $T_{\max}$，而应变能则为零。据此，有

$$V_{\varepsilon\max} + 0 = T_{\max} + 0 = 常量$$

亦即

$$V_{\varepsilon\max} = T_{\max} \tag{10-96}$$

以梁为例，假定其振动方程为

$$y(x,t) = y(x)\sin(\omega t + \varphi)$$

则其速度为

$$v = \dot{y}(x,t) = y(x)\omega\cos(\omega t + \varphi)$$

因而其动能为

$$T = \frac{1}{2}\int_0^l m(x)v^2 \mathrm{d}x = \frac{1}{2}\omega^2\cos^2(\omega t + \varphi)\int_0^l m(x)y^2(x)\mathrm{d}x$$

当 $\cos(\omega t + \varphi) = 1$ 时有

$$T_{\max} = \frac{1}{2}\omega^2\int_0^l m(x)y^2(x)\mathrm{d}x \tag{10-97}$$

体系的应变能为

$$V_\varepsilon = \frac{1}{2}\int_0^l \frac{M^2}{EI}\mathrm{d}x = \frac{1}{2}\int_0^l EI\left[y''(x,t)\right]^2\mathrm{d}x = \frac{1}{2}\sin^2(\omega t + \varphi)\int_0^l EI\left[y''(x)\right]^2\mathrm{d}x$$

当 $\sin(\omega t + \varphi) = 1$ 时有

$$V_{\varepsilon\max} = \frac{1}{2}\int_0^l EI\left[y''(x)\right]^2\mathrm{d}x \tag{10-98}$$

因为 $V_{\varepsilon\max} = T_{\max}$，所以有

$$\omega^2 = \frac{\displaystyle\int_0^l EI\left[y''(x)\right]^2\mathrm{d}x}{\displaystyle\int_0^l m(x)y^2(x)\mathrm{d}x} \tag{10-99}$$

如果结构上除分布质量 $m(x)$ 外，还有集中质量 $m_i$（$i=1$, 2, $\cdots$, $n$），则上式应改为

$$\omega^2 = \frac{\int_0^l EI[y''(x)]^2\mathrm{d}x}{\int_0^l m(x)y^2(x)\mathrm{d}x + \sum_{i=1}^n m_i y_i^2} \qquad (10\text{-}100)$$

利用上述公式计算自振频率时，必须知道振幅曲线 $y(x)$，但 $y(x)$ 事先往往未知，故只能假设一个 $y(x)$ 来进行计算。若所假设的曲线恰好与第一振型吻合，则可求得第一频率的精确值；若恰好与第二振型吻合，则可求得第二频率的精确值……但假设的曲线往往是近似的，故求得的频率亦为近似值。由于假设高频率的振型较困难，常使误差很大，故这种方法适宜于计算第一频率。在假设曲线 $y(x)$ 时，至少应使它满足位移边界条件。为了提高精度，通常可采取某一静荷载，例如一般用结构的自重作用下的弹性曲线来作为 $y(x)$，此时应变能 $V_{\varepsilon\max}$ 可以更简便地用外力功来代替即

$$V_{\varepsilon\max} = \frac{1}{2}\int_0^l m(x)gy(x)\mathrm{d}x + \frac{1}{2}\sum_{i=1}^n m_i g y_i$$

于是式（10-100）可改写为

$$\omega^2 = \frac{\int_0^l m(x)gy(x)\mathrm{d}x + \sum_{i=1}^n m_i g y_i}{\int_0^l m(x)y^2(x)\mathrm{d}x + \sum_{i=1}^n m_i y_i^2} \qquad (10\text{-}101)$$

如果是求水平方向振动的频率，则重力应沿水平方向作用。

【**例 10-10**】　用能量法求如图 10-34（a）所示刚架的最低自振频率。

**解**　图中 $k_1$、$k_2$、$k_3$ 分别为第一、二、三层之相对侧移刚度。将各层重量 $m_i g$ 作为水平力加于结构，见图 10-34（b），以此所产生的位移作为第一振型，各层质量处位移为

图 10-34

$$y_1 = \frac{\sum_{i=1}^3 m_i g}{k_1} = \frac{4.5mg}{4k} = 1.125\frac{mg}{k}$$

$$y_2 = y_1 + \frac{\sum_{i=2}^3 m_i g}{k_2} = 1.125\frac{mg}{k} + \frac{2.5mg}{2k} = 2.375\frac{mg}{k}$$

$$y_3 = y_2 + \frac{\sum_{i=3}^3 m_i g}{k_3} = 2.375\frac{mg}{k} + \frac{mg}{k} = 3.375\frac{mg}{k}$$

一般说，$n$ 层刚架中第 $i$ 层位移为

$$y_i = y_{i-1} + \frac{\sum\limits_{i=i}^{n} m_i g}{k_i}$$

将以上 $y_1$、$y_2$、$y_3$ 值代入式（10 - 101）得

$$\omega^2 = \frac{\sum\limits_{i=1}^{n} m_i g y_i}{\sum\limits_{i=1}^{n} m_i y_i^2} = \frac{2 \times 1.125 + 1.5 \times 2.375 + 1 \times 3.375}{2 \times 1.125^2 + 1.5 \times 2.375^2 + 1 \times 3.375^2} \cdot \frac{m^2 g^2 / k}{m^3 g^2 / k^2}$$

$$= 0.41047 \frac{k}{m} = 9.8513 \frac{EI}{ml^3}$$

可得

$$\omega = 3.139 \sqrt{\frac{EI}{ml^3}}$$

比精确值 $3.067 \sqrt{\dfrac{EI}{ml^3}}$ 大 $2.3\%$。

### 二、集中质量法

本章开始讨论动力计算简图时实际上已提到此方法。

把结构中的分布质量换成集中质量，则结构即由无限自由度换成单自由度或多自由度，从而使自振频率的计算得到简化。关于质量的集中方法有很多种，最简单的是根据静力等效原则，使集中后的重力与原来的重力互为静力等效（它们的合力彼此相同）。例如每段分布质量可按杠杆原理换成位于两端的集中质量。这种方法的优点是简便灵活，可用于求梁、拱、刚架、桁架等各类结构，可用于求最低频率或较高次频率，也可用于确定主振型。

**【例 10 - 11】**　试用集中质量法求具有均布质量 $m$ 的简支梁的自振频率。

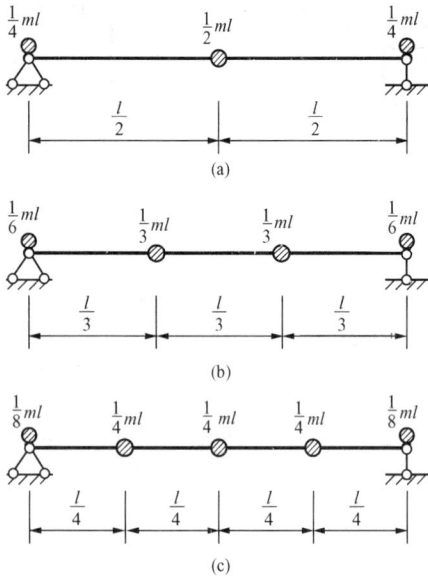

图 10 - 35

**解**　（1）如图 10 - 35（a）所示，为了求最低频率，可将梁分为两段，并将每段的质量集中于该段的两端，使梁化为单自由度结构，然后按单自由度结构的频率计算公式即可求得

$$\omega_1 = \sqrt{\frac{1}{m_1 \delta_{11}}} = \sqrt{\frac{1}{\dfrac{ml}{2} \times \dfrac{l^3}{48EI}}} = \frac{9.80}{l^2} \sqrt{\frac{EI}{m}}$$

精确解为 $\dfrac{9.87}{l^2} \sqrt{\dfrac{EI}{m}}$，二者相比，近似法的误差只有 $0.7\%$。

（2）如果要求其第一和第二频率，则至少须把结构化为具有两个自由度。为此，梁质量集中形式可采用图 10 - 35（b）所示方案。

柔度系数为

$$\delta_{11} = \delta_{22} = \frac{4}{243} \frac{l^3}{EI}$$

$$\delta_{12} = \delta_{21} = \frac{7}{486} \frac{l^3}{EI}$$

将上列数值及质量 $m_1 = m_2 = \frac{1}{3}ml$ 代入两个自由度的频率方程中，并求解，得

$$\omega_1 = \frac{9.86}{l^2}\sqrt{\frac{EI}{m}}, \quad \omega_2 = \frac{38.2}{l^2}\sqrt{\frac{EI}{m}}$$

此时，$\omega_1$ 与精确解相差 0.1%；$\omega_2$ 的精确解为 $\frac{39.48}{l^2}\sqrt{\frac{EI}{m}}$，故其近似解的误差为 3.24%。

（3）如果要求其前三阶自振频率，则至少应将结构化为三个自由度的。若梁集中质量形式采用图 10 - 35（c）所示方案，则按多自由度结构的频率计算方法可求得

$$\omega_1 = \frac{9.865}{l^2}\sqrt{\frac{EI}{m}}, \quad \omega_2 = \frac{39.2}{l^2}\sqrt{\frac{EI}{m}}, \quad \omega_3 = \frac{84.6}{l^2}\sqrt{\frac{EI}{m}}$$

此时，$\omega_1$ 与精确解相差 0.05%；$\omega_2$ 与精确解相差 0.7%；$\omega_3$ 的精确解为 $\frac{88.83}{l^2}\sqrt{\frac{EI}{m}}$，故其近似解的误差为 4.8%。

由上可见，集中质量法能给出良好的近似结果，故在工程上常被采用。特别是对于一些较为复杂的结构如桁架、刚架等，采用此法可简便地找出其最低频率。但在选择集中质量的位置时，须注意结构的振动形式，而将质量集中在振幅较大的地方，才能使所得的频率值较为正确。例如在计算简支梁的最低

图 10 - 36

频率时，由于其相应的振动形式是对称的，且跨中振幅最大，故应将质量集中在跨度中点。此外，在求同一结构的对称和反对称振型的频率时，集中质量的方式会有所不同。如图 10 - 36 所示刚架，当它作对称振动时，各结点无线位移，这时应将质量集中于杆件的中点，见图 10 - 36（a）；而在反对称振动时，如图 10 - 36（b）所示，应将质量集中在结点上。

## 习　　题

10 - 1　试确定图 10 - 37 所示各结构的振动自由度。各集中质点略去其转动惯量；杆件质量除注明者外略去不计；杆件轴向变形忽略不计。

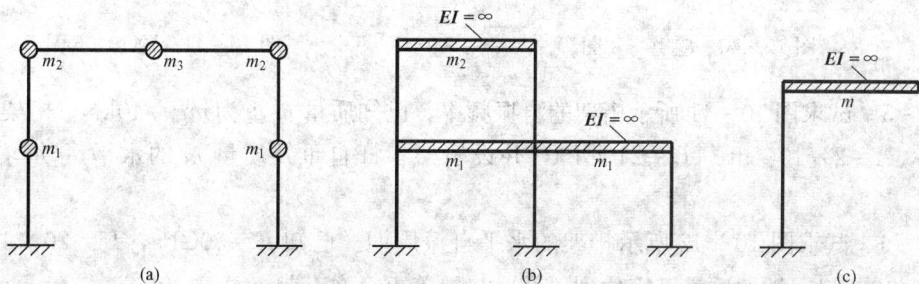

图 10 - 37　题 10 - 1 图

10 - 2　试列出图 10 - 38 所示结构的振动方程，不计阻尼。

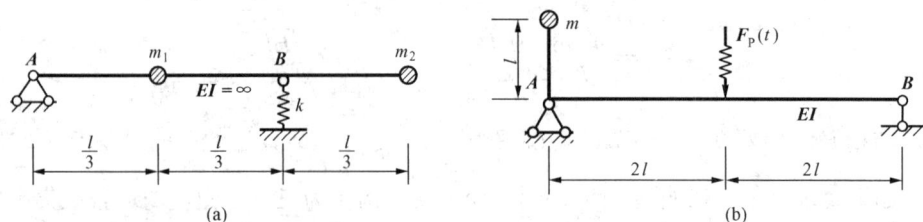

图 10 - 38　题 10 - 2 图

10 - 3　一等截面梁跨长为 $l$，集中质量 $m$ 位于梁的中点。试按图 10 - 39 所示四种支承情况分别求自振频率，并分析支承情况对自振频率的影响。

弹簧刚度 $k = 4 \dfrac{1}{\delta_{11}}$（$\delta_{11}$ 为图中梁的柔度）

图 10 - 39　题 10 - 3 图

10 - 4　试求图 10 - 40 所示各结构的自振频率。略去杆件自重及阻尼影响。

图 10 - 40　题 10 - 4 图

图 10 - 41　题 10 - 5 图

10 - 5　试求图 10 - 41 所示桁架的自振频率。已知质量 $m$ 重为 $mg = 40\text{kN}$，桁架各杆截面相同，$A = 2 \times 10^{-3}\,\text{m}^2$，$E = 210\text{GPa}$，并设桁架各杆自重及质量 $m$ 的水平运动均可略去不计。

10 - 6　试求图 10 - 42 所示排架的水平自振周期。已知 $E = 30\text{GPa}$，$I_1 = 20 \times 10^4\,\text{cm}^4$，$I_2 = 10 \times 10^5\,\text{cm}^4$，柱的质量已简化到顶部，与屋盖重合在一起，总重 20kN。

10 - 7　试求图 10 - 43 所示刚架侧移振动时的自振频率和周期。横梁的刚度可视为无穷大，重量为 $mg=200$kN（柱的重量已集中到横梁处，不需另加考虑），$g=9.81$m/s$^2$，柱的 $EI=5\times10^4$kN·m$^2$。

图 10 - 42 题 10 - 6 图

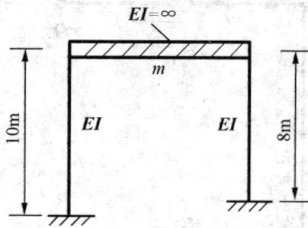

图 10 - 43 题 10 - 7 图

10 - 8 在题 10 - 7 中，若初始位移为 10mm，初始速度为 0.1m/s。试求振幅值和 $t=1$s 时的位移值。

10 - 9 在题 10 - 7 中若阻尼比 $\xi=0.05$，试求自振频率及周期。又若 $y_0=10$mm，$\dot{y}_0=0.1$m/s，求 $t=1$s 时的位移是多少？

10 - 10 如图 10 - 44 所示，两根长 4m 的工字钢梁并排放置，在中点处装置一电动机，将梁的部分质量集中于中点，与电动机的质量合并后的总质量为 $m=320$kg。电动机的转速为每分钟 1200 转。由于转动部分有偏心，在转动时引起离心惯性力，其幅值为 $F_P=300$N。已知 $E=200$GPa，一根梁的 $I=2.5\times10^3$cm$^4$，梁高为 20cm。试求强迫振动时梁中点的振幅、最大总挠度及梁截面的最大正应力。设略去阻尼的影响。

10 - 11 测得某结构在自由振动时，经过 10 个周期后振幅降为原来的 5%。试求阻尼比和在简谐干扰力作用下共振时的动力系数。

图 10 - 44 题 10 - 10 图

图 10 - 45 题 10 - 12 图

10 - 12 爆炸荷载可近似用图 10 - 45 所示规律表示，即

$$F_P(t)=\begin{cases}F_P\left(1-\dfrac{t}{t_1}\right) & (t\leqslant t_1)\\[2mm] 0 & (t\geqslant t_1)\end{cases}$$

若不考虑阻尼，试求单自由度结构在此种荷载作用下的动力位移公式。设结构原处于静止状态。

10 - 13 试求图 10 - 46 所示梁的自振频率和主振型，梁的自重略去不计，$EI$ 为常数。

(a)                    (b)

图 10 - 46 题 10 - 13 图

**10-14、10-15** 试求图 10-47～10-48 所示刚架的自振频率和主振型。

图 10-47  题 10-14 图

图 10-48  题 10-15 图

**10-16** 图 10-49 所示悬臂梁上装有两个发电机，现将梁的部分质量也分别集中于 $C$、$D$ 两点使梁简化为两个自由度的结构。设 $C$、$D$ 点质量各为 300kg，梁截面惯性矩为 $I=2.4\times10^4\,cm^4$，弹性模量 $E=210$GPa。发电机振动力最大值为 $F_P=5$kN，试求当发电机 $C$ 不开动而发电机 $D$ 在每分钟转动次数为 500 次时梁的动力弯矩图。梁自重可略去。

图 10-49  题 10-16 图

图 10-50  题 10-17 图

**10-17** 图 10-50 所示刚架各横梁刚度为无穷大，试求各横梁处的位移幅值和柱端弯矩幅值。已知 $m=100$t，$EI=5\times10^5$kN·m$^2$，$l=5$m，简谐荷载幅值 $F_P=30$kN，每分钟振动 240 次。

**10-18** 用振型分解法重做题 10-16。

**10-19** 用振型分解法重做题 10-17。

**10-20** 图 10-51 所示梁具有均布质量 $m$，试用能量法求图示梁的最低自振频率。设以梁在自重下的弹性曲线为其振动形式。

图 10-51  题 10-20 图

# 第十一章　结构的极限荷载

## 第一节　概　　述

前几章讨论了结构的内力计算问题。但不论用什么方法以及对哪种结构，我们都假定结构是弹性的。也就是说，在使结构产生变形的荷载全部卸除以后，结构仍将恢复原来的形状，没有残余变形。此外，我们还假定，材料服从虎克定律，即应力和应变成正比。两者合在一起称为线性弹性。由材料力学我们知道，塑性材料（或称延性材料，如钢材）或是脆性材料（如铸铁）的物体，在应力未达到比例极限以前，都近似符合上述情况。以此为根据的上述计算，通常称为弹性分析。利用弹性分析的结果，以许用应力为依据来确定截面的尺寸或进行强度验算，这就是弹性设计采用的方法。

对于塑性材料的结构，尤其是超静定的结构，在最大应力到达屈服极限，甚至某一局部进入塑性阶段时，结构并没有破坏，也就是说，并没有耗尽全部承载能力。弹性分析没有考虑材料超过屈服极限以后结构的这一部分承载力，因而弹性设计是不够经济合理的。

在塑性设计中，首先要确定结构破坏时所能承担的荷载（即极限荷载），也就是结构开始破坏瞬时的荷载值，或者说塑性变形将开始无限制地增长时的荷载值。为了确定结构的极限荷载，必须考虑材料的塑性变形，进行结构的塑性分析。

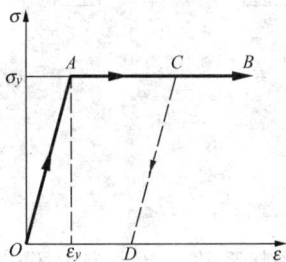

图 11-1

在结构塑性分析中，为了计算的简化，通常假设材料为理想塑性材料，其应力－应变（$\sigma-\varepsilon$）关系如图 11-1 所示。在应力 $\sigma$ 到达屈服极限 $\sigma_y$ 之前，应力－应变关系为线性关系（材料处于弹性阶段），即 $\sigma=E\varepsilon$，如图中 OA 段所示。当应力到达屈服极限后，材料进入塑性流动阶段，如对结构继续加载，应力不再增加，而应变可继续增大，如图中 AB 段所示。如果在到达 C 点后，对结构卸载，则应力和应变将同时成比例地减少，其比值仍为 E，如图中 CD 段所示，这里 CD∥OA。此时，材料的性质又恢复为弹性的。由此看到，材料在加载与卸载时的情形不同：加载时是弹塑性的，卸载是弹性的。还可以看到，在经历塑性变形之后，应力与应变之间不再存在单值对应关系，要得到塑性问题的解，需要追踪全部受力变形过程。由于以上原因，结构的弹塑性计算比弹性计算要复杂一些。

在本章中对结构弹塑性变形的发展过程不作全面的分析，而只是讨论梁和刚架的极限荷载，因而可用更简便的方法解决问题。

## 第二节　极限弯矩　塑性铰　破坏机构

以理想弹塑性材料的矩形截面梁（图 11-2）处于纯弯曲状态的情况为例，说明一些基本概念。

图 11 - 2

假设弯矩作用在对称平面内。随着弯矩的增大，梁的各部分逐渐由弹性阶段过渡到塑性阶段。实验表明，无论在哪一阶段，梁弯曲变形时的平面假定都是成立的。各阶段截面应力的变化过程如图 11 - 3 所示。其中图 11 - 3（b）表示截面处于弹性阶段。这个阶段结束的标志是最外纤维处的应力到达屈服极限 $\sigma_y$，此时的弯矩

$$M_y = \frac{bh^2}{6}\sigma_y \qquad (11 - 1)$$

称为弹性极限弯矩，或称为屈服弯矩。

图 11 - 3（c）表示截面处于弹塑性阶段。这时截面在靠外部分形成塑性区，其应力为常数，$\sigma = \sigma_y$；在截面内部（$|y| \leqslant y_0$）仍为弹性区，称为弹性核，其应力为直线分布，$\sigma = \sigma_y \dfrac{y}{y_0}$。

图 11 - 3（d）表示截面达到塑性流动阶段，在弹塑性阶段中，随着 $M$ 的增大，弹性核的高度逐渐减小，最后达到极限情形 $y_0 \to 0$。此时相应的弯矩为

$$M_u = \frac{bh^2}{4}\sigma_y \qquad (11 - 2)$$

由式（11 - 1）和式（11 - 2）看出，对于矩形截面，极限弯矩为弹性极限的 1.5 倍。

$$\alpha = \frac{M_u}{M_y} = 1.5$$

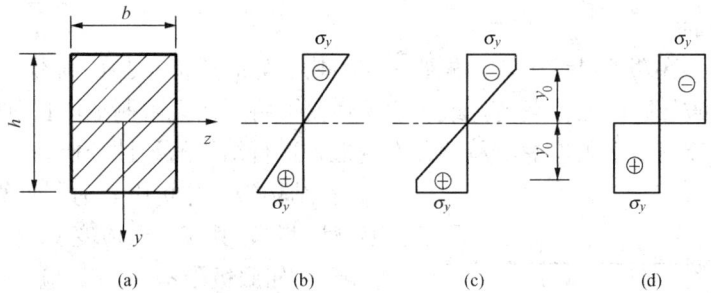

图 11 - 3

极限弯矩与屈服弯矩之比 $\alpha$ 与梁的截面形状有关，称为截面形状系数，是一个大于 1.0 的值。其值越大，表明截面按极限弯矩 $M_u$ 确定的承载力越大。所以，按极限弯矩设计能充分发挥材料的潜力。对于圆形截面 $\alpha = \dfrac{16}{3\pi} = 1.7$；对于工字形截面 $\alpha \approx 1.15$。

当截面达到塑性流动阶段时，在极限弯矩值保持不变的情况下，两个无限靠近的相邻截面可以产生有限的相对转角，这种现象与带铰的截面相似。因此，当截面弯矩达到极限弯矩时，这种截面可以称为塑性铰。结构中出现一个塑性铰，就相当于结构中丧失一个几何约束。塑性铰和普通铰的区别在于：普通铰不能承受弯矩，而塑性铰则能承受弯矩（极限弯矩），但在荷载减小后，由于减载时应力增量与应变增量仍保持直线关系，截面仍恢复其弹性性质，塑性铰即消失，也就是，塑性铰只能沿弯矩增大方向发生有限的相对转角；如果沿相反方向变形，则截面立即恢复其弹性刚度而不再具有铰的性质。因此，塑性铰是单向铰，而普通铰则为双向铰，它的两侧可以沿两个方向发生相对转动。

以上是就矩形截面进行讨论的。对于其他的截面形式，也可得出类似的结果。

图 11 - 4（a）所示为只有一个对称轴的截面。下面指出要注意的问题。

在弹性阶段，应力为直线分布，中性轴通过截面的形心，见图 11 - 4（b）。

在弹塑性阶段，中性轴的位置将随弯矩的大小而变化，见图 11 - 4（c）。

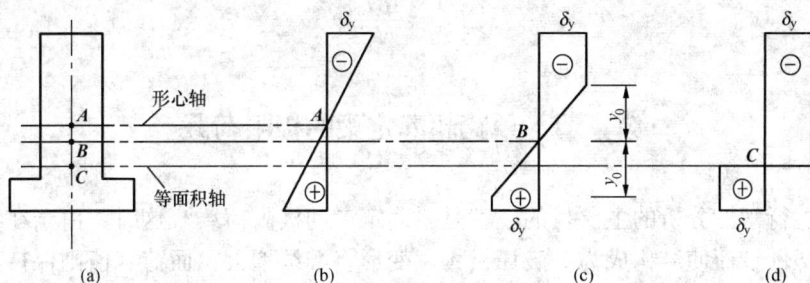

图 11 - 4

在塑性流动阶段，见图 11 - 4（d），受拉区和受压区的应力均为常量（$+\sigma_y$ 和 $-\sigma_y$），根据平衡条件，截面法向应力之和应等于零，由此得

$$A_1 = A_2$$

这里 $A_1$ 和 $A_2$ 分别为受拉区和受压区的面积。由此可见，塑性流动阶段的中性轴应平分截面面积。此时可求得极限弯矩为

$$M_u = \sigma_y(S_1 + S_2) \tag{11 - 3}$$

这里 $S_1$ 和 $S_2$ 分别为面积 $A_1$ 和 $A_2$ 对等面积轴的静矩。

现在讨论梁在横向荷载下的弯曲问题，材料仍假设为理想弹塑性材料。通常，剪力对梁的承载能力的影响很小，可以忽略不计，因而前面在讨论纯弯曲时导出的关于截面的屈服弯矩 $M_y$ 和极限弯矩 $M_u$ 的结果在横向弯矩中仍可采用。

下面仍按照由弹性阶段到弹塑性阶段最后达到极限状态的过程进行讨论。

在加载初期，各个截面的弯矩均不超过弹性极限弯矩 $M_y$。在继续加载，直到某个截面的弯矩首先达到 $M_y$ 时，弹性阶段便告终结，此时的荷载叫做弹性极限荷载 $F_{Py}$。

当荷载超过 $F_{Py}$ 时，在梁中即形成塑性区。

随着荷载的增大，塑性区逐渐扩大。最后，在某截面处，弯矩首先达到极限值，形成塑性铰。对静定梁来说，此时结构已变为机构，挠度可以任意增大，承载力已无法再增加。这种状态称为极限状态，此时的荷载称为极限荷载，用 $F_{Pu}$ 表示。梁的极限荷载可根据塑性铰截面的弯矩等于极限值的条件，利用平衡方程或虚功原理求出。

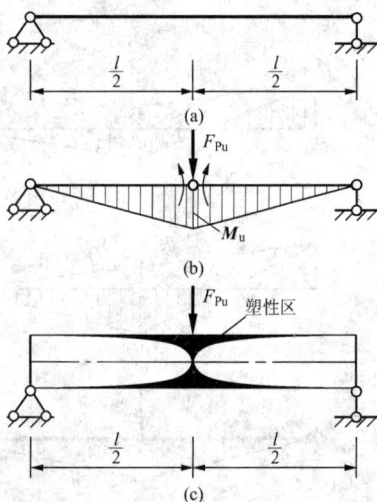

图 11 - 5

【例 11 - 1】 设有矩形截面简支梁在跨中承受集中荷载作用，见图 11 - 5（a），试求极限荷载 $F_{Pu}$。

**解** 由 $M$ 图可知跨中截面的弯矩为最大，在极限荷载作用下，塑性铰将在跨中截面形

成，这里弯矩达到极限值 $M_u$，见图 11 - 5（b）。由静力条件，有

$$\frac{F_{Pu}l}{4} = M_u$$

由此得
$$F_{Pu} = \frac{4M_u}{l}$$

## 第三节 单跨超静定梁的极限荷载

对结构进行塑性分析的主要目的，就是要确定它的极限荷载。这时，由于在结构的某些部分形成了塑性铰而使结构成为一破坏机构，变形将继续增大，而荷载值则保持不变。从上节的讨论中得知，在静定梁中，只要有一个截面出现塑性铰，梁就成为机构，从而丧失承载能力以致破坏。超静定梁由于具有多余约束，因此必须有足够多的塑性铰出现，才能使其变为机构，从而丧失承载能力以致破坏，这是与静定梁不同的。

下面用图 11 - 6（a）所示等截面梁为例，说明超静定梁由弹性阶段到弹塑性阶段，直至极限状态的过程，并说明如何确定极限荷载。

图 11 - 6

梁在弹性阶段的弯矩图可按解算超静定的方法求得，如图 11 - 6（b）所示，在固定端截面 $A$ 处弯矩最大。

当荷载增大到一定值时，$A$ 端弯矩首先达到极限值 $M_u$，并出现塑性铰。此时，梁成为在 $A$ 端作用有已知弯矩 $M_u$，并在跨中承受荷载 $P$ 的简支梁，因而问题转化为静定的，其弯矩图根据平衡条件即可求出，如图 11 - 6（c）所示，但此时梁并未破坏，它仍是几何不变的，承载能力尚未达到极限值。若荷载继续增大，$A$ 端弯矩将保持不变，最后跨中截面 $C$ 的弯矩也达到极限值 $M_u$，从而该截面也形成塑性铰。这样，梁成为了几何可变的机构，如图 11 - 6（e），也就是达到了极限状态。此时的弯矩图按平衡条件可作出，如图 11 - 6（d）所示。由图可得

$$\frac{F_{Pu}l}{4} - \frac{1}{2}M_u = M_u$$

由此求得极限荷载

$$F_{Pu} = \frac{6M_u}{l} \qquad (a)$$

由以上讨论可以看出，极限荷载的计算实际上无需考虑弹塑性变形的发展过程，只要确定了结构最后的破坏机构的形式，便可由平衡条件求出极限荷载，此时问题已成为静定的。对于超静定梁，只需使破坏机构中各塑性铰处的弯矩都等于极限荷载，并据此按静力平衡条件作出弯矩

图，即可确定极限荷载。这种利用静力平衡条件确定极限荷载的方法称为静力法。

此外，计算极限荷载的问题既然是平衡问题，因此可以利用虚功原理来求得极限荷载，这就是机动法。如图 11 - 6（e）中，设机构沿荷载正方向产生任意微小的虚位移，由前文可知，外力虚功等于变形虚功，于是有

$$F_{Pu}\frac{l}{2}\theta = M_u\theta + M_u \times 2\theta$$

这里略去了微小的弹性变形，故在等式右边内力所作的变形虚功中只有各塑性铰处的极限弯矩在其相对转角上所作的功。由上式可得

$$F_{Pu} = \frac{6M_u}{l}$$

结果同上。应该指出，超静定结构的极限荷载，不受温度变化、支座移动等因素的影响。这些因素只影响结构变形的发展过程，而不影响极限荷载的数值。

下面再举两个例子说明单跨超静定梁极限荷载的计算。

**【例 11 - 2】** 试求图 11 - 7（a）所示两端固定的等截面梁的极限荷载。

**解** 此梁须出现三个塑性铰才能成为瞬变体系而进入极限状态。由于最大负弯矩发生在两固端截面 $A$、$B$ 处，而最大正弯矩发生在截面 $C$ 处，故塑性铰必定出现在此三个截面。用静力法求解时，作出极限状态的弯矩图如图 11 - 7（b）所示，由平衡条件得

$$\frac{F_{Pu}ab}{l} = M_u + M_u$$

因此得

$$F_{Pu} = \frac{2l}{ab}M_u$$

若用机动法求解，作出机构的虚位移图如图 11 - 7（c）所示，根据虚位移原理可得

$$F_{Pu}a\theta = M_u\theta + M_u\frac{l}{b}\theta + M_u\frac{a}{b}\theta$$

可得

$$F_{Pu} = \frac{2l}{ab}M_u$$

结果与静力法相同。

**【例 11 - 3】** 图 11 - 8（a）所示两端固定的等截面梁 $AB$，承受均布荷载 $q$，设正负弯矩的极限值都等于 $M_u$，试求极限荷载 $q_u$。

**解** 此梁须出现三个塑性铰才能成为瞬变体系而进入极限状态，塑性铰应出现在 $A$、$B$、$C$ 三个截面。用静力法求解时，作出极限状态的弯矩图如图 11 - 8（b）所示，虚线 $ab$ 和抛物线之间的部分即相当于简支梁在 $q_u$ 作用下的弯矩图，它在跨中的最大竖标等于 $q_u l^2/8$。由平衡条件得

图 11 - 7

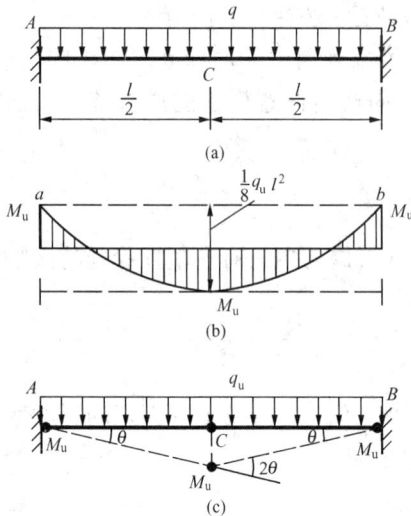

图 11 - 8

$$\frac{q_u l^2}{8} - M_u = M_u$$

由此得

$$q_u = \frac{16}{l^2}M_u$$

若用机动法计算，如图 11 - 8（c）所示梁的破坏机构中，根据虚位移原理可得

$$M_u\theta + M_u \times 2\theta + M_u\theta = 2\int_0^{l/2} q_u\theta x \cdot dx$$

得

$$4M_u\theta = \frac{1}{4}q_u l^2\theta$$

即

$$q_u = \frac{16}{l^2}M_u$$

两种方法计算结果相同。

## 第四节　比例加载的一般定理

　　所谓比例加载是指所有荷载彼此都保持固定的比例，整个荷载可用一个荷载参数 $F_P$ 来表示，即所有荷载组成一个广义力，而且荷载参数 $F_P$ 只单调增加而不出现卸载现象。由上节的例题可以看到，当结构只有一种可能的破坏形式时，直接确定其极限荷载并不困难。但若结构可能有很多种破坏形式时，就需要判别哪一种是实际的破坏形式，以便确定极限荷载。为此，我们可以应用以下有关确定极限荷载的几个定理。

　　在下述几个定理中，我们假定作用在结构上的所有荷载都按一定的比例增加，即所谓比例加载的情况。

　　与弹性分析时一样，在进行塑性分析时，也假定结构的变形很小，从而可以按照未变形的状态考虑各力之间的平衡。在以下的讨论中，还略去了对极限弯矩影响较小的剪力和轴力的作用。

　　1. 首先指出结构的极限状态下所应满足的几个条件

　　（1）平衡条件：当荷载达到极限值时，作用在结构整体上或任一局部上所有的力都必须保持平衡。

　　（2）屈服条件：当荷载到达极限值时，结构上各个截面的弯矩都不能超过其极限值，即 $-M_u \leqslant M \leqslant M_u$。

　　（3）机构条件：当荷载达到极限值时，结构上必须有足够数目的截面其弯矩达到极限弯矩值，即结构中已形成足够数目的塑性铰，而使结构变为一破坏机构。

　　2. 确定极限荷载的三个定理

　　（1）上限定理（或称机动定理，也称极小定理）。这个定理可以表述为：对于一比例加载作用下的给定结构，按照任一可能的破坏机构，由平衡条件所求得的荷载（即同时满足机构条件和平衡条件的荷载，这一荷载称为可破坏荷载）将大于或等于极限荷载。

　　换种方式，这一定理也可以表述为：对于一比例加载作用下的给定结构，按照各种可能的破坏机构，由平衡条件所求得的各可破坏荷载，其最小值就是极限荷载的上限值。

　　(2) 下限定理（或称静力定理，也称极大定理）。这个定理可以表述为：对于一比例加载作用下的给定结构，按照任一静力可能而又安全（即同时满足平衡条件和屈服条件）的弯矩分布所求得的荷载（称为可接受荷载）将小于或等于极限荷载。

　　换种方式，这一定理也可以表述为：对于一比例加载作用下的给定结构，按照各种静力可能而又安全的弯矩分布所求得的各可接受荷载，其最大值就是极限荷载的下限值。

　　(3) 单值定理（或称唯一性定理）。将以上两个定理综合在一起就得到这一定理。它可以表述为：对于一比例加载作用下的给定结构，如荷载既是可破坏荷载，同时又是可接受荷载，则此荷载即极限荷载。

　　这一定理也可表述为：对于一比例加载作用下的给定结构，同时满足平衡条件、屈服条件和机构条件的荷载也就是极限荷载。

　　根据上限定理和下限定理，一方面可用来得出极限荷载的近似解，并给出精确解的上下限范围；另一方面也可用来寻求极限荷载的精确解。例如，如果我们可以完备地列出结构的各种可能的破坏机构，那么，从相应的各种可破坏荷载中取出其极小者便得到极限荷载的精确解。

　　唯一性定理可配合试算法来求极限荷载，我们每次选择一种破坏机构，并验算相应的可破坏荷载是否同时也是可接受荷载。经过几次试算后，如能找到一种情况，同时满足平衡条件、机构条件和屈服条件，则根据唯一性定理，由此便得到极限荷载。

## 第五节　确定极限荷载的方法　连续梁的极限荷载

　　这一节，介绍确定极限荷载的机动法和试算法，并利用连续梁加以说明。

### 一、机动法（机构法）

　　机动法是以上限定理为依据的。按照上限定理，要确定某一给定结构的极限荷载时，首先假定各种可能的破坏机构，而后根据平衡条件（此种情况下，利用虚位移原理比较方便）分别计算相应的荷载。这些荷载都将大于或等于极限荷载，而其中的最小值就是极限荷载的上限值。这样求得的荷载都满足机构条件和平衡条件。

　　下面以图 11-9（a）所示的两跨等截面连续梁为例来说明这一方法。设两跨的极限荷载都等于 $M_u$。

　　假定为比例加载，$F_P$ 即荷载参数，现在求其极限值 $F_{Pu}$。假定 4 种破坏机构分别如图 11-9（b）、（c）、（d）、（e）所示。先分别计算相应的荷载。

　　机构 1，虚位移如图 11-9（b）所示，根据虚位移原理，荷载所作的功应等于塑性铰处极限荷载 $M_u$ 所作的功，得

$$F_P \times l\theta = M_u \times \theta + M_u \times 2\theta$$

故

$$F_P = 3\frac{M_u}{l} \geqslant F_{Pu}$$

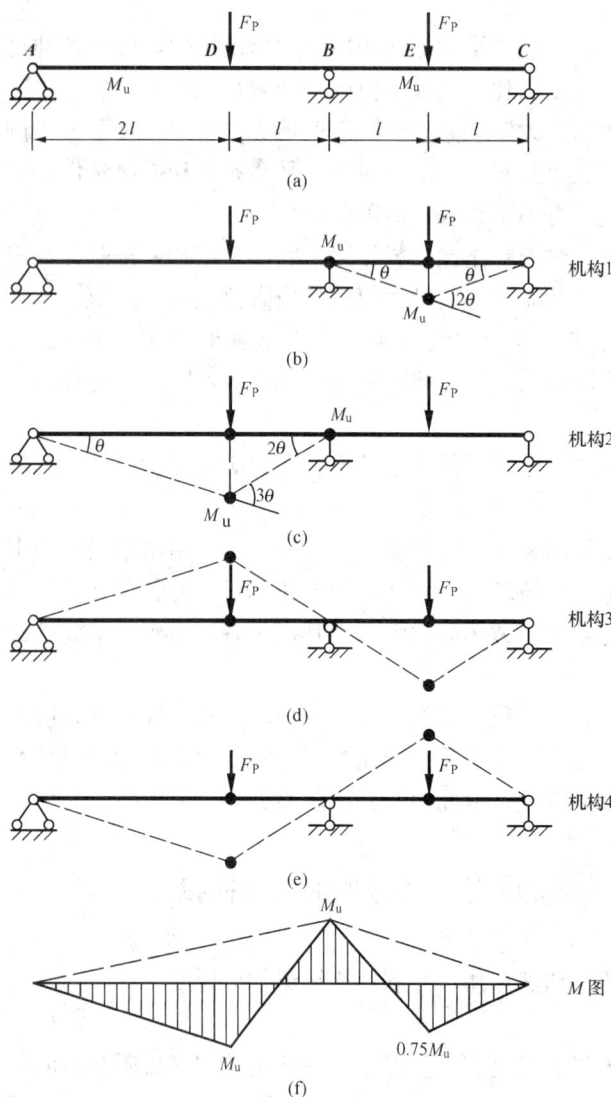

图 11 - 9

根据上限定理，$F_P$ 应大于或等于极限荷载 $F_{Pu}$。

机构 2，如图 11 - 9（c）所示，同理可得

$$F_P \times 2l\theta = M_u \times 3\theta + M_u \times 2\theta$$

$$F_P = 2.5\frac{M_u}{l} \geqslant P_u$$

机构 3，如图 11 - 9（d）所示，在这个机构中，$D$ 处塑性铰向上移动。这表明该塑性铰是由负弯矩所产生，即 $D$ 处的 $M_u$ 应为负，弯矩为最小。现在设荷载以向下为正。取梁轴为 $x$ 轴，以向右为正；并将集中荷载看作为梁上分布于很小一段的均布荷载 $q$ 之和。这样根据已知的关系式

$$\frac{d^2M}{dx^2} = -q$$

可知，因 $q>0$，所以 $\frac{d^2M}{dx^2}<0$，这说明，$M$ 图曲线为一向上凹的曲线。此外，又因设此处已形成塑性铰，即弯矩已达到极限值，若如此，则此处弯矩为最大，于是 $M_u$ 应为正。这与假定的破坏形式不相符，故说明机构 3 不是可能的破坏机构。同样，机构 4 也是不可能的。因此，今后分析中将不再考虑类似这样的破坏机构。这也表明，对于等截面连续梁，若各跨荷载的作用方向相同，则每跨的破坏与其他跨的荷载和尺寸无关。而当连续梁的某一跨破坏时，梁即丧失承载能力，如机构 1 和机构 2，因此，在分析连续梁时，可以将各跨即作为一单跨超静定梁而分别计算。

比较由机构 1 和机构 2 所得的结果，其中最小值 $2.5\frac{M_u}{l}$ 就是极限荷载 $F_{Pu}$ 的上限值。

通过上例可将机动法求极限荷载的步骤归纳如下：
（1）确定可能出现塑性铰的各个位置；
（2）选择各种可能的破坏机构；
（3）利用虚位移原理求各相应的荷载，其最小值就是极限荷载的上限值。

**二、试算法**

试算法是以单值定理为依据的。我们可以检验某个荷载是否同时为一可破坏荷载和可接

受荷载，来确定极限荷载。

一般说来，与计算可接受荷载相比，求结构的可破坏荷载较为简便。因此，可以先用机动法求极限荷载的上限值，然后验算与这一荷载相应的弯矩分布是否满足屈服条件，如果满足，这一荷载也就是极限荷载。

对于图 11-9 所示例题，以上用机动法得出极限荷载的上限值为 $2.5\dfrac{M_u}{l}$，现在绘出与其相应的弯矩图如图 11-9（f）所示。在截面 $D$、$B$ 处已出现塑性铰，在这两处的弯矩分别为 $M_u$ 和 $-M_u$，为了验算屈服条件，只需计算截面 $E$ 的弯矩：

$$M_E = \frac{F_P \times 2l}{4} - \frac{M_u}{2} = \frac{1}{4} \times 2.5\frac{M_u}{l} \times 2l - \frac{M_u}{2} = 0.75M_u < M_u$$

可见已满足屈服条件，因此，$2.5\dfrac{M_u}{l}$ 就是极限荷载，即

$$F_{Pu} = 2.5\frac{M_u}{l}$$

现在讨论连续梁破坏机构的可能形式。设梁在每一跨度内为等截面，但各跨的截面可以彼此不同。又设荷载的作用方向彼此相同，并按比例增加。通过上述计算可以证明：连续梁只可能在各跨独立形成破坏机构，见图 11-9（b）、（c）；而不可能由相邻几跨联合形成一个破坏机构，见图 11-9（d）、（e）。事实上，如果荷载同为向下作用，则每跨内的最大负弯矩只可能在跨度两端出现，因此对于等截面梁来说，负塑性铰只可能在两端出现，故每跨内为等截面的连续梁，只可能在各跨内独立形成破坏机构。根据这一特点，计算时可先对每一个单跨破坏机构分别求出相应的破坏荷载，然后取其中的最小值，这样便得到连续梁的极限荷载。

【例 11-4】 试求图 11-10（a）所示连续梁的极限荷载。每跨为等截面梁，其极限弯矩如图 11-10 所示。

图 11-10

**解** 先分别求出各跨独自破坏时的破坏荷载。

机构 1，$AB$ 跨破坏，如图 11-10（b）所示：

$$0.8F_P \times a\theta = M_u \times 2\theta + M_u \times \theta$$

所以

$$F_P = \frac{3.75M_u}{a}$$

机构 2，$BC$ 跨破坏，如图 11 - 10（c）所示：由对称可知，最大正弯矩的塑性铰出现在跨度中点。注意到均布荷载所作虚功等于其集度乘虚位移图的面积，有

$$\frac{F_P}{a} \frac{2a}{2} \times a\theta = M_u \times \theta + M_u \times 2\theta + M_u \times \theta$$

$$F_P = \frac{4M_u}{a}$$

机构 3，$CD$ 跨破坏，如图 11 - 10（d）所示：由弯矩图形状可知最大正弯矩在截面 $F$ 处，故塑性铰出现在 $C$、$F$ 两点。注意 $C$ 支座处截面有突变，极限弯矩应取其两侧的较小值。有

$$F_P \times a\theta + F_P \times 2a\theta = M_u \times \theta + 3M_u \times 3\theta$$

所以

$$F_P = \frac{3.33M_u}{a}$$

比较以上结果，可知第三跨 $CD$ 跨首先破坏，所以极限荷载为

$$F_{Pu} = \frac{3.33M_u}{a}$$

## 第六节　简单刚架的极限荷载

现在应用确定极限荷载的定理讨论简单刚架极限荷载的计算问题，刚架一般同时承受弯矩、剪力和轴力，前已指出，剪力对极限弯矩的影响较小可略去，由于轴力的存在，极限弯矩的数值也将减小，因此这里暂不考虑轴力和剪力对极限荷载的影响。

刚架是由若干根杆件连结而成的，只要在刚架上形成足够数目的塑性铰，就导致其整体或局部成为机构，从而丧失承载能力而导致破坏。计算刚架的极限荷载时，首先要确定破坏机构可能的形式。例如图 11 - 11（a）所示刚架，各杆分别为等截面杆，由弯矩图的形状可知，塑性铰只可能在 $A$、$B$、$C$（下侧）、$E$（下侧）、$D$ 五个截面处出现。但此刚架为 3 次超静定，故只要出现 4 个塑性铰或在一直杆上出现 3 个塑性铰即成为破坏机构。因此，有多种可能的破坏形式，见图 11 - 11（b）～（e）。以下先用机构法求解刚架临界荷载的上限值。

机构 1，如图 11 - 11（b）所示：横梁上出现 3 个塑性铰而成为瞬变体系，根据虚位移原理可得

$$2F_P a\theta = M_u\theta + 2M_u \times 2\theta + M_u\theta$$

得

$$F_P = 3\frac{M_u}{a}$$

机构 2，如图 11 - 11（c）所示：刚架分别在 $A$、$C$、$E$、$B$ 四个截面处出现塑性铰，各杆仍为直线，整个刚架侧移从而成为瞬变体系，有

$$F_P \times 1.5a\theta = 4M_u\theta$$

得

$$F_P = 2.67\frac{M_u}{a}$$

图 11 - 11

机构 3，如图 11 - 11（d）所示：刚架分别在 $A$、$D$、$E$、$B$ 四个截面处出现塑性铰，横梁转折，刚架亦侧移，此时刚结点 $C$ 处两杆夹角仍保持直角，又因位移微小，故 $C$ 和 $E$ 点水平位移相等。据此可确定虚位移图中的几何关系，有

$$F_P \times 1.5a\theta + 2F_P a\theta = M_u\theta + 2M_u \times 2\theta + M_u \times 2\theta + M_u\theta$$

得

$$F_P = 2.29\frac{M_u}{a}$$

机构 4，如图 11 - 11（e）所示：刚架发生虚位移时设右柱向左转动，则 $D$ 点竖直位移向下使较大的荷载 $2F_P$ 作正功。此时，刚架向左侧移，故作用在 $C$ 点的水平荷载作负功。于是有

$$2F_P a\theta - F_P \times 1.5a\theta = M_u\theta + M_u \times 2\theta + 2M_u \times 2\theta + M_u\theta$$

得

$$F_P = 16\frac{M_u}{a}$$

经分析可知，再无其他可能的机构，比较上述各结果，其中最小值 $2.29\dfrac{M_u}{a}$ 就是该刚架极限荷载的上限值。

然后用试算法确定极限荷载。

首先选择机构 2，求出其相应的荷载为 $F_P = 2.67\dfrac{M_u}{a}$（计算同上）。然后作弯矩图如图 11 - 12（a），两柱的 $M$ 图先绘出，横梁的 $M$ 图用叠加法绘出，可知 $D$ 点处弯矩为

$$M_D = \frac{M_u - M_u}{2} + \frac{2F_P \times 2a}{4} = 2.67M_u > 2M_u$$

可见，不满足内力局限条件，这种破坏形式是不可能的。

选择结构 3，求出其相应的荷载为 $F_P = 2.29 \dfrac{M_u}{a}$（计算同上）。由各塑性铰处之弯矩等于极限弯矩，可绘出右柱和横梁右半段的弯矩图，如图 11 - 12（b）所示，设结点 $C$ 处两杆端弯矩为 $M_C$（内侧受拉），由横梁弯矩图的叠加法有

$$\frac{M_u - M_C}{2} + 2M_u = \frac{2F_P \times 2a}{4} = F_P a = 2.29M_u$$

于是得

$$M_C = 0.42M_u < M_u$$

这样，便可绘出全部弯矩图，并可见满足屈服条件，所以极限荷载为

$$F_{Pu} = 2.29\frac{M_u}{a}$$

图 11 - 12
（a）机构 2 弯矩图；（b）机构 3 弯矩图

在上述分析计算中，机构 1 称为梁机构，机构 2 称为侧移机构，梁机构和侧移机构统称为基本机构，机构 3 为机构 1 和机构 2 的组合，故称为组合机构，机构 4 则最不可能产生。

## 习 题

11 - 1 验证：(a) 圆形截面的极限弯矩为 $M_u = \sigma_y \dfrac{D^3}{6}$；

(b) 环形截面的极限弯矩为 $M_u = \sigma_y \dfrac{D^3}{6}\left[1 - \left(1 - \dfrac{2t}{D}\right)^3\right]$。

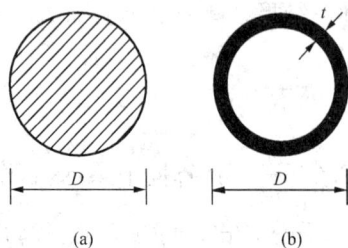

图 11 - 13 题 11 - 1 图

图 11 - 14 题 11 - 2 图

11-2 求图 11-14 所示两角钢截面的极限弯矩 $M_u$，设材料的屈服极限为 $\sigma_y$。

11-3、11-4 试求图 11-15、图 11-16 所示各梁的极限荷载，$M_u=300\text{kN}\cdot\text{m}$。

图 11-15 题 11-3 图    图 11-16 题 11-4 图

11-5、11-6 试求图 11-17 所示单跨超静定梁的极限荷载。

图 11-17 题 11-5 图    图 11-18 题 11-6 图

11-7 如图 11-19 所示，试求阶梯形变截面梁的极限荷载。

图 11-19 题 11-7 图

11-8 试求图 11-20 所示连续梁的极限荷载。

图 11-20 题 11-8 图

11-9 试求图 11-21 所示连续梁的极限荷载，图中 $q=F_P$。

图 11-21 题 11-9 图

11-10 试求图 11-22 所示刚架的极限荷载，$M_u=90\text{kN}\cdot\text{m}$。

11-11 试求图 11-23 所示刚架的极限荷载。

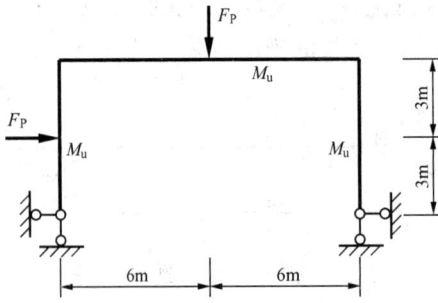

图 11 - 22　题 11 - 10 图

图 11 - 23　题 11 - 11 图

# 第十二章　结构的稳定计算

## 第一节　结 构 稳 定 概 述

为了保证结构安全有效地承受荷载，结构设计时，除了进行强度和刚度计算之外，还必须对结构的稳定性进行验算。换言之，结构内力和位移必须在稳定平衡的状态下进行计算。

结构的平衡状态有三种不同的情况：稳定平衡状态、不稳定平衡状态和随遇平衡状态。为说明这三种状态，现考察一刚性小球处于不同形状光滑面上的情况。如图 12-1 所示，如果小球由于受到某种微小干扰而偏离其平衡位置，处于凹面上的小球将重新回到原来的平衡位置，这种平衡形式称为稳定平衡，见图 12-1（a）；处于凸面上的小球将远离原来的平衡位置继续运动，这种平衡形式称为不稳定平衡，见图 12-1（b）；处于平面上的小球将位于新的平衡位置，这种平衡形式称为随遇平衡，见图 12-1（c）。它是介于稳定平衡与不稳定平衡之间的一种临界状态。

设某结构在荷载作用下处于稳定平衡状态，由于后来荷载逐渐增大，结构的原始平衡状态开始发生变化，

图 12-1

由稳定平衡状态转变为不稳定平衡状态。此时，结构可能在结构抗力未达到充分发挥之前，就因变形迅速增大而丧失承载力。这种现象叫作丧失原有工作状态的稳定性，简称失稳。其相应的荷载称为结构的临界荷载。

图 12-2

结构失稳有两种基本形式。现以如图 12-2（a）所示的压杆为例进行说明。图中杆件为中心受压两端铰支的理想直杆，其上端沿轴线作用压力 $F_P$。当 $F_P$ 较小时，压杆保持直线平衡状态，此时若有任何外界干扰使杆件弯曲，当干扰消失后，压杆将恢复到原有直线平衡位置。当 $F_P$ 增大到某一特定的数值 $F_{Pcr}$ 时，如果由于某种原因使杆件发生微小弯曲，则在使其弯曲的原因消失之后，杆件将不能回到原来的直线平衡位置，而是在弯曲位置上维持新的平衡形式，如图 12-2（b）所示，此时压杆的直线平衡形式已开始成为不稳定的，出现了平衡形式的分支，即此时压杆既可以具有原来只受轴力的直线平衡形式，也可以具有新的同时受压和受弯的弯曲平衡形式。我们称这种现象为压杆丧失了第一类稳定性，或称分支点失稳。此时压杆处于临界状态，与此状态相应的荷载 $F_{Pcr}$ 称为临界荷载。$F_{Pcr}$ 是使结构原有平衡形式保持稳定的最大荷载，也是使结构产生新的平衡形式的最小荷载。如果荷载继续增加，压杆将迅速继续弯曲而导致破坏。

第一类失稳的现象也可能在其他结构中出现。例如，承受径向静水压力的圆弧拱，承受

竖向荷载作用的薄壁工字梁以及刚架等，这几种失稳状态如图 12 - 3 所示。

综上所述，丧失第一类稳定性的特征是：结构的平衡形式即内力和变形状态发生质的突变，原有平衡形式成为不稳定的，同时出现新的有质的区别的平衡形式。也就是说，结构在临界状态时，平衡形式具有二重性。

图 12 - 3

除上述失稳情况外，结构还有另一种失稳形式。如图 12 - 4（a）所示，由塑性材料制成的偏心受压直杆，不论 $F_P$ 值如何，杆件一开始就处于同时受压和受弯的状态。当 $F_P$ 达到临界值以前，荷载加大，则杆件的挠度增大；荷载不加大，杆件的挠度也不会增大。当 $F_P$ 达到临界荷载 $F_{Pcr}$（比上述中心受压直杆的临界荷载小）时，即使荷载不增加甚至减小，挠度仍继续增加，如图 12 - 4（b）所示。这种现象称为结构丧失第二类稳定性，或称为极值点失稳。丧失第二类稳定性的特征是：平衡形式并不发生质变，变形按原有形式迅速增长，以致使结构丧失承载能力。

工程中的结构实际上不可能处于理想的中心受压状态，均属第二类稳定问题。但第二类稳定性问题涉及材料的塑性变形，比较复杂，因此本章仅限于讨论简单杆件结构在弹性小变形范围内的第一类稳定性问题。

稳定计算的中心问题在于确定临界荷载，确定临界荷载最基本的方法是静力法和能量法。它们分别应用静力平衡条件和以能量形式表示的平衡条件，根据结构失稳时可具有原来的和新的两种平衡形式，即平衡的二重性出发，通过寻求结构在新的形式下能维持平衡的荷载，从而确定临界荷载。

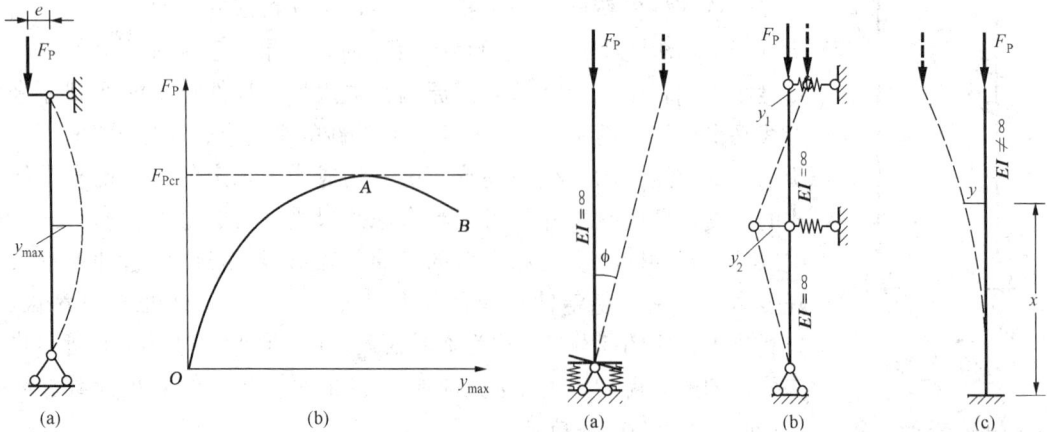

图 12 - 4    图 12 - 5

在稳定计算中，需涉及到结构稳定的自由度的概念。这里的自由度，指为确定结构失稳时所有可能的变形状态所需的独立参数数目。如图 12 - 5（a）所示，支承在抗转弹簧上的刚性压杆，为了确定其失稳时所有可能的变形状态，仅需一个独立参数 $\theta$，故此结构只有一个自由度；图 12 - 5（b）所示结构则需两个独立参数 $y_1$ 和 $y_2$，因此具有两个自由度；图 12 - 5（c）所示的弹性压杆，则需无限多个独立参数 $y$，故有无限多个自由度。

## 第二节　计算临界荷载的静力法

用静力法计算临界荷载，应假设结构处于平衡状态，根据临界状态的静力特征，即平衡形式的二重性，应用静力平衡条件，寻求结构在新的形式下能维持平衡的荷载，其最小值即为临界荷载。

### 一、单自由度结构

如图 12 - 6（a）所示单自由度结构，刚性压杆下端抗转弹簧的刚度为 $k$，设压杆偏离竖直位置时，仍处于平衡状态，由平衡条件 $\sum M_A=0$ 得出

$$F_{\mathrm{P}}l\sin\varphi - k\varphi = 0 \tag{a}$$

当位移很小时，认为 $\sin\varphi=\varphi$，故式（a）可近似写为

$$(F_{\mathrm{P}}l-k)\varphi = 0 \tag{b}$$

当 $\varphi=0$ 时，上式满足，此时为对应于结构原有的直线平衡状态；而新的平衡形式，则要求 $\varphi\neq0$，因此，$\varphi$ 的系数应等于零，即

$$F_{\mathrm{P}}l-k = 0 \tag{c}$$

这就是结构不仅在原有形式下而且在新的形式下也能维持平衡的条件。它反映了结构失稳时平衡形式的二重性。因此，将式（c）称为稳定方程或特征方程。由式（c）可得出临界荷载为

$$F_{\mathrm{Pcr}} = \frac{k}{l} \tag{d}$$

图 12 - 6

由式（b）可看出，当 $F=F_{\mathrm{Pcr}}$ 时，无法确定 $\varphi$ 的大小，即无论 $\varphi$ 为任何数值，平衡方程（b）均成立，结构此时处于所谓随遇平衡状态。但实际上这是由于近似假定 $\sin\varphi=\varphi$ 造成的假象，若采用精确的方程，由（a）得出

$$F_{\mathrm{P}} = \frac{k\varphi}{l\sin\varphi} \tag{e}$$

当 $\varphi\neq0$ 时，荷载 $F_{\mathrm{P}}$ 与 $\varphi$ 的数值仍然是一一对应的，当不涉及失稳后的位移计算而只求结构的临界荷载时，其值为能维持结构新的平衡的最小荷载，因此 $F_{\mathrm{Pcr}}=\frac{k}{l}$，这与采用近似方程求得的结果相同。

### 二、两个自由度的结构

如图 12 - 7（a）所示结构，可以判断该结构具有两个稳定自由度，两抗移弹性支座的刚度（发生单位线位移所需的力）均为 $k$，试求结构的临界荷载。

假设结构的临界平衡状态如图 12 - 7（b）所示，设失稳时 $A$、$B$ 点的位移分别为 $y_1$ 和

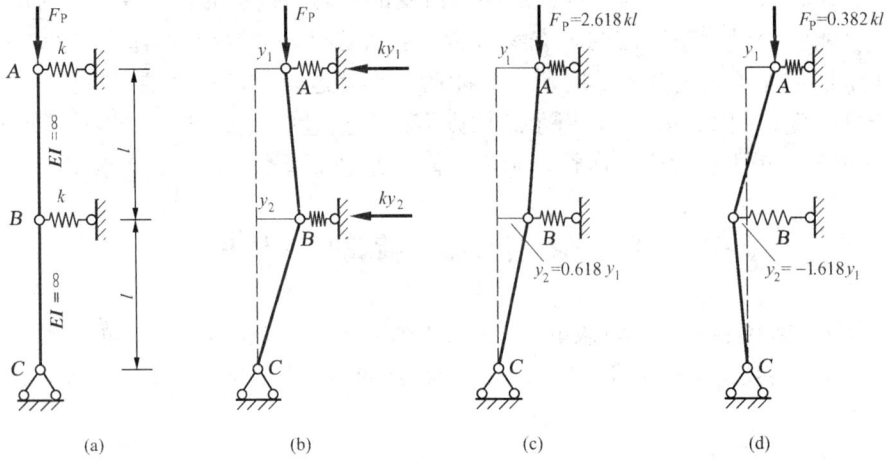

图 12 - 7

$y_2$。由于位移是微小的，因而 $AB$、$BC$ 在竖直方向的投影长度仍可近似看作是 $l$。由平衡条件 $\sum M_B = 0$ 和 $\sum M_C = 0$ 可得

$$\left.\begin{array}{l} F_P(y_2 - y_1) + ky_1l = 0 \\ -F_Py_1 + 2ky_1l + ky_2l = 0 \end{array}\right\}$$

即

$$\left.\begin{array}{l} (kl - F_P)y_1 + F_Py_2 = 0 \\ (2kl - F_P)y_1 + kly_2 = 0 \end{array}\right\} \tag{f}$$

此方程为关于 $y_1$ 和 $y_2$ 的线性齐次方程。当 $y_1$ 和 $y_2$ 都等于零时，结构状态对应于原有的直线平衡形式。而临界状态时，$y_1$、$y_2$ 不全为零，则应有

$$\begin{vmatrix} (kl - F_P) & F_P \\ (2kl - F_P) & kl \end{vmatrix} = 0 \tag{g}$$

展开得

$$F_P^2 - 3klF_P + (kl)^2 = 0 \tag{h}$$

式（g）或式（h）即为该结构的稳定方程，解之得

$$F_P = \frac{3 \pm \sqrt{5}}{2}kl = \begin{cases} 2.618kl \\ 0.382kl \end{cases}$$

应取最小者为临界荷载：

$$F_{Pcr} = 0.382kl$$

现在进一步讨论结构失稳的形式。式（f）为关于 $y_1$、$y_2$ 的线性齐次方程，故不能求得 $y_1$、$y_2$ 的确定解答，但可由其中任何一式求得 $y_1$、$y_2$ 的比值。

若将 $F_P = \frac{3+\sqrt{5}}{2}kl$ 代入式（f），可得

$$\frac{y_2}{y_1} = \frac{1+\sqrt{5}}{3+\sqrt{5}} = 0.618$$

相应的位移形式如图 12 - 7（c）所示。将 $F_P = \frac{3-\sqrt{5}}{2}kl$ 代入式（f），可得

$$\frac{y_2}{y_1} = \frac{1-\sqrt{5}}{3-\sqrt{5}} = -1.618$$

相应的位移形式如图 12 - 7（d）所示。当然，图 12 - 7（c）只是理论上存在，实际上在此之前结构必先以图 12 - 7（d）的形式失稳。

总结上述两种情况，对于具有 $n$ 个自由度的结构，则可对新的平衡形式列出 $n$ 个平衡方程，它们是关于 $n$ 个独立参数的齐次方程。根据这 $n$ 个参数不全为零，因此由其系数行列式 $D$ 应等于零的条件便可建立稳定方程，

$$D = 0 \tag{12-1}$$

此稳定方程有 $n$ 个根，即有 $n$ 个特征荷载，其中最小者为临界荷载。

### 三、无限自由度结构

对于无限自由度结构，用静力法确定临界荷载的步骤仍与上述相同，即首先假设结构已处于新的平衡形式，列出其平衡方程，不过此时平衡方程不是代数方程而是微分方程。求解此微分方程，并利用边界条件得到一组与未知常数数目相同的齐次方程，为了获得非零解应使其系数行列式 $D$ 等于零而建立稳定方程。此时，稳定方程为超越方程，有无穷多个根，因而有无穷多个特征荷载值，其中最小者为临界荷载；相应地，变形曲线形式也有无穷多个，对应于临界荷载的曲线形式为临界状态的弯曲平衡形式。

例如图 12 - 8（a）所示的结构，一端固定另一端铰支的等截面中心受压弹性直杆，杆件的弯曲刚度 $EI$ 为常数，试求该结构的临界荷载。

1. 确定平衡方程

取图 12 - 8（a）所示的坐标系，设其已处于新的曲线平衡形式，则其任一截面的弯矩 $M_x$ 为

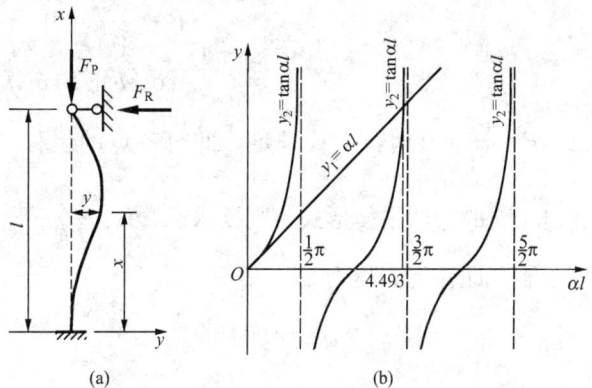

图 12 - 8

$$M_x - F_P y - F_R(l-x) = 0$$

式中 $R$ 是上端支座的反力。利用小变形情况下挠曲线近似微分方程，在图示坐标系下，有

$$M_x = -EIy'' \tag{12-2}$$

根据上两式

$$EIy'' = -F_P y - F_R(l-x)$$

即

$$y'' + \frac{F_P}{EI}y = -\frac{F_R}{EI}(l-x)$$

令

$$\alpha^2 = \frac{F_P}{EI} \tag{12-3}$$

则有

$$y'' + \alpha^2 y = -\alpha^2 \frac{F_R}{F_P}(l-x)$$

上式微分方程为平衡方程，它是一个二阶常系数非齐次线性微分方程。此微分方程的解为

$$y = A\cos\alpha x + B\sin\alpha x - \frac{F_R}{F_P}(l-x) \qquad (i)$$

式 (i) 中 $A$、$B$ 为待定积分常数，$\frac{F_R}{F_P}$ 也是未知的。

2. 利用边界条件确定稳定方程

利用边界条件，　　　　　　　　　当 $x=0$ 时，$y=0$

当 $x=0$ 时，$y'=0$

当 $x=l$ 时，$y=0$

将它们分别代入式 (i)，可得关于 $A$、$B$、$\frac{F_R}{F_P}$ 的齐次方程组：

$$\begin{cases} A - l\dfrac{F_R}{F_P} = 0 \\[2mm] \alpha B + \dfrac{F_R}{F_P} = 0 \\[2mm] A\cos\alpha l + B\sin\alpha l = 0 \end{cases} \qquad (j)$$

当 $A=B=\dfrac{F_R}{F_P}=0$ 时，上式满足，此时各点的位移 $y$ 均等于零，对应于原有的直线平衡形式。对于新的弯曲平衡形式，则要求 $A$、$B$、$\dfrac{F_R}{F_P}$ 不全为零。于是，上述方程组的系数行列式应等于零，即稳定方程为

$$\begin{vmatrix} 1 & 0 & -l \\ 0 & \alpha & 1 \\ \cos\alpha l & \sin\alpha l & 0 \end{vmatrix} = 0$$

展开整理得

$$\tan\alpha l = \alpha l$$

此稳定方程为一超越方程。

3. 求解稳定方程，得出临界荷载

此超越方程可用试算法并配合以图解法求解。图 12-8 (b) 绘出了 $y_1 = \alpha l$ 和 $y_2 = \tan\alpha l$ 的函数曲线，它们的交点的横坐标即为方程的根。因交点有无穷多个，故方程有无穷多个根。由图可见，最小正根 $\alpha l$ 在 $\dfrac{3}{2}\pi \approx 4.7$ 的左侧附近，其准确数值可由试算法求得。见表 12-1。

将 $\alpha l = 4.493$ 代入式 (12-3)，求得临界荷载为

$$F_{Pcr} = \alpha^2 EI = \left(\frac{4.493}{l}\right)^2 EI = \frac{20.19}{l^2} EI$$

上式可写为

$$F_{Pcr} = \frac{20.19}{l^2} EI = \frac{\pi^2 EI}{(0.7l)^2}$$

在材料力学中，曾将弹性直杆的最小临界荷载的表达式统一写成

$$F_{Pcr} = \frac{\pi^2 EI}{(\mu l)^2}$$

式中，$\mu$ 为计算长度系数，$\mu l = l_0$ 为计算长度，对于上述约束条件下的弹性直杆，有 $\mu = 0.7$，$l_0 = 0.7l$，这与材料力学中所得的结果相同。

现在来分析一下上述受压杆在临界状态下之挠曲线的形状问题。因式（j）中，三个未知常数 $A$、$B$ 及 $\dfrac{F_R}{F_P}$ 的系数行列式为零，式（j）中的三个方程只有两个是独立的，这样利用此式只能得到 $A$、$B$、$\dfrac{F_R}{F_P}$ 的相对值而不能确定出一条唯一的挠曲线。这意味着，在临界荷载下存在有任意多个

| 表 12-1 | 试算法求最小正根 | |
|---|---|---|
| $\alpha l$ | $\tan\alpha l$ | $\alpha l - \tan\alpha l$ |
| 4.5 | 4.637 | $-0.137$ |
| 4.4 | 3.096 | 1.304 |
| 4.49 | 4.422 | 0.068 |
| 4.491 | 4.443 | 0.048 |
| 4.492 | 4.464 | 0.028 |
| 4.493 | 4.485 | 0.008 |
| 4.494 | 4.506 | $-0.012$ |

弯曲形式相同而幅度不同的弯曲平衡状态，换言之，此时，杆件处于"随遇平衡"。但应注意这是在杆件处于微弯状态的前提下利用了挠曲线的近似微分方程而得出的，若按大挠度理论建立方程，便得不出这种结果了。这里需指出，结构稳定问题只是根据大挠度理论才能得出精确的结论，但从实际来看，第一类失稳应用小挠度理论也能计算出正确的临界荷载值，不过要注意它的某些结论的局限性。

## 第三节　弹性支座等截面直杆的稳定

在工程结构中，常遇到具有弹性支座的压杆。例如，在计算排架、刚架等结构的稳定问题时，为研究其中某一杆件的稳定性，常将与它相连的各杆对其作用简化为弹性支座。例如，如图 12-9（a）所示结构，其稳定问题可简化为柱 $AB$ 的稳定问题，而柱 $CD$、横梁 $BC$ 对柱 $AB$ 的作用可用柱顶 $B$ 处的弹性抗移支座来代替。显然，由于弹性支座的作用，柱 $AB$ 的稳定性和临界荷载要高于 $B$ 端为自由端时的情况。其弹簧抗移刚度应由使结构 $B$ 端产生单位侧移时需要的力来确定。根据前几章知识，$AB$ 作为一竖直悬臂梁，在单位水平力作用于其自由端 $B$ 处时，$B$ 点的水平位移为 $\delta = \dfrac{l^3}{3EI}$，所以弹簧抗移刚度为

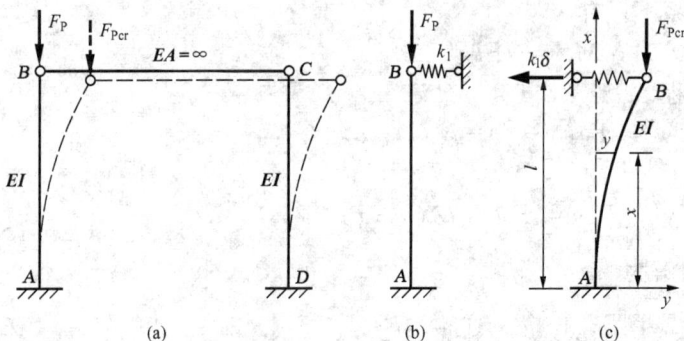

$$k_1 = \frac{1}{\delta} = \frac{3EI}{l^3} \tag{12-4}$$

如图 12-10（a）所示刚架，$AB$ 杆上端铰支，下端不能移动而可转动，但其转动要受

图 12 - 10

图 12 - 10（c）。

到 $BC$ 杆的弹性约束，这可以用一个抗转弹簧来表示，这两个等值反向的弹簧力形成一个与转动方向相反的力偶矩，从而对 $AB$ 杆的转动起抵抗作用，因此，这种支座称为弹性抗转支座，如图 12 - 10（b）所示。抗转弹簧的刚度应由使结构其余部分即 $BC$ 梁的 $B$ 端发生单位转角时所需的力矩来确定，方法如

$$k_2 = \frac{3EI_2}{l_2} \qquad\qquad (12-5)$$

下面讨论用静力法计算这类压杆临界荷载的方法。

1. 一端固定、另一端为弹性抗移支座

假设结构处于临界平衡状态时如图 12 - 9（c）所示，杆件在新的弯曲平衡形式下，任一截面的弯矩为

$$M_x = -F_P(\delta - y) + k\delta(l - x)$$

上式中，$\delta$ 代表弹性支承端 $B$ 处的水平位移；$k$ 为弹簧抗移刚度，利用小变形情况下挠曲线近似微分方程，在图示坐标系下，有

$$M_x = -EIy''$$

所以，失稳时弹性曲线的微分方程

$$EIy'' = F_P(\delta - y) - k\delta(l - x)$$

或

$$EIy'' + F_P y = F_P\delta - k\delta(l - x)$$

令 $\alpha^2 = \dfrac{F_P}{EI}$，则上述微分方程的通解为

$$y = A\cos\alpha x + B\sin\alpha x + \delta\left[1 - \frac{k}{F_P}(l - x)\right]$$

利用边界条件，当 $x = 0$ 时，$y = 0$

当 $x = 0$ 时，$y' = 0$

当 $x = l$ 时，$y = \delta$

将它们分别代入平衡微分方程，可得关于 $A$、$B$、$\delta$ 的齐次方程组：

$$A + \delta\left(1 - \frac{k}{F_P}l\right) = 0$$

$$B\alpha + \delta\frac{k}{F_P} = 0$$

$$A\cos\alpha l + B\sin\alpha l = 0$$

对于新的弯曲平衡形式，$A$、$B$、$\delta$ 不全为零，故上述方程组的系数行列式应等于零，即

$$\begin{vmatrix} 1 & 0 & 1-\dfrac{k}{\alpha^2 EI}l \\[2mm] 0 & \alpha & \dfrac{k}{\alpha^2 EI} \\[2mm] \cos\alpha l & \sin\alpha l & 0 \end{vmatrix} = 0$$

展开整理，得稳定方程为

$$\tan\alpha l = \alpha l - \frac{\alpha^3 EI}{k} \tag{12-6}$$

将式（12-4）代入上式，然后利用图解法及试算法，可解出上述特征方程的值，$\alpha l$ 的最小值为 $\alpha l = 2.20$，由此进一步得出临界荷载为

$$F_{Pcr} = \alpha^2 EI = 4.84\frac{EI}{l^2}$$

2. 一端铰支，另一端为弹性抗转支座

这种支承情况如图 12-10（a）所示，杆件在新的弯曲平衡形式下，如图 12-10（b）所示，任一截面的弯矩为

$$M_x = F_P y + F_R(l-x)$$

边界条件为：当 $x=0$ 时，$y=0$；当 $x=0$ 时，$y'=\varphi$；当 $x=l$ 时，$y=0$。

最后得稳定方程为

$$\tan\alpha l = \alpha l \frac{1}{1+(\alpha l)^2\dfrac{EI}{k_2 l}} \tag{12-7}$$

先根据式（12-5）得到弹簧的抗转刚度，然后采用图解法或试算法求得 $\alpha l$ 的最小值，进而计算出临界荷载。

3. 一端自由，另一端为弹性抗转支座

这种支承情况如图 12-11（b）所示，任一截面的弯矩为 $M_x = -F_P(\delta-y)$。

边界条件为：当 $x=0$ 时，$y=0$；

当 $x=0$ 时，$y'=\varphi=\dfrac{F_P\delta}{k_2}$；

当 $x=l$ 时，$y=\delta$。

最后得稳定方程为

$$\alpha l \tan\alpha l = \frac{k_2 l}{EI} \tag{12-8}$$

【例 12-1】 求图 12-12（a）所示刚架的临界荷载。

**解** 此为对称刚架承受对称荷载，故其失稳形式为正对称的或为反对称的，如图 12-12（b）或图 12-12（c）所示，现分别计算如下。正对称失稳时，取半个结构计算，如图

图 12-11

12-12（d）所示，立柱为下端铰支上端弹性固定的压杆，与上述图 12-10（b）所示情况

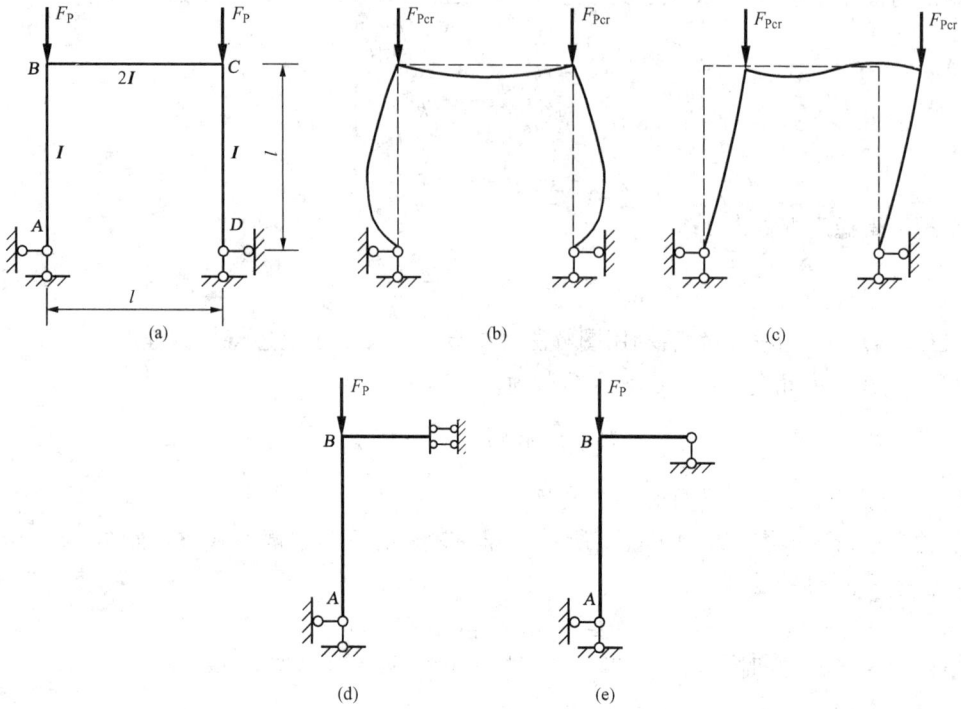

图 12 - 12

相同，而弹性固定端的抗转刚度为

$$k_2 = i_2 = \frac{2EI}{l/2} = \frac{4EI}{l}$$

代入式（12 - 7），得稳定方程为

$$\tan\alpha l = \alpha l \; \frac{1}{1 + \frac{(\alpha l)^2}{4}}$$

然后用试算法解得其最小正根为 $\alpha l = 3.83$，故临界荷载为

$$F_{Pcr} = \alpha^2 EI = 14.67 \frac{EI}{l^2}$$

反对称失稳时，亦取半个结构计算，如图 12 - 12（e）所示，压杆上端为弹性固定，上、下两端有相对侧移而无水平反力，故实际上与图 12 - 11（b）的情况相同，弹性固定端的抗转刚度为

$$k_2 = 3i_2 = 3 \times \frac{2EI}{l/2} = \frac{12EI}{l}$$

代入式（12 - 8），得稳定方程为　　$\alpha l \tan\alpha l = 12$

然后用试算法解得其最小正根为 $\alpha l = 1.45$，故临界荷载为

$$F_{Pcr} = \alpha^2 EI = \frac{(1.45)^2 EI}{l^2} = \frac{2.10EI}{l^2}$$

比较两个临界荷载，可见反对称失稳的 $F_{Pcr}$ 值较小，故实际的临界荷载应为反对称情况下的临界荷载。本例实际上在计算之前即可判断出反对称失稳的临界荷载较小。因为正对称

时的 $F_{Pcr}$ 值显然应大于两端铰支压杆的临界荷载 $\dfrac{\pi^2 EI}{l^2}$；而反对称时的 $F_{Pcr}$ 值则显然应小于一

端固定另一端自由的压杆的临界荷载 $\dfrac{\pi^2 EI}{4l^2}$，故知结构必先以反对称形式失稳。

## 第四节　计算临界荷载的能量法

对于比较复杂的情形，用静力法确定体系的临界荷载往往比较困难。例如挠曲线微分方程是变系数的，难以积分成有限形式；或结构的边界条件较为复杂，以致根据它们导出的特征方程不易求解。对于这些情况，采用能量法进行近似计算则较方便。

用能量法确定临界荷载，就是以结构失稳时平衡的二重性为依据，应用以能量形式表示的平衡条件，寻求结构在新的形式下能维持平衡的荷载，其中最小者为临界荷载。

第一节图 12-1 所示的三种不同情况的刚性小球。当小球处于凹面内的平衡状态时，若由于某种作用，小球偏离平衡位置，其重心位置升高从而势能增加。作用取消后，小球在重力作用下又将回到原来位置，故此种平衡状态是稳定的，相应地平衡状态时势能为极小值。当小球处于凸面顶点的平衡状态时，相应的势能为极大。图 12-1（c）所示的情况，不论有任何偏离，小球都处于平衡状态，其势能不会发生变化。

上述能量特征同样适用于弹性体系。如图 12-13 (a) 中，$AB$ 为一刚性杆件，$B$ 端为弹性抗移支座，其弹簧刚度为 $k$。临界状态时该压杆的平衡形式如图 12-13 (b) 所示，现在来建立此体系在临界状态时的能量准则。它与上述小球同属单自由度体系，但不同的是：除荷载的势能外，在总势能中尚应计入体系的变形能。设以 $\Delta U$ 代表体系由原来的平衡状态转变到一邻近的新的平衡状态的变形能的增量，$\Delta V$ 代表外力 $F_P$ 之势能的增量，$\Delta \Pi$ 则代表体系总势能的增量，有

图 12-13

$$\Delta \Pi = \Delta U + \Delta V$$

此外，$\Delta T$ 为外力 $F_P$ 在这个过程中所做的功，即外力功的增量，有

$$\Delta V = -\Delta T$$

因此，上式可写成

$$\Delta \Pi = \Delta U - \Delta T$$

与上述小球的能量特征相类比，可知，若

$$\Delta \Pi > 0 \text{ 或 } \Delta U > \Delta T$$

则表明结构的总势能增加，结构趋向于恢复到原来的平衡位置，即原平衡状态是稳定的。若

$$\Delta \Pi < 0 \text{ 或 } \Delta U < \Delta T$$

则表明结构的原平衡状态是不稳定的。若

$$\Delta \Pi = 0 \text{ 或 } \Delta U = \Delta T \tag{12-9}$$

则结构处于由稳定平衡向不稳定平衡过渡的随遇平衡状态，即临界状态，根据该状态下的能量特征来计算临界荷载。

以图 12-13 为例，假设临界状态时直杆的平衡形式如图 12-13（b）所示，杆件转动 $\varphi$ 角，$B$ 处弹簧伸长 $\varphi l$，则荷载 $F_P$ 向下移动距离

$$e = l(1 - \cos\varphi)$$

因 $\cos\varphi = 1 - \dfrac{\varphi^2}{2!} + \dfrac{\varphi^4}{4!} - \cdots$，考虑到转角 $\varphi$ 值微小，可只取前两项，代入后得

$$e = \frac{l\varphi^2}{2}$$

因此，荷载所做功的增量 $\Delta T$ 为

$$\Delta T = F_P e = \frac{F_P l\varphi^2}{2}$$

整个结构变形能的增量 $\Delta U$ 为

$$\Delta U = \frac{1}{2}k(l\varphi)^2$$

在临界状态，根据式（12-9），可得

$$\frac{1}{2}k(l\varphi)^2 = \frac{1}{2}F_P l\varphi^2$$

因此，临界荷载 $F_{Pcr}$ 为              $F_{Pcr} = kl$

现在就弹性直杆稳定问题导出其临界荷载的计算公式。对于线性变形体系，通常直杆以弯曲变形为主，若只考虑其弯曲变形能的增量，由已学知识，可知

$$\Delta U = \frac{1}{2}\sum\int \frac{M^2}{EI}\mathrm{d}s \tag{12-10}$$

式中 $M$ 为体系偏离原来平衡位置时杆件中所产生的附加弯矩。

因 $M = -EIy''$，并以杆轴为 $x$ 轴，则上式可改写成

$$\Delta U = \frac{1}{2}\sum\int EI(y'')^2\mathrm{d}x \tag{12-11}$$

对于作用在结点并沿杆轴方向的荷载，当杆件由直线形式的平衡状态变为曲线形式的平衡状态时，外力功的增量为

$$\Delta T = \sum F_{Pi}e_i \tag{12-12}$$

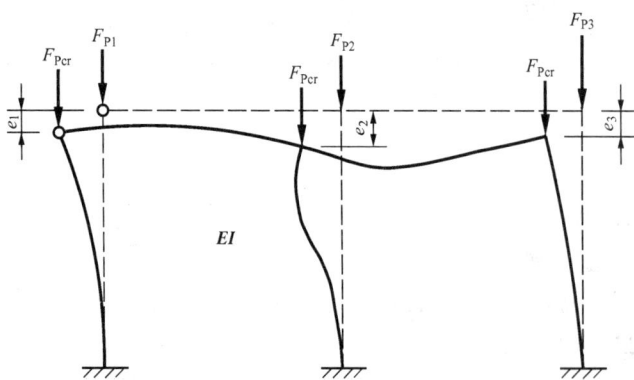

图 12-14

式中 $e_i$ 为沿 $F_{Pi}$ 方向荷载作用点的位移，它等于杆长 $l_i$ 与弹性曲线在杆轴上投影之差（图 12-14）。取结构中某一杆件的微段 $\mathrm{d}x$ 来研究，如图 12-15 所示，在弹性曲线上与之相应的微段为 $\mathrm{d}s$（可看成直线段）。设两者的夹角为 $\theta$，由于夹角 $\theta$ 值微小，所以，可以认为，$\mathrm{d}s = \mathrm{d}x$，$\mathrm{d}s$ 在铅直方向的投影为 $\mathrm{d}x\cos\theta$，故微段原长 $\mathrm{d}x$ 与此投影 $\mathrm{d}x\cos\theta$ 之差为

$$\mathrm{d}e = \mathrm{d}x - \mathrm{d}x\cos\theta = (1 - \cos\theta)\mathrm{d}x$$

考虑到 $\theta$ 值微小，又可取 $\theta = \tan\theta = y'$，故当略去高阶微量后，上式可写成

$$de = \frac{1}{2}\theta^2 dx = \frac{1}{2}(y')^2 dx$$

将上式沿杆长积分，得单根杆件的位移表达式为

$$e = \int_0^l de = \frac{1}{2}\int_0^l (y')^2 dx$$

将上式代入式（12-12），即得外力功的增量

$$\Delta T = \frac{1}{2}\sum F_P \int (y')^2 dx \quad (12-13)$$

利用式（12-11）、式（12-13）分别求出体系的变形能和外力功的增量后，根据弹性体系的临界状态方程，即可求得体系的临界荷载值。

对于单根压杆，根据式（12-11）、式（12-13），式（12-9）可写成

$$\int_0^l EI(y'')^2 dx = F_{Pcr}\int_0^l (y')^2 dx$$

由此得临界荷载的计算公式

$$F_{Pcr} = \frac{\int_0^l EI(y'')^2 dx}{\int_0^l (y')^2 dx} \quad (12-14)$$

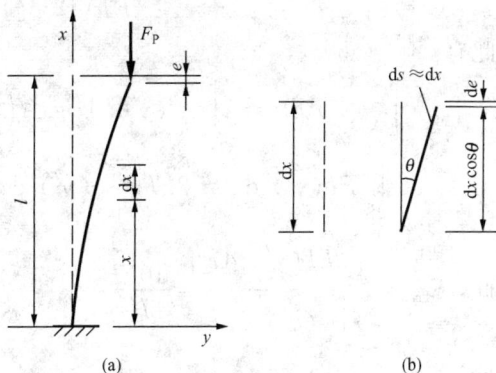

图 12-15

显然，要按上式确定临界荷载，首先必须知道曲线的方程 $y = f(x)$，即结构失稳时的弯曲变形形式。但是，杆件在失稳时，其临界状态的变形曲线事先并不知道，因此，通常只能假设一条近似的弹性曲线，然后按式（12-14）来确定临界荷载，当然以此求得的临界荷载值肯定是近似的。

假设的弹性曲线必须满足边界条件和各杆件之间的连结条件。当它愈接近于真实变形形式时，按能量法求得的临界荷载值也愈准确。如果所假设的弹性曲线与真实变形形式相一致，所得的解就是临界荷载的精确值。通常，用能量法计算的结果总是大于临界荷载的准确值，因为我们假设的弹性曲线很难和真实的变形曲线相一致，这种作法相当于在原来的体系上增加了约束使其按照所假设的弹性曲线变形，因此增大了抵抗失稳的能力，从而提高了临界荷载值。

对于简单约束的压杆，假设临界状态的变形曲线时，通常可选取杆件在某一横向荷载作用下的弹性变形曲线作为近似曲线。显然，它满足所有边界条件。

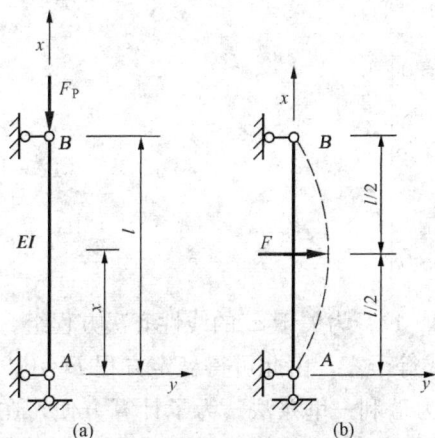

图 12-16

【例 12-2】 用能量法计算图 12-16（a）所示压杆的临界荷载。设 $EI$ 为常数。

**解** 选取杆件中点处作用横向力 $F$ 时的变形

挠曲线 $y=f(x)$ 为近似的临界状态弹性曲线。由已学知识，该曲线的方程为

$$y=-\frac{F}{EI}\left(\frac{x^3}{12}-\frac{l^2x}{16}\right)\quad\left(0\leqslant x\leqslant\frac{l}{2}\right)$$

因此有

$$\int_0^l(y')^2\mathrm{d}x=2\int_0^{0.5l}(y')^2\mathrm{d}x=2\left(\frac{F}{EI}\right)^2\int_0^{0.5l}\left(\frac{x^2}{4}-\frac{l^2}{16}\right)^2\mathrm{d}x=\frac{F^2l^5}{480(EI)^2}$$

$$\int_0^lEI(y'')^2\mathrm{d}x=2EI\int_0^{0.5l}(y'')^2\mathrm{d}x=2EI\left(\frac{F}{EI}\right)^2\int_0^{0.5l}\left(\frac{x}{2}\right)^2\mathrm{d}x=\frac{F^2l^3}{48EI}$$

因此，$F_{\mathrm{Pcr}}=\dfrac{\displaystyle\int_0^lEI(y'')^2\mathrm{d}x}{\displaystyle\int_0^l(y')^2\mathrm{d}x}=\dfrac{10EI}{l^2}$

它比精确值即欧拉临界荷载值 $\dfrac{\pi^2EI}{l^2}$ 约大 1.3%。

　　在求解比较复杂的问题时，所假设的弹性曲线方程式常常难于满足全部边界条件，其形状也很难与实际情况完全一致，因此，常采用级数形式逼近真实曲线。设

$$y=a_1\varphi_1(x)+a_2\varphi_2(x)+\cdots+a_n\varphi_n(x)=\sum_{i=1}^na_i\varphi_i(x)\tag{12-15}$$

式中 $a_i$ 为待定常数，$\varphi_i$ 为满足位移边界条件的函数。设考虑单根压杆的情况，在杆受轴力 $F_{\mathrm{P}}$ 变形时，根据临界荷载公式式（12-14），并将上式代入，则体系的临界荷载为

$$F_{\mathrm{Pcr}}=\frac{\displaystyle\int_0^lEI\left(\sum_{i=1}^na_i\varphi_i''\right)^2\mathrm{d}x}{\displaystyle\int_0^l\left(\sum_{i=1}^na_i\varphi_i'\right)^2\mathrm{d}x}\tag{12-16}$$

为了便于书写，将上式写成 $F_{\mathrm{Pcr}}=\dfrac{A}{B}$，其中 $A$、$B$ 分别为式（12-16）的分子和分母。选择参数 $a_i$（$i=1,2,3,\cdots,n$）使得 $F_{\mathrm{Pcr}}$ 为最小，则有

$$\frac{\partial F_{\mathrm{Pcr}}}{\partial a_1}=0,\frac{\partial F_{\mathrm{Pcr}}}{\partial a_2}=0,\cdots,\frac{\partial F_{\mathrm{Pcr}}}{\partial a_n}=0$$

因 $A-F_{\mathrm{Pcr}}B=0$，则

$$\left.\begin{array}{l}\dfrac{\partial A}{\partial a_1}-F_{\mathrm{Pcr}}\dfrac{\partial B}{\partial a_1}=0\\[2mm]\dfrac{\partial A}{\partial a_2}-F_{\mathrm{Pcr}}\dfrac{\partial B}{\partial a_2}=0\\[2mm]\cdots\cdots\\[2mm]\dfrac{\partial A}{\partial a_n}-F_{\mathrm{Pcr}}\dfrac{\partial B}{\partial a_n}=0\end{array}\right\}\tag{12-17}$$

因为 $A$ 和 $B$ 中所含待定常数 $a_i$ 是二次的，故式（12-17）为关于 $a_i$ 的线性齐次方程组。在临界状态下，$a_i$ 不全为零，所以方程组的系数行列式等于零，由此可得稳定方程 $D=0$，满足 $D=0$ 的最小值即为临界荷载 $F_{\mathrm{Pcr}}$。上述方法称为瑞利—里兹法。为了计算方便，在表 12-2 中给出了某些等截面直杆几种常用的函数 $\varphi_i$ 的表达式。下面通过一个简单例题来说明上述计算方法。

**表 12 - 2**           满足位移边界条件的常用挠曲线函数 $\varphi_i$ 表达式

| 压杆形状 | $\varphi_i$ 表达式（$i$=1，2，3，…） | 压杆形状 | $\varphi_i$ 表达式（$i$=1，2，3，…） |
|---|---|---|---|
|  | a) $\varphi_i = \sin\dfrac{i\pi x}{l}$<br><br>b) $\varphi_i = \begin{cases} x\,(l-x)^{\frac{i+1}{2}} & (i=1,3,5,\cdots) \\ x^2\,(l-x)^{\frac{i}{2}} & (i=2,4,6,\cdots) \end{cases}$ |  | a) $\varphi_i = 1 - \cos\dfrac{2(2i-1)\pi x}{l}$<br><br>b) $\varphi_i = x^{i+1}\,(l-x)^{i+1}$ |
|  | $\varphi_i = 1 - \cos\dfrac{(2i-1)\,\pi x}{2l}$ |  | $\varphi_i = x^{i+1}\,(l-x)$ |

**注** 每一个表达式中 $i$ 的取值如无特别说明，均按 $i$=1，2，3，…来取值。

**【例 12 - 3】** 试用能量法计算图 12 - 17 所示杆件的临界荷载。

**解** 根据表 12 - 2，$\varphi_i = x^{i+1}\,(l-x)$，并只取前两项，即

$$y(x) = a_1\varphi_1(x) + a_2\varphi_2(x) = a_1 x^2(l-x) + a_2 x^3(l-x)$$

作为近似的弹性曲线。有

$$\varphi_1' = 2lx - 3x^2 \qquad \varphi_1'' = 2l - 6x$$
$$\varphi_2' = 3lx^2 - 4x^3 \qquad \varphi_2'' = 6lx - 12x^2$$

则

$$A = EI\int_0^l (a_1\varphi_1'' + a_2\varphi_2'')^2\,\mathrm{d}x$$
$$= EI(4l^3 a_1^2 + 8l^4 a_1 a_2 + 4.8l^5 a_2^2)$$
$$B = \int_0^l (a_1\varphi_1' + a_2\varphi_2')^2\,\mathrm{d}x$$
$$= 0.133\,3l^5 a_1^2 + 0.2l^6 a_1 a_2 + 0.085\,7l^7 a_2^2$$

图 12 - 17

将 $A$、$B$ 值代入式（12 - 17）并整理，得

$$\begin{cases} (8EI - 0.266\,6l^2 F_\mathrm{P})a_1 + (8EIl - 0.2l^3 F_\mathrm{P})a_2 = 0 \\ (8EI - 0.2l^2 F_\mathrm{P})a_1 + (9.6EIl - 0.171\,4l^3 F_\mathrm{P})a_2 = 0 \end{cases}$$

$$\begin{vmatrix} (8EI - 0.266\,6l^2 F_\mathrm{P}) & (8EIl - 0.2l^3 F_\mathrm{P}) \\ (8EI - 0.2l^2 F_\mathrm{P}) & (9.6EIl - 0.171\,4l^3 F_\mathrm{P}) \end{vmatrix} = 0$$

展开并整理，可得

$$F_P{}^2 - 128\left(\frac{EI}{l^2}\right)F_P + 2240\left(\frac{EI}{l^2}\right)^2 = 0$$

解此方程，最小值为临界荷载

$$F_{Pcr} = 20.93\frac{EI}{l^2}$$

同上节中用静力法求出的精确值 $F_{Pcr}=20.19\dfrac{EI}{l^2}$ 相比较，偏大 $3.6\%$。

为了提高计算精度，可以继续增加 $a_i$ 的数目，但参数多了会使计算工作量大幅度增加，在一般情况下，仅取级数的前几项即能达到工程精度要求。

## 第五节　变截面压杆的稳定

在工程结构中，为充分发挥构件的受力特性或为满足构造、使用等方面的要求，也常采用变截面杆件，此类杆件同样存在稳定方面的问题。本节只讨论建筑结构中经常遇到的阶形柱的稳定问题。

图 12 - 18

如图 12 - 18（a）所示一单阶直杆，下端固定上端自由，其上部弯曲刚度为 $EI_1$，下部弯曲刚度为 $EI_2$，杆端 $B$ 处沿杆轴方向作用一集中荷载 $F_P$。若以 $y_1$、$y_2$ 分别表示上、下两部分在新的平衡形式下的挠度，如图 12 - 18（b）所示，则这两部分的平衡微分方程分别为

$$EI_1 y''_1 + F_P y_1 = F_P\delta$$
$$EI_2 y''_2 + F_P y_2 = F_P\delta$$

它们的解分别为

$$y_1 = A_1\cos\alpha_1 x + B_1\sin\alpha_1 x + \delta$$
$$y_2 = A_2\cos\alpha_2 x + B_2\sin\alpha_2 x + \delta$$

式中

$$\alpha_1 = \sqrt{\frac{F_P}{EI_1}} \qquad \alpha_2 = \sqrt{\frac{F_P}{EI_2}} = \frac{1}{\sqrt{\nu}}\alpha_1$$

而 $\nu = I_2/I_1$。

以上平衡方程的解中共有 $A_1$、$B_1$、$A_2$、$B_2$ 和 $\delta$ 五个未知常数。根据已知边界条件：

（1）当 $x=0$，$y_2=0$

（2）当 $x=0$，$y'_2=0$

（3）当 $x=l_2$，$y_1=y_2$

（4）当 $x=l_2$，$y'_1=y'_2$

（5）当 $x=l$，$y_1=\delta$

由边界条件（1）、（2）可得 $A_2=-\delta$，$B_2=0$，故 $y_2$ 表达式可写成

$$y_2 = \delta(1-\cos\alpha_2 x)$$

将边界条件（3）、（4）、（5）代入上式和前面 $y_1$ 的表达式，可得如下齐次方程组：

$$A_1 \cos\alpha_1 l_2 + B_1 \sin\alpha_1 l_2 + \delta\cos\alpha_2 l_2 = 0$$
$$A_1 \alpha_1 \sin\alpha_1 l_2 - B_1 \alpha_1 \cos\alpha_1 l_2 + \delta\alpha_2 \sin\alpha_2 l_2 = 0$$
$$A_1 \cos\alpha_1 l + B_1 \sin\alpha_1 l = 0$$

上式是关于 $A_1$、$B_1$ 和 $\delta$ 的线性齐次方程组，当 $A_1$、$B_1$ 和 $\delta$ 不全为零时，使其系数行列式为零，得

$$\begin{vmatrix} \cos\alpha_1 l_2 & \sin\alpha_1 l_2 & \cos\alpha_2 l_2 \\ \sin\alpha_1 l_2 & -\cos\alpha_1 l_2 & \dfrac{1}{\sqrt{\nu}}\sin\alpha_2 l_2 \\ \cos\alpha_1 l & \sin\alpha_1 l & 0 \end{vmatrix} = 0$$

展开以上行列式并整理得如下形式的稳定方程

$$\tan\alpha_1 l_1 \cdot \tan\alpha_2 l_2 = \frac{\alpha_1}{\alpha_2} = \sqrt{\nu} \tag{12-18}$$

上式当给出 $\nu$ 值和 $\dfrac{l_1}{l_2}$ 时可以求解，并进而得出临界荷载 $F_{Pcr}$。

对于单阶柱在柱顶及截面突变处均沿轴线作用集中荷载的情形，如图 12-19 所示，在新的平衡形式下弹性曲线的微分方程，与单阶柱情形相类似，由类似的推导过程可得其稳定方程为

$$\tan\alpha_1 l_1 \tan\alpha_2 l_2 = \frac{\alpha_1}{\alpha_2} \times \frac{F_{P1} + F_{P2}}{F_{P1}} \tag{12-19}$$

式中

$$\alpha_1 = \sqrt{\frac{F_{P1}}{EI_1}}, \quad \alpha_2 = \sqrt{\frac{F_{P1} + F_{P2}}{EI_2}} \tag{12-20}$$

当给出比值 $\nu = I_2/I_1$、$F_{P1}/F_{P2}$ 及 $l_1/l_2$ 时，上述稳定方程可以求解，然后得出临界荷载。

**【例 12-4】** 试计算图 12-19 所示单阶柱的临界荷载。

已知：$l_1 = l_2 = \dfrac{l}{2}$，$I_1 = I$，$I_2 = 2I$，$F_{P1} = F_P$，$F_{P2} = 3F_P$。

**解** 由式（12-20）可得

$$\alpha_1 = \sqrt{\frac{F_{P1}}{EI_1}} = \sqrt{\frac{F_P}{EI}} = \alpha$$

$$\alpha_2 = \sqrt{\frac{F_{P1} + F_{P2}}{EI_2}} = \sqrt{\frac{4F_P}{2EI}} = \sqrt{2}\alpha$$

设

$$\alpha_1 l_1 = \frac{\alpha l}{2} = u \quad \alpha_2 l_2 = \sqrt{2}\alpha\frac{l}{2} = \sqrt{2}u$$

将以上各值代入稳定方程式（12-19）并整理，得

$$\tan u \tan\sqrt{2}u = 2.828\,4$$

用试算法求解，得 $u \approx 0.843\,4$
即

$$F_{Pcr} = 4u^2\frac{EI}{l^2} = 2.845\,3\frac{EI}{l^2}$$

图 12-19

## 第六节　剪力对临界荷载的影响

在以上各节中，确定临界荷载时只考虑了弯矩的影响。为了计算剪力对临界荷载的影响，在建立弹性曲线的微分方程时，应该同时考虑弯矩和剪力对变形的影响。为简单起见，下面只讨论等截面杆的情形。

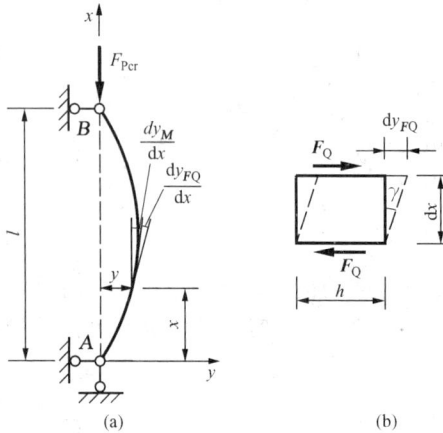

设以 $y_M$ 和 $y_{FQ}$ 分别表示由于弯矩和剪力影响所产生的挠度，则根据叠加原理，在弯矩和剪力共同影响下所产生的挠度为

$$y = y_+ y_{FQ}$$

将上式对 $x$ 求二阶导数，可得表示曲率的近似公式

$$\frac{\mathrm{d}^2 y}{\mathrm{d}x^2} = \frac{\mathrm{d}^2 y_M}{\mathrm{d}x^2} + \frac{\mathrm{d}^2 y_{FQ}}{\mathrm{d}x^2} \tag{a}$$

对于图 12 - 20（a）所示沿杆轴承受荷载 $F_P$ 作用的压杆，考虑小变形情况，杆件由于弯矩所引起的曲率为

$$\frac{\mathrm{d}^2 y_M}{\mathrm{d}x^2} = -\frac{M}{EI} \tag{b}$$

图 12 - 20

为了计算由于剪力所引起的附加曲率 $\dfrac{\mathrm{d}^2 y_{FQ}}{\mathrm{d}x^2}$，先来求由于剪力所引起的杆轴切线的附加

转角 $\dfrac{\mathrm{d}y_{FQ}}{\mathrm{d}x}$，如图 12 - 20（b）所示

$$\frac{\mathrm{d}yy_{FQ}}{\mathrm{d}x} = \gamma = k\frac{F_Q}{GA} = \frac{k}{GA}\frac{\mathrm{d}M}{\mathrm{d}x}$$

上式中，$k$ 为考虑剪应力沿截面实际上非均匀分布而加的修正系数，$G$ 为剪切模量，$A$ 为杆的横截面面积。

将上式对 $x$ 求导，即得由于剪力所引起的曲率：

$$\frac{\mathrm{d}^2 y_{FQ}}{\mathrm{d}x^2} = \frac{k}{GA}\frac{\mathrm{d}F_Q}{\mathrm{d}x} = \frac{k}{GA}\frac{\mathrm{d}^2 M}{\mathrm{d}x^2} \tag{c}$$

将式（b）、（c）代入式（a），则得弯矩和剪力共同影响下弹性曲线的微分方程

$$\frac{\mathrm{d}^2 y}{\mathrm{d}x^2} = -\frac{M}{EI} + \frac{k}{GA}\frac{\mathrm{d}^2 M}{\mathrm{d}x^2} \tag{12 - 21}$$

对于图 12 - 20（a）所示两端铰支的弹性压杆，在图示坐标系下，任一截面的弯矩 $M = F_P y$，相应地，$M'' = F_P y''$，代入式（12 - 21）并整理得

$$EI\left(1 - \frac{kF_P}{GA}\right)y'' + F_P y = 0$$

这个方程与不考虑剪力影响时的区别在于二阶导数项的系数多了一个因子 $\left(1 - \dfrac{kF_P}{GA}\right)$。

令

$$\alpha^2 = \frac{F_P}{EI\left(1 - \frac{kF_P}{GA}\right)}$$

则上述平衡微分方程的解为

$$y = A\cos\alpha x + B\sin\alpha x$$

由边界条件 $x=0$，$y=0$ 和 $x=l$，$y=0$，可得出稳定方程为

$$\sin\alpha l = 0$$

其最小正根为 $\alpha l = \pi$

故临界荷载 $F_{Pcr}$ 为

$$F_{Pcr} = \frac{1}{1 + \frac{k}{GA}\frac{\pi^2 EI}{l^2}}\frac{\pi^2 EI}{l^2} = \alpha F_{Pe} \tag{12 - 22}$$

式中，$F_{Pe} = \frac{\pi^2 EI}{l^2}$ 为欧拉临界荷载，$\alpha$ 为修正系数，其值为

$$\alpha = \frac{1}{1 + \frac{k}{GA}\frac{\pi^2 EI}{l^2}} = \frac{1}{1 + \frac{k}{GA}F_{Pe}} = \frac{1}{1 + \frac{k\sigma_e}{G}}$$

式中，剪力的影响项为 $k\frac{\sigma_e}{G}$，$\sigma_e$ 为欧拉临界应力。例如，设杆件由钢材制成，取 $\sigma_e =$ 200MPa，剪切弹性模量 $G = 80$GPa，近似有 $k=1$，则剪力的影响为 1/400。因此，对于实体杆件，在计算其稳定性时，剪力的影响很小，通常可略去不计。

需要指出，在上述推导过程中，只考虑了等截面和杆端承受轴向压力作用的最简单情形。对于复杂荷载和变截面杆，修正系数 $\alpha$ 的表达式需另行推导。

## 第七节 组合压杆的稳定

组合压杆通常由两个型钢用若干联结件相联组成，联结件的形式有缀条式和缀板式两种，见图 12 - 21 (a)、(b)。组合压杆的临界荷载比截面和柔度相同的实体压杆的临界荷载小，其原因是在组合压杆中剪力影响较大。当组合压杆的节间数目较多时，其临界荷载可用实体压杆的公式式（12 - 22）进行近似计算，而对式中的 $\frac{k}{GA}$ 需另行处理，以反映联结件的影响。从前述剪切角公式可知，$\frac{k}{GA}$ 是代表在单位剪力作用下的剪切角 $\bar{\gamma}$，故只要求出组合压杆在单位剪力作用下的剪切角 $\bar{\gamma}$，将它代替式中的 $\frac{k}{GA}$ 即可。下面分别就缀条式和缀板式两种情况进行讨论，导出临界荷载及其他实用上的有关公式。

### 一、缀条式组合压杆

缀条通常采用单根角钢，与主要杆件即两个型钢相比，其截面较小，故其两端可视为铰结。现取出一个节间来考虑，如图 12 - 22 所示，在单位剪力 $\bar{F}_Q = 1$ 作用下的剪切角为

$$\bar{\gamma} \approx \tan\bar{\gamma} = \frac{\delta_{11}}{d} \tag{a}$$

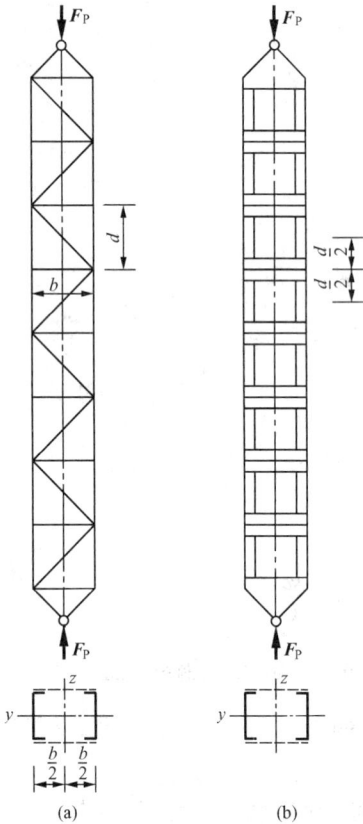

图 12-21

式中 $\delta_{11}$ 表示单位剪力 $\overline{F}_Q=1$ 沿其自身方向所引起的位移，可按下式计算，

$$\delta_{11} = \sum \frac{\overline{F}_N^2 l}{EA} \tag{b}$$

由于主要杆件的截面比缀条的大得多，故在上式中可只考虑缀条的影响。对于两横缀条，在 $\overline{F}_Q=1$ 作用下，轴力之和 $\overline{F}_{Nh}=-1$，而长度 $b=\dfrac{d}{\tan\alpha}$，横截面面积为 $A_h$；对于两斜缀条，轴力 $\overline{F}_{Nx}=\dfrac{1}{\cos\alpha}$，而长度为 $\dfrac{d}{\sin\alpha}$，横截面面积为 $A_x$。将其代入式 (b)，得

$$\delta_{11} = \frac{d}{E}\left(\frac{1}{A_x\sin\alpha\cos^2\alpha} + \frac{1}{A_h\tan\alpha}\right) \tag{c}$$

将上式代入式 (a) 即得单位剪力作用所引起的剪切角

$$\overline{\gamma} = \frac{1}{E}\left(\frac{1}{A_x\sin\alpha\cos^2\alpha} + \frac{1}{A_h\tan\alpha}\right)$$

将上式中的 $\overline{\gamma}$ 代替式 (12-22) 中的 $\dfrac{k}{GA}$，即得

$$F_{Pcr} = \frac{F_{Pe}}{1 + \dfrac{F_{Pe}}{E}\left(\dfrac{1}{A_x\sin\alpha\cos^2\alpha} + \dfrac{1}{A_h\tan\alpha}\right)}$$
$$= \alpha_1 F_{Pe} \tag{12-23}$$

式中计算欧拉临界荷载 $F_{Pe}$ 所用的惯性矩 $I$，为两根主要杆件的截面对整个截面的形心轴 $z$ 的惯性矩（图 12-21）。如用 $A_d$ 表示一根主要杆件的截面积，$I_d$ 表示一根主要杆件的截面对其本身形心轴的惯性矩，并近似认为其形心轴到 $z$ 轴的距离为 $\dfrac{b}{2}$，则有

$$I \approx 2I_d + \frac{1}{2}A_d b^2$$

由式 (12-23) 可知，斜杆比横杆对临界荷载的影响更大。例如当二者 $EA$ 相同而 $\alpha=45°$ 时，有

$$\alpha_1 = \frac{1}{1 + \dfrac{F_{Pe}}{EA}(2.83+1)}$$

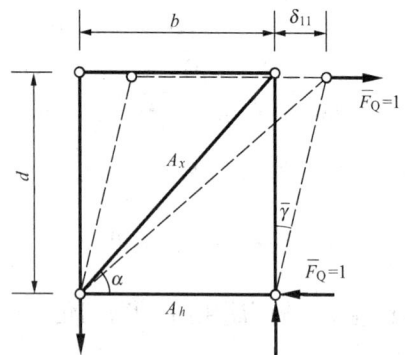

图 12-22

上式分母括号中，第一项代表斜杆的影响，第二项代表横杆的影响。

若略去横杆的影响，并考虑到在一般情况下型钢翼缘两侧平面内都设有缀条，则

$$F_{Pcr} = \frac{F_{Pe}}{1 + \dfrac{F_{Pe}}{E}\dfrac{1}{2A_x\sin\alpha\cos^2\alpha}} \tag{12-24}$$

式中 $A_x$ 为一根斜杆的截面积。

如果在上式中引入长度系数 $\mu$，以便将临界荷载写成欧拉问题的基本形式，即

$$F_{Pcr} = \frac{\pi^2 EI}{(\mu l)^2}$$

则其中 $\mu$ 应为

$$\mu = \sqrt{1 + \frac{\pi^2 I}{l^2}\frac{1}{2A_x \sin\alpha\cos^2\alpha}} \qquad (12\text{-}25)$$

若用 $r$ 代表两主要杆件的截面对整个截面形心轴 $z$ 的回转半径，即

$$I = 2A_d r^2$$

此外，一般 $\alpha$ 为 $30°\sim60°$，故可取 $\dfrac{\pi^2}{\sin\alpha\cos^2\alpha}\approx27$，将它代入式（12-25），并引入长细比 $\lambda=\dfrac{l}{r}$，可得

$$\mu = \sqrt{1 + \frac{27A_d}{A_x\lambda^2}} \qquad (12\text{-}26)$$

如果采用换算长细比 $\lambda_h$，则有

$$\lambda_h = \frac{\mu l}{r} = \mu\lambda = \sqrt{\lambda^2 + 27\frac{A_d}{A_x}} \qquad (12\text{-}27)$$

这就是钢结构规范中通常推荐的缀条式组合压杆换算长细比的公式。

**二、缀板式组合压杆**

组合压杆采用缀板联结时，没有斜杆，缀板与主要杆件的联结应视作刚结。在确定 $\overline{\gamma}$ 时，可把组合杆件当作单跨多层刚架，并近似认为主要杆件的反弯点在节间中点，且剪力是平均分配于两主要杆件。于是，可取如图 12-23（a）所示部分来计算。根据图 12-23（b）所示弯矩图，由图乘法可得

$$\delta_{11} = \sum\int\frac{\overline{M_1^2}ds}{EI} = \frac{d^3}{24EI_d} + \frac{bd^2}{12EI_b}$$

图 12-23

因此剪切角为

$$\bar{\gamma} = \frac{\delta_{11}}{d} = \frac{d^2}{24EI_d} + \frac{bd}{12EI_b}$$

用上式代替式（12-22）中的 $\dfrac{k}{GA}$ 可得

$$F_{Pcr} = \frac{F_{Pe}}{1 + \left(\dfrac{d^2}{24EI_d} + \dfrac{bd}{12EI_b}\right)P_e} = \alpha_2 F_{Pe} \qquad (12\text{-}28)$$

由上式可知，修正系数 $\alpha_2$ 将随节间长度 $d$ 的增加而减小。

在一般情况下，缀板的刚度要比主要杆件的刚度大得多，可近似取 $EI_b = \infty$，于是式（12-28）可写成

$$F_{Pcr} = \frac{F_{Pe}}{1 + P_e \dfrac{d^2}{24EI_d}}$$

$$= \frac{F_{Pe}}{1 + \dfrac{\pi^2 d^2}{24l^2} \dfrac{I}{I_d}} \qquad (12\text{-}29)$$

如前所述，这里 $I = 2I_d + \dfrac{1}{2}A_d b^2$，为整个组合杆件的截面惯性矩。

将以下惯性矩、长细比（整个组合杆件的长细比用 $\lambda$ 表示，一根主要杆件在一个节间内的长细比用 $\lambda_d$ 表示）与回转半径的关系式

$$I = 2A_d r^2, I_d = A_d r_d^2$$

和

$$\lambda = \frac{l}{r}, \lambda_d = \frac{d}{r_d}$$

代入式（12-29）即得

$$F_{Pcr} = \frac{F_{Pe}}{1 + \dfrac{\pi^2 2 d^2 r^2 A_d}{24l^2 r_d^2 A_d}} = \frac{F_{Pe}}{1 + 0.83\dfrac{\lambda_d^2}{\lambda^2}}$$

若近似地以 1 代替 0.83，则有

$$F_{Pcr} = \frac{\lambda^2}{\lambda^2 + \lambda_d^2} F_{Pe} \qquad (12\text{-}30)$$

相应的长度系数可写成

$$\mu = \sqrt{\frac{\lambda^2 + \lambda_d^2}{\lambda^2}}$$

而换算长细比为

$$\lambda_h = \frac{\mu l}{r} = \mu\lambda = \sqrt{\lambda^2 + \lambda_d^2} \qquad (12\text{-}31)$$

这就是规范中用以确定缀板式组合压杆长细比的公式。

## 习　题

12-1～12-3　图12-24～图12-26所示结构各杆刚度均为无穷大，$k$ 为抗移弹性支座

的刚度（发生单位位移所需的力）。试用静力法确定其临界荷载。

图 12 - 24 题 12 - 1 图　　图 12 - 25 题 12 - 2 图　　图 12 - 26 题 12 - 3 图

12 - 4　试用静力法求图 12 - 27 所示压杆的稳定方程，并求其临界荷载。

12 - 5　图 12 - 28 所示结构在丧失稳定时变形曲线如虚线所示，试用静力法计算其临界荷载。

12 - 6　试用静力法计算图 12 - 29 所示结构的临界荷载。

图 12 - 27 题 12 - 4 图　　　图 12 - 28 题 12 - 5 图　　　图 12 - 29 题 12 - 6 图

12 - 7　写出图 12 - 30 所示结构丧失稳定时的特征方程。

12 - 8　试用能量法作题 12 - 1～12 - 3。

12 - 9　试用能量法作题 12 - 4，设失稳时压杆弹性部分的曲线可近似取为抛物线 $y = \dfrac{ax^2}{l^2}$。

12 - 10　试用能量法计算题 12 - 5 结构的临界荷载。

12 - 11　试用能量法计算图 12 - 31 所示阶形压杆的临界荷载。设变形曲线为 $y = a\left(1 - \cos\dfrac{\pi x}{2l}\right)$。

图 12 - 30  题 12 - 7 图

图 12 - 31  题 12 - 11 图

# 参 考 文 献

[1] 龙驭球，包世华. 结构力学教程. 北京：高等教育出版社，2000.

[2] 杨茀康，李家宝. 结构力学. 第四版. 北京：高等教育出版社，1998.

[3] 朱伯钦，周竞欧，许哲明. 结构力学. 上海：同济大学出版社，1992.

[4] 李廉锟. 结构力学. 第三版. 北京：高等教育出版社，1996.

[5] 杨天祥. 结构力学. 北京：高等教育出版社，1985.

[6] 毕继红. 土木工程力学. 天津：天津大学出版社，2003.

[7] 胡兴国. 结构力学. 武汉：武汉工业大学出版社，1997.

[8] 徐新济，李恒增. 结构力学学习方法及解题指导. 上海：同济大学出版社，2002.

[9] 刘尔烈. 结构力学. 天津：天津大学出版社，1996.

[10] 李家宝. 结构力学. 第二版. 北京：高等教育出版社，1999.